终南学刊

ZHONGNAN XUEKAN

第一辑

终南文化书院 编

中国社会科学出版社

图书在版编目（CIP）数据

终南学刊. 第 1 辑/终南文化书院编 . —北京：中国社会科学
出版社，2015. 3
ISBN 978 - 7 - 5161 - 5554 - 7

Ⅰ . ①终… Ⅱ . ①终… Ⅲ . ①中华文化—丛刊 Ⅳ . ①K203 - 55

中国版本图书馆 CIP 数据核字（2015）第 032576 号

出 版 人 赵剑英
责任编辑 王 曦
责任校对 周晓东
责任印制 戴 宽

出 版 中国社会科学出版社
社 址 北京鼓楼西大街甲 158 号（邮编 100720）
网 址 http：//www. csspw. cn
发 行 部 010 - 84083635
门 市 部 010 - 84029450
经 销 新华书店及其他书店

印刷装订 北京君升印刷有限公司
版 次 2015 年 3 月第 1 版
印 次 2015 年 3 月第 1 次印刷

开 本 787×1092 1/16
印 张 13
插 页 2
字 数 242 千字
定 价 48. 00 元

主　　办：西安电子科技大学终南文化书院

地　　址：西安市西沣路兴隆段 266 号南校区信远楼 II 区

邮　　编：710126

联系电话：029 – 81891162

网　　址：http：//zncc. xidian. edu. cn/

Email：zhongnancollege@ 163. com

目　录

四　文学、艺术与跨文化对话

一　道统·传承

重建道统，传承学统

——道统、学统及其关系

韩　星

内容摘要：近代以来中国文化的核心问题就是传统道统断裂，民族精神涣散，所以需要重建道统。同时，我们传统的"学统"断裂，而我们引进西方的学术研究概念、范畴、模式又产生了许多问题，至今"学统"没有接续起来，所以提出传承学统的呼吁。道统的重建是当今中国紧迫而关键的问题，而道统的重建与学统的传承又相辅相成，密不可分。道统要通过学统的诠释，学术的发展来重建，是在学术基础上的重建，目前的主攻方向就是在经学基础上重建儒家道统。

关键词：中国文化　道统　学统

近代以来西方文化进入中国，使中国文化面临前所未有的西方文化的全面挑战，中国文化经历了历史上最深刻、最广泛的一次全方位的危机。主体性丧失，道统失落。特别是五四新文化运动割断了几千年历史文化传统，纲常堕毁，礼崩乐坏，学绝道丧，走上了西化的道路。正如钱穆先生所说："辛亥革命，民国创建，政统变于上，而道统亦变于下。民初即有新文化运动，以批孔反孔，打倒孔家店为号召。孔家店中之伙计，即本文所谓社会下层之士。自此以下，社会有民无士。上无君，下无士，此则庶及可谓之全盘西化矣。"[1] 全盘西化的岂止是政统、道统，学统也是这样。"学绝道丧"最突出的表现是在中国的教育体系中没有了经典教育，中华民族成了抛弃自己经典的民族，中华民族的核心价值无法得以体现。自清末废除科举与民国初年废除读经，儒学从传统社会的主流地位被边缘化已经上百年，中国社会发生了史无前例的巨变，特别是西方文化的全面涌入取代了以儒学为主体的中国传统文化的地位。现代中国学者在放弃了中国古代学术"学统"之后，由于也没能真正接受西方现代"学统"，而至今没有找到自己的"学统"，他们的学术事业很可能会沦落

---

① 钱穆：《国史新论》，生活·读书·新知三联书店2012年版，第174—175页。

为没有普遍、永恒的价值基础的无源之水。现代中国学者学习西方的结果是"邯郸学步"，没有能真正建立自己的"学统"，失去了赖以安身立命的终极归宿。① 一百多年的文化激荡，在 20 世纪末 21 世初纪逐渐沉淀澄清，使得中国人头脑也逐渐恢复清明。现在越来越多的人在重新整理思绪，梳理历史，寻找中国人自己的位置。

一　道统

道统也有广义和狭义之分。广义的道统是指中华道统，"在中国文化史上客观存在的、以儒家道统及其发展演变为主要线索、吸取了中国文化各家道论及佛教和近代以来西方文化的有关思想、贯通古今包含甚广、广泛影响中国文化各个领域的关于中国文化及哲学的核心和最普遍范畴——道的理论和道的传授形式及其发展演变的思想体系。"② 狭义的道统就是指儒家道统，即指儒家圣人之道发展演变的系统，它包括对中国社会和中国文化的发祥和发展做出过重大贡献的中华民族伟人、先哲和儒家圣贤伏羲、神农、黄帝、尧、舜、禹、汤、文、武、周公、孔、孟、荀、董仲舒、王充、韩愈、程、朱、陆、王等所承传之道及道的精神、传道的统绪。广义的中华道统包含了儒家的道统学说，且以之为主导；狭义的儒家道统居中华道统思想的主导地位，并决定其发展方向。③ 在源远流长的中华文化发展史上，儒学是中国文化的主流，中华道统思想是儒学发展的重要体现。

中华道统思想源远流长，可以上溯到伏羲、神农、黄帝等上古神圣。古代文献有许多关于他们的记载，如《左传》、《国语》、《庄子》、《易传》、《荀子》、《淮南子》、《礼记》、《白虎通义》、《汉书》等都有关于三皇五帝的记载，使战国以来的学者们逐渐形成了共同的认识：三皇五帝的治术各不相同，但他们是一脉相承的，《易传·系辞下》就提出了伏羲、神农、黄帝、尧、舜一脉相传的"五帝系统"。

尧是传说中的一位圣王，史称唐尧。据说他曾制定过历法，并命羲氏、和

① 方朝晖：《学统的迷失与再造》，陕西师范大学出版总社有限公司 2010 年版，第 9 页。
② 蔡方鹿：《中华道统思想发展史》，四川人民出版社 2003 年版，第 2 页。
③ 同上。

氏以历法观察日月星辰的变化规律，以确定农业播种的季节。他在位时，君位实行禅让制，而不是那种父死子承的世袭制。故而他对舜进行了三年的考察，然后将君位传给了他，结果天下大治。在尧帝告诫舜帝的话中，有"允执厥中"的话。所谓"允执厥中"，也就是忠实地坚持中庸之道。《尚书·尧典》之中通过并借助于描画帝尧丰功伟绩的形式来具体展现唐尧之道："聪明文思，光宅天下。将逊于位，让于虞舜……钦明文思，安安，允恭克让。光被四表，格于上下。克明俊德，以亲九族。九族既睦，平章百姓。"孔子对其作如此的评价："大哉！尧之为君也。巍巍乎！唯天为大，唯尧则之。荡荡乎！民无能名焉。巍巍乎！其有成功也。焕乎，其有文章！"（《论语·泰伯》）

舜，史称虞舜，出身田间，孟子说他与草木土石打交道，与猪、鹿等动物相追逐。虞舜承唐尧"允执厥中"之道，"慎徽五典"，"克从"（《尚书·舜典》），"无违教也"（《左传·文公十八年》）。而"五典"之道，盖即亲亲尊尊之道。与此同时，他又与时俱化，推陈出新，行"五常之教"。如他曾针对当时社会的"百姓不亲，五品不逊"，乃令于契："汝作司徒，敬敷五教，在宽"；又曾针对当时社会的"蛮夷猾夏，寇贼奸宄"，乃令皋陶说："汝作士，五刑有服，五服三就，五流有宅，五宅三居，惟明克允"（《尚书·舜典》）。这里的"五典""五品""五教"，一般认为，就是父义、母慈、兄友、弟恭、子孝。舜之所以能由一个普通山民而成为"帝"，其根本就在于他以对孝的身体力行而感天动地，被尧帝所看重，也被世人所拥戴。舜小时候父亲与后母以及同父异母的兄弟待他不好，但他信守孝悌之道，20岁时就因孝悌之道而闻名于天下。在众人举荐和尧的选拔下，他做了尧的继承人。继位后，他遍访四方，选贤进才，使天下大治。因此，尧舜之道的核心内涵便在于"孝悌之道"。

禹，史称夏禹。在古籍和传说中，他的治水事迹十分感人。《尚书·益稷》称：禹娶涂山氏女，结婚后生子启，"启呱呱而泣"，禹顾不得照抚幼子，径自治水而去。《史记·夏本纪》说："禹伤先人父鲧功之不成受诛，乃劳身焦思，居外十三年，过家门不敢入。"《韩非子·五蠹》记载："禹之王天下也，身执耒臿，以为民先，股无胈，胫不生毛，虽臣虏之劳，不苦于此矣。"夏禹公而忘私、不畏艰险驯服洪水的业绩，成为中华民族精神的象征。传说他还划分天下为九州，为大一统的中华国家奠定了基础。禹以勤勉诚实著称于世，孔子对他极为称颂："禹，吾无间然矣。菲饮食而致孝乎鬼神，恶衣服而致美乎黻冕，卑宫室而尽力乎沟洫。禹，吾无间然矣。"（《论语·泰伯》）

汤，史称商汤，是商族的领袖。夏朝末年，商族逐渐强大，眼见夏桀暴虐，失去民心，汤决心灭夏。桀担心汤势力壮大而威胁自己，便将汤召入夏都，囚禁在夏台。商族又送桀以重金，并贿赂桀的亲信，使汤获释归商。伊尹相传出身于奴隶。汤发现伊尹精通治国之术，就起用了他并授以国政。在他的策划下，武汤积极筹备灭夏。后经历了10多次战争，夏终于被汤灭亡。又据《吕氏春秋》记载："汤克夏而正天下。天大旱五年不收。汤乃以身祷于桑林曰：余一人有罪，无及万夫。万夫有罪，在余一人。无以一人之不敏，使上帝鬼神伤民之命。于是剪其发，磨其手，以身为牺牲，用祈福于上帝。民乃甚说，雨乃大至！"总之，武汤反对暴政，任用贤能，施行仁义，也是尧舜以来道统的重要环节。

文王，姓姬名昌。文王继位时，周所控制的区域并不大，所以《孟子·公孙丑上》有"文王以百里"的说法。文王采取有力措施，使周的势力有了较大发展。他很重视农业生产，增强经济实力，周原地区在文王时期得到进一步开发。文王还能够以照顾鳏、寡、孤、独等措施团结族众，"徽柔懿恭，怀保小民，惠鲜鳏寡。自朝至于日中昃，不遑暇食，用咸和万民。"（《尚书·无逸》）文王在远近方国部落中有很高威望，相传虞芮两国争讼，求周评判，见周人在文王率领下"耕者皆让畔，民俗皆让长"（《史记·周本纪》），虞芮之人自觉惭愧，遂相让而去，于是"天下闻之而归者四十余国"（《诗经·绵》）。为了抑制周的影响扩展，商纣王曾经囚文王于羑里。文王的谋臣闳夭等献美女、文马等物于纣，文王才得获释。周文王实行仁政德治，是对尧舜王道之治的继承，史称周文王"克明德慎罚，不敢侮鳏寡，庸庸，祗祗，威威，显民，用肇造我区夏"（《尚书·康诰》），"文王质文，故天胙之以天下"（《国语·周语下》），"文王以文治"（《礼记·祭法》），"（文王）作物配天，制无用，行三明，亲亲尚贤，民明教，通于四海，海之外肃慎、北发、渠搜、氐、羌来服"（《大戴礼记·少闲》），皆谓文王以德行、文略而使天下归心。新出上博简《容成氏》第48—49号简也记载，"文王时故时而教民时，高下肥毳之利尽知之。知天之道，知地之利，思民不疾"①。后来儒家对文王非常敬慕，孔子赞扬说："文王既没，文不在兹乎？"（《论语·子罕》）

周公是伟大的政治家和思想家，他辅佐成王平定武庚、管叔、蔡叔叛乱，营建东都洛邑，创立礼乐制度，奠定了周代国家的基础。周公为政的政绩主要有两项，一是制礼作乐，创立礼乐制度。二是完善了宗法制度，构建了一个庞大、复杂但井然有序的社会制度体系。周代礼乐文化是制度文化、行为文化和

① 《上海博物馆藏战国楚竹书（二）》，上海古籍出版社2002年版，第288—289页。

观念文化的集中体现，又是政治生活、经济生活、社会生活、家族生活各种行为规范的准则，"道德仁义，非礼不成；教训正俗，非礼不备；分争辩讼，非礼不决；君臣上下，父子兄弟，非礼威严不行；祷祠祭礼，供给鬼神，非礼不诚不庄"（《礼记·曲礼》）。周礼的内容集中体现在亲亲和尊尊上，植根于血缘基础的亲亲与维护宗法等级的尊尊是相互依存的。孔孟儒家从亲亲中推导出"仁"来，从尊尊中发展出"义"来。所以孔子特别崇奉周公，崇尚周礼。他梦想的是让社会回到西周时代，以恢复西周的政绩为己任，宣称："周监于二代，郁郁乎文哉！吾从周。"（《论语·八佾》）"如有用我者，吾其为东周乎?!"（《论语·阳货》）"如有周公之才之美……"（《论语·泰伯》）后来，他深为感叹地说："甚矣吾衰也！久矣吾不复梦见周公"（《论语·述而》）。周公的思想自成体系，内容非常丰富，涉及社会政治、经济、文化、习惯、舆论等各个方面，上绍尧、舜、禹、文、武之绪，下启孔孟儒术之运，承前启后，在中国古代文化史上占有特殊的地位，与周礼一起构成周公之道，对儒家学说及道统产生了重大影响，奠定了道统思想形成和发展的基础。中国后代的政治家与思想家几乎无不将其视为宝库，言必称周公。

孔子继承文王仁政和周公周礼，把礼乐文化观念化，对当时读书襄礼的儒者进行了改造，提升他们的品质，揭示礼乐文化精神内涵和人性本质，同时欲以礼乐来平治天下，这样就创立了儒家学派。这正如冯友兰所说："后来的儒之中，有不止于教书襄礼为事，而且欲以昔日之礼乐制度平治天下，又有予昔之礼乐制度以理论的根据者，此等人即后来之儒家。"① 孔子所处的春秋末期是一个礼崩乐坏的时代，面对礼乐越来越趋于形式化的局面，他不同于其他的"儒"，不满足于对礼乐知识的掌握和以此谋生。在他看来，"君子谋道不谋食"（《论语·卫灵公》），他要在把握礼乐的一般知识和具体仪节的基础上，了解礼乐文化的历史和内涵。他曾很自信地说，"夏礼，吾能言之，杞不足征也；殷礼，吾能言之，宋不足征也。文献不足征也，足则吾能征之"（《论语·八佾》）。更重要的是，他要探求礼和乐中"一以贯之"的"道"，这成为他终生奋斗追求的目标，"朝闻道，夕死可矣。"（《论语·里仁》）对礼乐之道的追求就是对礼乐作为一种复合性文化实体进行解析，使之观念化、理性化、人性化。这样，他就超越了当时一般的"儒"，他不但精通礼、乐、射、御、书、数六艺，而且编撰了被后人尊为经典的《诗》、《书》、《礼》、《乐》、《易》和《春秋》。对此，戴震曾经说过："周道衰，舜、禹、汤、文、武、周

---

① 冯友兰：《原儒墨》，《三松堂学术文集》，北京大学出版社 1984 年版，第 319—320 页。

公致治之法，焕乎有文章者，弃为陈迹。孔子既不得位，不能垂诸制度礼乐，是以为之正本溯源，使人于千百世治乱之故，制度礼乐因革之宜，如持权衡以御轻重，如规矩准绳之于方圆平直。"（《孟子字义疏证·序》）现代新儒家的重镇牟宗三也认为，尧、舜、禹三代一系相承的道统，到孔子时有了进一步创造性的突进。而其开辟突进的关键，是在于道的本质内容的自觉，通过此自觉开辟了一个精神的领域，这就是孔子所立的仁教。以孔子的仁教与尧、舜、禹三代的政道合起来看，便是所谓"内圣外王之道"。所以，内圣外王之道的成立，正表示孔子对"道之本统"的开发与重建。① 现代著名的文化史家柳诒徵把孔子作为中国文化的代表和象征，对孔子的崇高地位给予了定位："孔子者，中国文化之中心也。无孔子则无中国文化。自孔子以前数千年之文化，赖孔子而传；自孔子以后数千年之文化，赖孔子而开。"② 也就是说，孔子为道统的传授和推广做出了史无前例的贡献，由此确立了他在中华道统发展史上承上启下的历史地位，后世以周孔之道并称。

孟子的仁义之道和心性论对后世道统思想影响很大。《孟子·离娄上》开篇有："尧、舜之道，不以仁政，不能平治天下。"《孟子·离娄下》也说："舜明于庶物，察于人伦，由仁行义，非行仁义。"指出尧、舜的政治就是理想的仁政。他还说："三代之得天下也以仁，其失天下也以不仁。"（《孟子·离娄上》）认为不仅尧、舜，而且夏、商、周三代的政治也是以仁政为本，强调不仁难以抵挡仁政，认为效法尧、舜和先王之道，以史为鉴是施仁政的方法。而孟子"道性善，言必称尧舜"（《孟子·滕文公上》），是把尧舜作为支持他性善论的历史人格原型。这样，尧、舜的道德生命和道德传统构成了其性善论的历史依据："舜之居深山之中，与木石居，与鹿豕游，其所以异于深山之野人者几希。及其闻一善言，见一善行，若决江河，沛然莫之能御也。"（《孟子·尽心上》）"尧、舜，性者也。汤、武，反之也。"（《孟子·尽心下》）与孔子相比，孟子更以捍卫和承继"先王之道"为己任，勾画出一个自尧、舜、禹、汤文王、孔子的圣人之道相传授受统绪：

> 由尧、舜至于汤，五百有余岁。若禹、皋陶，则见而知之。若汤，则闻而知之。由汤至于文王，五百有余岁。若伊尹、莱朱，则见而知之。若文王，则闻而知之。由文王至于孔子，五百有余岁。若大公望、散宜生，

① 牟宗三：《心体与性体》（上），上海古籍出版社1999年版，第163—191页。
② 柳诒徵：《中国文化史》上卷，东方出版中心1988年版，第231页。

则见而知之。若孔子，则闻而知之。由孔子至于今，百有余岁。（《孟子·尽心下》）

孟子沿着一条历史文化基线以五百年为一个周期从尧数至孔子，清晰地勾勒出一幅儒家道统的承传谱系，这也是儒家道统论的开端，并为后世所遵循。孟子把自己放在道统的时代承接点上，他豪迈地宣称："如欲平治天下，当今之世，舍我其谁也？"（《孟子·公孙丑下》）具有自觉担当道统传承的意识。

荀子在中华道统史上也应该占有一席之地。他继承发展孔子的思想，又吸收改造道家的思想，提出"天有常道"的命题，强调天道自然，人道有为。他心目中的圣人，就是道："圣人者，道之极也。"（《荀子·礼论》）"圣人者，道之管也。天下之道管是矣，百王之道一是矣，故《诗》、《书》、《礼》、《乐》之（道）归是矣。"（《荀子·儒效》）圣人是道的极致，圣人是道的总汇，天下之道，百王之道都集中在圣人这里，诗书礼乐文化全都在这里，圣人就是道的化身。荀子虽然主张"法后王"，但他对"先王之道"同样也是称颂不已："先王之道，礼乐正其盛者也。"（《荀子·乐论》）"先王之道，仁之隆也。"（《荀子·儒效》）荀子不仅称颂"先王之道"，甚至还极力主张恢复古者先王之道、先王之政。荀子的尊古意识实质上是贯彻在他的文化生命中的一种历史文化精神，也就是承接道统的意识。尽管由于种种原因，后儒总是有意无意地把荀子排斥在儒家道统之外，但荀子自己认为其学说承继了上至舜禹下至孔子的儒家文化精神。

董仲舒以儒家为主，吸收道、法、墨、阴阳各家的思想，基本上完成了汉初思想的整合。特别是他提出"罢黜百家，独尊儒术"，为汉武帝采纳，使儒学遂成为中国文化的正统，为儒家思想包括道统思想的发展创造了有利条件。汉武帝策问文学贤良，董仲舒以春秋公羊学理论，说明帝王之道顺而相复，"道者，所由适于治之路也，仁义礼乐皆其具也"。而汉武帝又对道的存在发出疑问："夫三王之教所祖不同，而皆有失，或谓久而不易者道也，意岂异哉？"董仲舒则圆说帝王顺时世之变而改制，"王者有改制之名，亡变道之实"，因为道之大原出于天，"天不变，道亦不变。是以禹继舜，舜继尧，三圣相受，而守一道。"（董仲舒：《贤良对策三》）班固在《汉书·儒林传》说："儒家者流，盖出于司徒之官，助人君顺阴阳明教化者也。……祖述尧舜，宪章文武，宗师仲尼，以重其言，于道为最高。……唐虞之隆，殷周之盛，仲尼之业，已试之效者也。然惑者既失精微，违离道本……"可见班固已认为儒家已经有一个"道"，而这个道，又是助人君顺阴阳明教化之道。也就是知识分子应该有一个道统，在这个道统之下，知识分子的读书做学问的空间，以及出仕之后的立身行事，都受到很大的限制。

隋代王通在儒、道、佛三足鼎立的形势下有志于恢复先王之道，主张以儒学为主，三教可一，即三教可以融合的观点。值得提及的是，他所说的儒学主要是周孔之道，与后来宋明诸儒的孔孟之道有不同。王通把周公和孔子推到了至高无上的地位，他说："千载而下，有申周公之事者，吾不得而见也；千载而下，有绍宣尼之业者，吾不得而让也。"（王通：《中说·天地》）他把承袭、宣扬周公与孔子的事业、思想作为自己毕生的伟业，即使到处碰壁，也矢志不回。他的儒学思想的中心是儒家的王道，认为只有周公和孔子才体现了王道之制和王道理想，"吾视千载以上，圣人在上者，未有若周公焉，其道则一，而经制大备，后之为政者有所持循；吾视千载而下，未有若仲尼焉，其道则一，而述作大明，后之修文者有所折中矣。"（王通：《中说·天地》）王通常常以古人"生以救时，死以明道"的抱负来激励自己，企图通过著书立说来实现自己的抱负。

唐代韩愈洞悉佛教思想的演变情况，为了对抗"祖统"说，提出了儒学的"道统"说。他著《原道》一文，标志了道统论的正式提出。认为，"先王之道"从尧开其"端"，一直传到孔孟，从不间断："尧以是传之舜，舜以是传之禹，禹以是传之汤，汤以是传之文、武、周公，文、武、周公传之孔子，孔子传之孟轲。轲之死，不得其传焉。"自孟子之后，儒学的发展乃是前后相承，绵延而不绝，但韩愈说"荀与杨，择焉而不精，语焉而不详"（《原道》），视孟子以后之儒学如无人，直到韩愈才把"道统"恢复起来，使之相续不断。这里，韩愈把儒学渊源同中国古代的圣王贤君相联系，借以强调儒学在时间上早于佛学，为华夏正统思想，并以自己为"道统"的继承人。他的历史使命就在于恢复和发扬儒家的这个"道统"，加强儒家思想的统治地位。宋代理学家们也都采取韩愈的观点，不以荀子、扬雄为继道统者，而且也把道统的提出者韩愈排除在外。

儒家道统自韩愈提出之后，在宋代得到了儒家学者的普遍认同。宋初孙复批判佛教、道教宣扬生死祸福、因果报应等，赞成唐朝韩愈批判佛教、弘扬儒学的道统论："吾之所为道者，尧、舜、禹、汤、文、武、周公、孔子之道也；孟轲、荀卿、扬雄、王通、韩愈之道也。"① 在孙复这里，从尧到孔子为一阶段，自孟子以下为另一阶段。石介在《尊韩》中说："道始于伏羲，而成

---

① 《信道堂记》，见《孙复先生小集》，孙复有时亦列入董仲舒，见同书《董仲舒论》。

终于孔子。道已成终矣，不生圣人可也。故自孔子来二千余年矣，不生圣人。若孟轲氏、扬雄氏、王通氏、韩愈氏祖述孔子而师尊之，其智足以为贤。"（《徂徕石先生全集》卷七）石介此说，当渊源于孙复。盖韩愈以"轲死不得其传"，则此后一二千年间大道竟全绝，感到不妥。所以孙、石将孟子由"圣人"之末转入"贤人"之首，又列入董、扬、王、韩等为"卫道"之序列，以填补孔孟以下的空白阶段。他们是接受了韩愈的观点，将"道"的流传视为一种单线的接续过程，同时又将这条线尽可能连续地从孟子贯穿到唐宋时期。

北宋二程以天理论道，把道统之道与理等同，提升为宇宙本体，并在佛老的基础上，吸取佛老精致的思辨哲学，对道统思想作了新的论述，把道、圣人、经典三者联系起来展开论述，提出"经所以载道"，圣人是天理的化身，与道无异；经典是载道之文，必以经为本，而不以注疏为本。以义理解释儒家经典，从中发明圣人之道。重视"四书"，倡导心传，超越汉唐诸儒，直接孔孟之端绪，从而确立了儒家道统论，并对后世产生了深远的影响。

道统说的创造人是韩愈，这是人们千百年来所公认的。但是，"道统"一词是由朱熹首先提出的，他曾说过："子贡虽未得道统，然其所知，似亦不在今人之后。"（《与陆子静·六》，《朱文公文集》卷三十六）"若只谓'言忠信，行笃敬'便可，则自汉唐以来，岂是无此等人，因其道统之传却不曾得？亦可见矣。"（《朱子语类》卷十九）"《中庸》何为而作也？子思子忧道学失其传而作也。盖自上古圣神继天立极，而道统之传有自来矣。"（《四书集注·中庸章句序》）朱熹最早将"道"与"统"合在一起明确提出"道统"范畴，使传统儒家的道统观与具体的传道谱系关联在一起。朱熹道统论中的"道"，是指程朱道学一派所谓的圣贤一脉相传的"十六字箴言"。他说："盖自上古圣神，继天立极，而道统之传有自来矣。其见于经，则'允执厥中'者，尧之所以授舜也；'人心惟危，道心惟微，惟精惟一，允执厥中'者，舜之所以授禹也。尧之一言，至矣尽矣。"（《四书集注·中庸章句序》）可见，朱熹所谓的道统中"道"，便是从《尚书·大禹谟》中摘出的这十六个字，成为程朱道统的重要理论。就传道谱系而言，朱熹以伊洛诸公为道统正传。他在《四书集注·中庸章句序》中继续说："异端之说，日新月盛，以至于老、佛之徒出，则弥近理而大乱真矣。……故程夫子兄弟者出，得有所考，以续夫千载不传之绪，得有所据，以斥夫二家似是之非。"

其后，陆王提出心学道统观，与程朱形成分立之势。陆九渊以继承孟子之学而自居。他说："窃不自揆，区区之学，自谓孟子之后至是而始一明也。"（《与路彦彬》，《陆九渊集》卷十）陆九渊继承孟氏而注重道德，他从孟子关于"心"的思想中所吸取的也正是儒家道德学说，以儒家的道德为道统之"道"。王阳明虽然以"致良知"取代道统论，但仍然以"十六字箴言"作为心学之源。他还说道："尧舜禹之相授受曰：'人心惟危，道心惟微，惟精惟一，允执厥中。'此心学之源也。中也者，道心之谓也。道心精一之谓仁，所谓中也。"王阳明将程朱一派常说的"十六字箴言"作为儒家先圣一脉传承之"道"，并给予心学的解释，这是比陆九渊有重大发展的。陆王也不同意程朱的道统传承谱系。他说："由孟子而来，千有五百余年之间，以儒名者众，而荀、杨、王、韩独著，专场盖代，天下归之，非止朋游党与之私也。若曰传尧、舜之道，续孔、孟之统，则不容以形似假借，天下万世之公，亦不可厚诬也。至于近时伊、洛诸贤，研道益深，讲道益详，志向之专，践行之笃，乃汉、唐所无有，其所植立成就，可谓盛矣！然江、汉以濯之，秋阳以曝之，未见其如曾子之能信其皜皜；肫肫其仁，渊渊其渊，未见其如子思之能达其浩浩；正人心，息邪说，距诐行，放淫辞，未见其如孟子之长于知言，而有以承三圣也。"（《与侄孙濬》，《陆九渊集》卷一）在陆九渊看来，朱熹所尊奉的伊洛诸公，虽然在学说、践履上有所成就，但与曾子、子思、孟子相比，差距尚远，仍不足以继任道统。[①]

20世纪形成的现代新儒家在中西文化的视野中对传统道统论进行了新的发挥和发展。余英时有一个总体上的概括，认为现代新儒家有三种道统观：一是为钱穆先生所批评的由韩愈首先提出、由宋明儒学加以发挥倡导的"主观的、单传孤立的、易断的"道统观，它表现为某种具体的传道谱系；二是钱先生本人所主张的，从历史文化大传统而言的"此一整个文化大传统即是道统"的"思想史家的道统观"；三是熊十力、唐君毅、牟宗三等先生的思想中表现为以对"心性"的理解和体证为标准的"哲学家的道统观"。[②]

在政界以革命家孙中山自称继承了儒学道统，并在革命斗争中加以提倡和发扬光大。1921年12月，共产国际的代表马林曾经问孙中山先生："你的革命思想，基础是什么？"孙中山先生明确地回答说："中国有一个道统，尧、舜、禹、汤、文、武、周公、孔子相继不绝。我的思想基础，就是这个道统，

①　彭永捷：《论儒家道统及宋代理学的道统之争》，《文史哲》2001年第3期。
②　余英时：《钱穆与新儒家》，《钱穆与中国文化》，远东出版社1994年版，第53、75页。

我的革命就是继承这个正统思想，来发扬光大。"① 孙中山深知"道统"是中华民族立国之本，帝制可废，道统不可废；深知以民国政统取代两千多年的帝王政统可能带来的隐患，所以，明确宣告：国民革命的目标，就是继承并光大这个正统思想。尽管孙中山对中国道统的认知没有什么新意，不完整也不深刻，但在当时激烈反传统的大风潮中已是难能可贵。

近代以来，这种传承和重建道统的意识也体现在一些民间宗教性组织，如道德学社等。作为道德学社的灵魂人物，段正元一反宋明理学在道统中的地位，把道统理论建立在先秦儒学元典之上，可谓对儒学的思想体系进行了一次正本清源。② 段正元曾多次强调，"中国自尧、舜、禹、汤、文、武、周公、孔、孟几个大圣人外，即无真仁大儒，多半似是而非"，"孟子以后道脉不续，《大学》无传"，"儒家自孟子而后无真儒"等等。对于中国文化的道统，段正元说："中国文化即在'中道'二字，其意义极深。中庸曰：'中也者，天下之大本也。'尧传舜'允执厥中'，舜传禹'人心惟危，道心惟微，惟精惟一，允执厥中'。汤、伊、文、周、孔、孟，或见或闻，皆执中之实学，用中之实事，皆有师承授受。故中道之文化，即'师道'之文化。得中道之大圣人，即文化之代表。"（段正元：《政治大同》卷中《永久和平》）段正元以《大学》、《中庸》为基础，来推定儒家"一以贯之"的道统体系。他说："《大学》一书，乃万教之纲领。天所以广大道之传也。首明大道全体，次明人道之功。至能得而天道已尽，所谓先天大道与后天大道，贯而一之也。"（段正元：《阴阳正宗略引》）谈到《中庸》之道，段正元说："大道之发源，中而已矣。人事之全善，庸而已矣。庸者中之用，中者庸之体。体用兼赅，斯为大道中之真宰，人事中之万能。试观天地之大，万物之繁，人事之杂，其所以并存并理而不相乱者，孰为之主宰耶？无他，中宰之也。换言之，即道也……欲知变化之道者，不可不知理之变化，欲知理之变化，非研究中庸之道，践中庸之行，又何能知之。""中庸谓之参赞天地之化育，即是尽性以还天之命也。"（段正元：《道德学志》）对中庸之道的强调一方面是为了反拨现代历史上一浪高过一浪的反儒批孔这样极端化的文化思潮，另一方面也为中国文化在"矫枉过正"之后回归大中至正的道路提供了正确的思路。

① 蔡尚思主编：《中国现代思想史资料简编》第二卷，浙江人民出版社1982年版，第602—603页。
② 鞠曦：《段正元与现代新儒学"道统"观念之比较》，《国学论衡》第三辑，兰州大学出版社2004年版，第160—161页。

二 学统

道统是由圣贤担当的最高价值之统系，学统是士君子、儒者传承的学术思想体系。由学致道，下学上达，构成了一个系列。

孔子把自己当时所能够见到的古代典籍差不多都进行了整理，形成了《诗》、《书》、《礼》、《乐》、《易》、《春秋》"六经"。他的学术旨趣是"述而不作"，即对古典文献只是整理而不是创作，实际上是在整理过程中表达自己的思想观点，"有述有作"，"述中有作"，开创了儒家经学传统，"述而不作"遂成为中国经典诠释的基本形式。换言之，孔子之后，通过"传先王（贤）之旧"而进行传述和创作成为中国经典诠释的基本形态，对日后中国经典诠释产生了重要影响。关于孔子整理六经，开创学统的意义，马宗霍说："古之六艺，自孔子修订，已成为孔门之六艺矣。未修订以前，六艺但为政典，已修订以后六艺乃有义例。政典备，可见一王之法；义例定，遂成一家之学。法仅效绩于当时，学斯垂教于万祀。"① 这样，由孔子开创的儒家思想是通过对古代文化典籍的诠释来表达和发挥的，而这些文化典籍所代表的中国古代文化又是通过和依赖于儒家的诠释不断发扬光大，而传承至今的。

由孔子开创的"学统"意识在汉唐正史的《儒林传》、《艺文志》、《经籍志》已有所体现，形成了以六经为源、以儒家为宗、以子学为流的统系。宋明以后继南宋朱熹《伊洛渊源录》、陈亮《伊洛正源书》之后，元代有《宋史·道学传》、吴澄《道统图》；明代有黎温《历代道学统宗渊源问对》、杨廉《皇明理学名臣言行录》、谢铎《伊洛渊源续录》；明末至清代，有孙奇逢《理学宗传》，周汝登《圣学宗传》，黄宗羲《明儒学案》，黄宗羲、全祖望等《宋元学案》，万斯同《儒林宗派》，江藩《国朝汉学师承记》和《国朝宋学渊源记》；民国初期编纂有《清儒学案》。这些思想学术史著作，都体现出强烈的"学统"观念，许多著述源于儒者强烈的社会危机感、学术危机感和历史反思意识。特别是康熙年间熊赐履著《学统》一书，鲜明地提出"学统"这一概念。熊赐履师宗程朱理学，主张"默识笃行"，曾建议"非《六经》、《语》、《孟》之书不读，非濂、洛、关、闽之学不讲"，批评王守仁"心学"。

---

① 马宗霍：《中国经学史》，上海书店 1984 年影印本，第 9 页。

其作《学统》是因为忧虑洛闽以降"天下之学术纷纭靡定"，"是书之作，以明统为要"（《学统·施璜后序》），"近之可以定一世之指归，远之可以厘千秋学脉。"（《学统·施璜后序》）该书"以孔子颜子曾子子思孟子周子二程子朱子九人为正统，以闵子以下至明罗钦顺二十三人为翼统，以冉伯牛以下至明高攀龙一百七十八人为附统，以荀卿以下至王守仁七人为杂统，以老庄杨墨告子及二氏之流为异统。"（《四库全书总目提要》史部传记类存目）这种分别显然是从程朱理学的道统观点立论的。所以，饶宗颐说：学统就是"以正统观念灌输于学术史"①。

清代许多学者还发出了重建学统的口号。所谓"重建学统"，中国古代各学术流派举起的旗帜虽然无不是"同宗孔孟"，但由于不同学派所认定的"真孔孟"各不相同，因此每一学派总是要立足于争立学术正宗的立场，为本学派明统定位进行学统重建。如朱熹作《伊洛渊源录》是要为伊洛之学确立一个上承孔孟的历史统绪。乾嘉时期，清儒有一种普遍的学统重建的意向。其侧重面有三：汉学学统的重建、经世实学学统的重建、礼学学统的重建。并且，"乾嘉时期的学统重建，以上续孔孟学统为旗帜，彻底打乱了宋明以来儒学'心性理气'、'道统'与'学统'的传承谱系，体现出历史发展的延续性和非延续性的统一"，其表现形式虽然是"复古"，但其历史内容却是"近代指向"②。

牟宗三认为"自明朝一亡，乾嘉学问形成以后，中国学统便断绝了，"③将"学统"视为学脉而近于形上体悟和生命承担的"道统"。在继承中国文化的"道统"的基础上，他体会到中国文化生命在现时代的要求，提出要建立"学统"的要求。他认为中国先哲缺乏"科学之精神"而偏重于道德理性在德性人格中的"理性之运用表现"，成就的是"仁智合一而以仁为笼罩者"的文化系统。因此，"学统之开出，此即转出'知性主体'以融纳希腊传统，开出学术之独立性。"④ 他所说的"学统"实际上主要是指以科学为主的现代知识体系，而把传统的"德性之学"归在"道统"当中。

近代以来，我们传统的"学统"断裂，而我们引进西方的哲学史、思想史的概念、范畴、模式又产生了许多问题，至今"学统"没有接续起来。我们今天讲的"学统"，已经是非常泛化的一个概念，主要指学术传统、学术精

---

① 饶宗颐：《中国历史上的正统论》，远东出版社1996年版，第59页。
② 周积明：《乾嘉时期的学统重建》，《江汉论坛》2002年第4期。
③ 牟宗三：《时代与感受》，鹅湖出版社1984年版，第267页。
④ 牟宗三：《现象与物自身》，学生书局1984年版，第92页。

神等。因此，为历史上某一家争正统，这是没有必要的。论述学术思想史，分别正统与异统，往往陷于某种偏见。但从历史发展的情况来看，每一时期确实存在着一个占主导地位的思想，这也是应该承认的事实。学统不是一家一派的传承系统，而是全民族的学术传统。学统以哲学为中心，而涉及人文科学、自然科学等等。在哲学中又应以各时期占主导地位的学说为中心，而涉及其他不同学派。学说应是一个包含多层次、多方面的多维系统。……我们研究中国学术史，应注意包括各个方面的思想学说的学统，在学统中又应辨识每一时期学术思想的主流，从而对学术的发展进行全面的辩证分析。①

当代中国学统先是受到政治的干预，后又受到金钱与地位诱胁，现在令人忧虑的是中国的学统"丢魂落魄"了。正如有学者站在世纪的边沿，像中国民间风俗"招魂"那样向中国人文学术传统（即学统）喋血呼唤着"魂兮归来"，呼号着有识之士起而重续"五四"以来濒临气绝的中华学统根脉。他在考察晚近四百年中国学术思想史时发现有两条线：一是顾炎武—梁启超—胡适；二是戴震—王国维—陈寅恪。这两条线的异质界限在于：前者道统未泯，既参政又治学，或因涉政而疏学、废学；后者则以学统为根，视学术为人生意义所在，或虽有过失，但最终仍返归学林。陈寅恪提倡"自由思想，独立精神"，并用整整一生去守护它，身遭不幸却在学术里获得了生命的飞扬凌厉与沉郁悲雄，堪为学人中的学人。冯友兰一生崇尚"内圣外王"，重释程、朱道学，本是重在道德人格建构的资政之学，结果却因朝政更迭而让道学变得面目全非，最讲究人格的学人却弄得唱和"批孔批林"，毫无人格尊严可言。②

三　道统与学统的关系

儒家自孔子就非常重视"道"与"学"相辅相成，下学上达、由学致道的道路。《论语·子张》："子夏曰：'百工居肆以成其事，君子学以致其道。'"子夏以"百工居肆"比喻人的学习，学习就像百工通过日积月累的学习观察才可以制作出他的器物，而人们通过学习才能悟道、明道，下学上达，进而至于道的境界。钱穆《论语新解》："百工居肆中以成其器物，君子之于

---

① 张岱年：《论道统与学统》，《辽宁教育学院学报》（社会科学版）1991 年第 4 期。
② 参阅夏中义：《九谒先哲书》，上海文化出版社 2000 年版。

道亦然。非学无以明道，亦无以尽道之蕴而通其变化。学者侈言道而疏于学，则道不自至，又何从明而尽之？致者，使之来而尽之之义。君子终身于学，犹百工之长日居肆中。"儒家"学"的范围很广，但这些为学无不以"致道"为指向，所走的无非是一条下学上达、由学致道的道路。

孔子开创的"学统"主要是经学传统，孔子整理、诠释"六经"的宗旨是为了明道、传道。《白虎通·五经》云："孔子所以定五经者何？以为孔子居周之末世，王道陵迟，礼乐废坏，强凌弱，众暴寡，天子不敢诛，方伯不敢伐，闵道德之不行，故周流应聘，冀行其道德。自卫返鲁，自知不用，故追定五经，以行其道。"孔子自卫返鲁之后，自知王道不行，遂通过师儒传习的方式明道、存道、守道。

后世儒者深谙孔子整理六经之意，把经训为常道，都把经典看成是载道之书，强调经以载道，以经见道，研读、诠释经典是为了求道、明道、得道、行道，通过经典诠释彰显儒家之道，重建道统。汉儒视儒家经典为古代圣人的经意制作，是安身立命、治理国家和规范天下的大经大法。如冀奉在《奏封事》中说："臣闻之于师曰，天地设位，悬日月，布星辰，分阴阳，定四时，列五行，以视圣人，名之曰道。圣人见道，然后知王治之象，故画州土，建君臣，立律历，陈成败，以视贤者，名之曰经。贤者见经，然后知人道之务，则《诗》、《书》、《礼》、《乐》、《易》、《春秋》是也。《易》有阴阳，《诗》有五际，《春秋》有灾异，皆列终始，推得失，考天心，以言王道之安危。"（《汉书》卷七十五《眭两夏侯京翼李传》）是说天地以"道"视圣人，圣人见"道"作"经"，以"经"视贤者；贤者见经而知人道之务，以言王道之安危。这样，经典体现天道，圣贤通过经典代天宣化，治国平天下。《白虎通·五经篇》云："经所以有五何？经，常也，有五常之道，故曰五经。《乐》，仁；《书》，义；《礼》，礼；《易》，智；《诗》，信也。人情有五性，怀五常，不能自成，是以圣人象天五常之道而明之，以教人成其德也。"这是说"五经"是圣人象天的五常之道而作，以教人成其德行。

宋初三先生以道为己任，几乎言必称道统。石介字守道，也就是标榜以坚守孔孟之道为己任。他撰《录蠹书鱼辞》，借"蠹书鱼"（蛀书虫）之口对经学分裂所造成的危机作了概括总结："昔者孔子修《春秋》，明帝王之道，取三代之政，述而为经，则谓之书。其文要而简，其道正而一，所以扶世而佑民，示万世常行不易之道也。后世人有悖之者，则其书或息。其书息，则圣人之道隳坏也，斯得不谓之蠹乎？"（《徂徕石先生全集》卷九《录蠹书鱼辞》）他作《怪说》云："尧、舜、禹、汤、文、武、周、孔之道，万世常行，不可易之道也。"孙复认为六经是圣人之文，因孔子传播，有极高的地位，均是阐明儒道之言，治经学要突出儒学之道。明道离不开六经，但同时要直指六经，通其义理。宋初三先生在经学诠释中都重视明体达用。所谓明体达用，"体"是指孔孟之学的根本，也就是孔孟之道，"用"是指实践，是指做人做事。强调明体达用，就是反对不切实际的浮虚，也就是反对不入人事的传统的训诂之学。

北宋是理学形成和初步发展的时期，理学家也都非常重视经学与道统传承。邵雍认为，儒家经典都有"道"存在其中，并且贯穿了天地人物。他在《皇极经世书》卷十二《观物篇》说："春夏秋冬者，昊天之时也；《易》、《书》、《诗》、《春秋》者，圣人之经也。天时不差，则岁功成矣；圣经不忒，则君德成矣。天有常时，圣有常经，行之正则正矣，行之邪则邪矣。邪正之间，有道在焉。行之正则谓之正道，行之邪则谓之邪道。邪正之由人乎？由天乎？天由道而生，地由道而成，物由道而行，天地人物则异也，其于由道一也。夫道也者，道也。道无形，行之则见于事矣，如道路之道，坦然使千亿万年行之，人知其归者也。"这就是认为昊天之时和圣人之经都有道存在于其中，并把道看作宇宙的本原，天地人物都由道生成。天地人物虽各不相同，但它们同出于道，则是相同的，天地人物皆以道为其存在的根据。

张载的经学诠释重宋学义理，轻汉学训诂，既重视"六经"，也重视"四书"，目的是为了从中阐发义理，发明儒家圣人之道，以重建儒家道统为依归，提出著名的"四为"："为天地立心，为生民立命，为往圣继绝学，为万世开太平"，成为宋明理学的奠基人之一。

二程把道、圣人、经典三者联系起来，二程提出"由经穷理"（《二程遗书》卷十五）、"经所以载道"（《二程遗书》卷六）的思想，强调道存在于儒家经典之中，而不存在于注疏之中，把儒家经典看作是载道的工具，他们指出："经所以载道也，器所以适用也。学经而不知道，治器而不适用，奚益哉？"（《二程遗书》卷六）意思是经是载道之器，道为本，经为末；道为体，经为用。治经是为了明道，正如治器致用一样。由治经是为了明道出发，二程认为尽管"六经"各异，各有不同的内容和治经途径，但共同体现了一个完整的"道"。二程提倡"四书"，认为"四书"集中体现了圣人作经之意，圣人之道载于"四书"，以"四书"作为整个儒家经典的基础，要求学者以研习这四部书为主、为先，以发明圣人之道。

朱熹继承了二程"经所以载道"的思想，强调通经的目的是为了求理。此"理"即"道"。朱熹说："圣人千言万语，只是说个书以观圣贤之意；因圣贤之意，以观自然之理。"（《朱子语类》卷十《学四》）朱熹把"道"换成了"理"，并在新的历史时代进行了论证，使经典诠释成为体认天道性命之理的认知途径。朱熹继承二程倡导的"四书"学，以毕生精力著《四书章句集注》，以"理"为中心，展现了"理"与儒家经典中的范畴体系的联系，并以此界定了这个范畴体系中的重要范畴，如天、人、性、道、心等。从而实现了"天人合一"、"心理合一"、"心性合一"。

陆九渊自称其思想直接得于孟子，不是从"理"而是从"心"出发建立其心本体论的。他提出"心即理"，与程朱理学划开了界限。还提出"切己自反"、"发明本心"的认识论和道德修养论，但在具体方法上简化了烦琐的过程，而采取"简易工夫"。他反复强调的儒经"意旨"即"本"就是他所提倡的处于主宰地位的"本心"，而这"本心"即"天理"，乃内在于每一个人，无须外求的。他说："明得此理，即是主宰，真能为主，则外物不能移、邪说不能惑。"（《陆九渊集》卷一《与曾宅之》）

王阳明是从程朱理学的阵营中走出来的一位思想家。他在贵州龙场驿处于困顿的环境下，穷荒无书，日绎旧闻，方动心忍性，因念"圣人处此更有何道"？于是突然悟出格物致知之旨，悟出圣人之道的基本要旨在于"吾性自足，不假外求"。只需自求诸心，而不需求诸物。于是喟然叹曰："道在是矣"，这就是历史上震撼人心的龙场悟道。王阳明从心学立场出发，把经学纳入心学的范畴，认为经典不过是吾心的记载，治经学的目的是为了发明本心、致良知。他说："六经者非他，吾心之常道也。故《易》也者，志吾心之阴阳消息者也；《书》也者，志吾心之纪纲政事者也；《诗》也者，志吾心之歌咏性情者也；《礼》也者，志吾心之条理节文者也；《乐》也者，志吾心之欣喜和平者也；《春秋》也者，志吾心之诚伪邪正者也。……故六经者，吾心之记籍也，而六经之实，则具于吾心。"（《王阳明全集》卷七《稽山书院尊经阁记》）所谓"六经"为吾心之常道，是指吾心在自然、社会、天地万物、宇宙时空等各个方面的表现而由《易》、《书》、《诗》、《礼》、《乐》、《春秋》"六经"记录下来，"六经"作为载道之书，记录了心体之常道。

明清之际的黄宗羲主张研读六经，对于"圣人必可学而至"坚信不疑，把读书、当然是读儒家的经书作为成圣的途径。黄宗羲认为"六经皆载道之书，"[1] 主张学问之道须"本之经以穷其原，参之史以穷其委"（黄宗羲《南雷文定后集》卷一）。

---

[1] 《黄梨洲文集》，中华书局 1959 年版，第 311 页。

王夫之用其毕生的精力从事知识创造的学术工作，他的知识理念与学术宗旨就是追求"正学"。船山在晚年为自己撰写的墓志铭表达了他的"正学"追求："希张横渠之正学而力不能企。"他的儿子王敔在《大行府君行述》中进一步强调其"正学"的追求："亡考慨明统之坠也，自正、嘉以降，世教早衰，因以发明正学为己事……至于守正道以屏邪说，则参伍于濂、洛、关、闽，以辟象山、阳明之谬，斥钱、王、罗、李之妄，作《思问录内外篇》，明人道以为实学，欲尽废古今虚妙之说而返之实。"① 可见王夫之的"正学"是传承、弘扬儒家"圣道"之学，是载道之学或圣学。他说："道者，学术事功之正者也，"② 就是强调学术之"正"的依据就是"道"，为学就是求道，也可以说"正学"就是"道学"。

戴震作为清代考据学的代表人物之一，对乾嘉学派的发展，主要表现在通过对诸经的训诂，去探求六经所蕴含的义理，即通经以明道。"经之至者，道也；所以明道者，辞也；所以成辞者，字也。必由字以通其辞，由辞以通其道，乃可得之。"（《国学汉学师承记·戴震》）

章学诚是清代杰出的经史学理论家，他通过全面考察中国学术发展的历史，抨击历代学者各自尊崇辞章、考订、义理明"道"而分畛域，相互攻击的错误做法，在此基础上提出了自己的明"道"主张。他说："所谓学者，果何物哉？学于道也。道混沌而难分，故须义理以析之；道恍惚而难凭，故须名数以质之；道隐晦而难宣，故须文辞以达之，三者不可有偏废也。义理必须探索，名数必须考订，文辞必须娴习，皆学也，皆求道之资，而非可执一端谓尽道也。君子学以致其道，亦从事于三者，皆无所忽而已矣。"（《与朱少白论文》）这就说明，学者如果具有明确的意识和正确的方法，训诂名物制度可以充实"道"的内涵，著文阐发道理可以丰富"道"的形式，探究事物义理可以提高"道"的层次，三者交相为功，就会大大促进人们对"道"的探索进程。③ 他反对学者仅仅通过《六经》明"道"的偏见，提出"六经皆史"说，力倡"以史明道"的观念，认为《六经》乃先王政典，"皆器也"。"夫天下岂有离器言道，离形存影者哉？彼舍天下事物、人伦日用，而守六借以言道，则固不可与言夫道矣。"（《文史通义》内篇二《原道中》）"离器而言道"，"舍天下事物"而谈《六经》，是无法理解所谓"道"的。显然，他把六经还

---

① 《船山全书》第 16 册，岳麓书社 1996 年版，第 73 页。

② （明）王夫之：《读四书大全说》卷 3《中庸》第二十章，《船山全书》第 6 册，岳麓书社 1996 年版，第 514 页。

③ 罗炳良：《论章学诚的以史明道观念》，《甘肃社会科学》2005 年第 1 期。

原为史,强调不能"离器而言道",其实是为了"守六借以言道"。当然,他的"道"与理学家的"道"(即理)大不相同。

熊赐履《学统·自序》说:"夫道也者,理也。理具于心,存而复之,学也。学有偏全,有得失,而道之显晦屈伸,遂从而出于其间。有志者,是乌可不为之致辨乎?辨其学,所以晰其理,而道以明,而统以尊。呜呼!此固吾儒事功之决不容已者也。"周铭在该书的《跋》中也说:"天下不可一日无道,斯道不可一日无统,道之存亡系乎统,统之绝续系乎学,学统即道统也,总之存乎其人而已。"说明他著《学统》一书是通过辨学晰理而明道尊统。

熊十力在《读经示要》第一讲开宗明义即说:"经者常道也。夫常道者,包天地,通古今,无时而不然也,无地而可易也。以其恒常,不可变改,故曰常道。夫此之所宗,而彼无是理,则非常道。"(《熊十力全集》第三卷《读经示要》卷一)所谓"经是常道",一方面是说经中包含了某些永恒、普遍的核心价值,有超越时空的意义;另一方面是说经是可以被不断诠释、不断丰富的,所以它是"常道"。由于"经"在传统中有"常道"、"常理"的含义,"经"所呈现出来的是文字,它所承载的则是"道理"。读经、诵经、注经、研经,其最终的目的是为了理解和把握小至百姓日用,大至宇宙天地的道理。正因为如此,对儒经的诠释、研究和普及都要把把握经典的"道"作为最高的追求。

通过上述梳理可以看出,道统和学统密切联系、相辅相成。经典的研究是学术方面,形成学统,但更重要的是经典文本背后所表达的宇宙、社会、人生之道。历代儒者通过阐发经典当中的这些宇宙、社会、人生之道形成了道统,担当起中华民族核心价值观构建的重任。历代经学担当重建道统的学术任务,使中华文化的道统若隐若现、若断若续,但是一脉相传、绵延不绝。

结　语

近代以来中国文化的核心问题就是传统道统断裂,民族精神涣散,所以需要重建道统。同时,我们传统的"学统"断裂,而我们引进西方的学术研究概念、范畴、模式又产生了许多问题,至今"学统"没有接续起来,所以提出传承学统。道统的重建是当今中国紧迫而关键的问题，而道统的重建与学统的传承又相辅相成，不可分割。道统要通过学统的诠释、学术的发展来重建，是在学术基础上的重建，目前的主攻方向就是在经学基础上重建儒家道统。

（作者单位：中国人民大学国学院）

天文·人文·利器

刘明武　刘　源

内容摘要：中华大地上，从一开始就没有出现伊甸园，要想生存与发展，就必须发明创造；源头的中华先贤，个个都是有大功于天下的器具发明者。发明创造，一是靠聪明才智，二是靠哲理指导。"尚象制器"、"触类旁通"、"道器转化"为指导发明创造的系统哲理。"尚象制器"，一是效法自然界的形象之象，二是效法人文中的抽象之象。"触类旁通"，即在已有的基础上举一反三，举一反百，举一反万。科学求真，哲学求善，"道器转化"是求真与求善的结合体。利用自然而不危害自然，是源头中华文明的基本特色。利用自然而危害自然，发展与毁灭并行，是西方现代文明的基本特色。重新认识中华文化中发明创造的哲理，目的是要重新创造出利用自然而不危害自然中华新文明。

关键词：天文　人文　利器　尚象制器　触类旁通　道器转化

一　《周易》与《圣经》之比较

希伯来人先贤创造出了一部《圣经》，中华先贤创造出了一部《周易》，稍加比较，就会发现一个极大的差别：《圣经》中有一个丰美的伊甸园，亚当与夏娃一不需要动手，二不需要动脑就可以过上幸福的生活。《周易》里没有这样的伊甸园，中华先贤要想生存，就必须动手动脑，必须发明创造。

二　发明创造的几大榜样

源头的中华先贤，无论是经典的记载还是民间传说，个个都是发明创造的典范。

1. 包羲氏。中华大地上第一件捕鱼狩猎的网罟，是包羲氏结绳结出来的。《周易·系辞下》：

> 古者包羲氏之王天下也，仰则观象于天，俯则观法于地，观鸟兽之文与地之宜，近取诸身，远取诸物，于是始作八卦，以通神明之德，以类万物之情。作结绳而为罔罟，以佃以渔，盖取诸离。

从"仰观天文"到"始作八卦"，这是包羲氏在文化创建中的贡献。结绳为网，则是包羲氏在生产领域内发明创造先进工具的贡献。包羲氏所结的"罔罟"，应该是中华大地上第一张网。这张网一可以捕鱼，二可以狩猎。包羲氏为后世树立起的榜样是：文化创造者，同时也应该是先进器具的发明者。

发明生产工具，是人类进入文明的重要标志，这是东西方共同接受的一个判断标准。由此而论，包羲氏所结的这张罔罟，应该是中华民族开创中华文明的重要标志。

2. 神农氏。中华大地上最早的农业生产工具，是神农氏发明创造的。《周易·系辞下》：

> 包羲氏没，神农氏作，斫木为耜，煣木为耒，耒耜之利以教天下，盖取诸益。

神农氏所发明创造的耒耜，应该是中华大地上最早的农业生产工具。务农，特别是务先进之农业，必须先从发明创造先进生产工具入手，神农氏的永恒意义，应该就在此处。

3. 黄帝、尧、舜。中华大地上最早的舟车、弧矢、臼杵、宫室、书契等十多项史无前例的发明创造，是黄帝、尧、舜名下出现的。《周易·系辞下》：

> 黄帝尧舜垂衣裳而天下治，盖取诸乾坤。刳木为舟，剡木为楫。舟楫之利以济不通，致远以利天下，盖取诸涣。服牛乘马，引重致远，以利天下，盖取诸随。重门击柝，以待暴客，盖取诸豫。断木为杵，掘地为臼，臼杵之利，万民以济，盖取诸小过。弦木为弧，剡木为矢，弧矢之利，以

威天下，盖取诸睽。上古穴居而野处，后世圣人易之以宫室，上栋下宇以待风雨，盖取诸大壮。古之葬者，厚衣之以薪，葬之中野，不封不树，丧期无数，后世圣人易之以棺椁，盖取诸大过。上古结绳而治，后世圣人易之以书契，百官以治，万民以察，盖取诸夬。

在《圣经》里，夏娃用无花果的叶子编制裙子属于罪过，因此受到了上帝的惩罚。在《周易》里，发明衣裳不是罪过而是文明天下的贡献。从发明衣裳（上衣下裳）开始，黄帝尧舜名下出现了一系列的发明创造，其中最重要的几项是：水中的船，陆上的车，稻谷脱皮的臼杵，狩猎御敌的弧矢，居住的宫室，记载历史的书契。

发明创造的终极目的是有利于天下，有利于人民。所以，每一项发明创造后面都会出现"以利天下"或"万民以济"的后缀。"以利天下"、"万民以济"这八个字说明了这样几个问题：

第一，先进器具的发明创造者都将自己的发明创造在天下推广；

第二，先进器具的发明创造者并没有将自己的发明创造视为私产；

第三，先进器具的发明创造者赢得了天下的敬重，"王天下"之王靠的是对天下的贡献。

值得注意的是"弧矢之利"的后缀是"以威天下"。威，威风之威，威风凛凛之威。《周易·系辞下》："弓矢者，器也。"有利器，才有威风凛凛之天下。有利器，才能不战而屈人之兵。有利器，才能让外敌望而生畏。有利器，才能让外敌不敢有觊觎之心。建设家园是重要的，保卫家园与建设家园具有同等重要意义，黄帝尧舜为后世树立起了永恒的榜样。

4. 有巢氏。中华大地上最早的小木屋，是有巢氏构木为巢建立起来的。《韩非子·五蠹》中有如下记载：

> 上古之世，人民少而禽兽众，人民不胜禽兽虫蛇。有圣人作，构木为巢以避群害，而民悦之，使王天下，号曰有巢氏。

上古之世的小木屋，其意义绝不亚于今天的高楼大厦。小木屋的作用之一，是"以避群害"。避，避开；群害，猛兽猛禽也。有了小木屋、小草屋，人类告别了露天和洞穴和猛禽猛兽之害和风霜雨雪之苦。有巢氏的这一贡献，赢得了人民的敬重，"而民说之，使王天下。"这句话告诉后人这样一个历史事实：有大功于天下者，才能赢得人民的喜悦与爱戴。上古之世，能者为王，贤者为王。先有利民之大功，后有人民的拥戴，这是为王的基本前提。"使王天下"中的一个"使"字，说明了人民有选贤举能的主动权。"真命天子"与"龙子龙孙"这两个词，在源头的文化里并不存在。

5. 燧人氏。中华大地上最早的火，是燧人氏钻木取火取出来的。《韩非子·五蠹》中有如下记载：

> ……民食果蓏蚌蛤，腥臊恶臭而伤害腹胃，民多疾病。有圣人作，钻燧取火以化腥臊，而民说之，使王天下，号之燧人氏。

人工之火，使中华文明又向前跨出了一大步。火的利用，不亚于今天的核利用。与有巢氏一样，燧人氏同样受到了人民的拥戴。人民又"使"燧人氏来"王天下"。有巢氏与燧人氏之间，共同点就是大贡献。上古之世，先王与后王之间没有血缘关系。所以，源头文化里没有"乐不思蜀"与"何不食肉糜"的笑话。

第一所小木屋是有巢氏创建的，第一丛人工火是燧人氏发明的，第一件捕鱼狩猎的网罟是伏羲氏结绳结出来的，第一件、第二件农业生产的工具耒耜是神农氏用木头制造出来的，衣裳、车船、臼杵、弓矢是黄帝、尧、舜发明的……在源头开端处，一位先贤一项发明创造。黄帝之后的先贤，一位先贤几项发明创造。从现代的眼光看，源头的先贤个个都是工程师。

"形乃谓之器"，"形而下者谓之器"，"弓矢者，器也"（《周易·系辞下》）。有形的天地万物与生产生活器具，在《周易》里被称为器。《圣经》至高无上的只有一个字——神，《周易》至高无上的有两个字——道、器。研究与比较中外文化，必须注意这一基本差别。器，可以与道并列并重。道器并重，是《周易》之核心，也是中华文化之核心。

重视器，形成了传统。请看两句至理名言与一种官员的设置：

《尚书·盘庚》曰："人唯求旧，器非求旧，唯新。"——朋友是旧的好，器具是新的好。

《论语·卫灵公》曰："工欲善其事，必先利其器。"——工匠要想做好某件事，必须有相应的利器。

制器，为六政之一。按照自然法则，《周礼》设置了天官、地官、春官、夏官、秋官、冬官六种官，其中冬官主管器具制造。器具包括生产工具、生活器具、交通运输工具、战争武器。

三 天文、人文、利器三者之间的源流关系

天文在天上，人文在人间，利器在手中，这三个问题之间有联系吗？

阅读了下面六个论断，天文、人文与利器三者之间的源流关系就会一目了然。

其一，《周易·贲·彖传》："观乎天文，以察时变；观乎人文，以化成天下。"

其二，《尸子》："伏羲始画八卦，别八节而化天下。"

其三，《周易·系辞下》："八卦成列，象在其中矣。"

其四，《周易·系辞上》："易有圣人之道四焉，以言者尚其辞，以动者尚其变，以制器者尚其象，以卜筮者尚其占。"

其五，《周易·系辞上》："乘也者，君子之器也。"

其六，《周易·系辞下》："弓矢者，器也。"

第一个论断，在天文与人文之间建立起了这样的对应关系：前后对应，源流对应。天文的落脚点在"以察时变"，人文的落脚点在"以化成天下"。"以察时变"之"时"，即天时（时令）的量化。"以化成天下"之"化"，即教育人们在生产与生活中自觉地遵循天时之时这一根本性的自然法则。

第二个论断，在八卦与八节之间建立起了对应关系。八卦表达的是什么？表达的是冬至夏至、春分秋分、立春立夏立秋立冬八节。八节的功能是什么？八节的功能是化天下。八节属于天文历法，有了天文历法才真正有了文明之天下。

第三个论断，将八卦称之为象。

第四个论断，将"尚象制器"定位为圣人四道之一。尚，比照也，效法也。象，自然界的形象之象也，抽象之象也。天地万物，是形象之象。八卦，是人文中的重新之象。制器，器具制造也，器具的发明创造也。"尚象制器"，就是仿照形象之象、抽象之象进行器具的发明创造。

第五个论断，将陆地上所行的车界定为君子之器。乘，车子。当初，只有君子才有资格乘坐车子。所以，《周易·系辞上》将车子界定为"君子之器"。

第六个论断，将弓矢界定为器。弓矢者，弓箭也。弓箭一可以狩猎，二可以御敌。有利器，才能保卫家园不被外敌入侵。所以，《周易·系辞下》有

"弧矢之利，以威天下"之论。当时的弓矢，就是最先进的利器。有利器，才有威风凛凛之天下；有利器，才能不战而屈人之兵；无论从历史还是从现实角度上看，"弧矢之利，以威天下"之论都具有发人深省的教育意义。

以天文为基准创造出了人文，人文化天下—化出"如何做人"的理性，二化出"如何做事"的智慧。智慧做事，其中重要的内容就是器具的发明创造。

天文—人文—八卦—象—尚象制器—器具之器，六个论断是不是完成了天文、人文、利器三者之间的源流关系的解答？

四 "尚象制器"：发明创造哲理的完备

发明创造，有灵机一动，也有系统哲理的指导；后人的发明创造多为灵机一动，源头先贤的发明创造靠的是系统哲理的指导。

阅读《周易·系辞下》的发明创造，有心的读者肯定会发现这样一个秘密，即每一项发明创造后面都会有四个字注释——"盖取诸 A，盖取诸 B，盖取诸 C，盖取诸 D"。这里的 ABCD，指的是某一卦的卦象。

卦象，能够指导器具的发明创造吗？

可以肯定地回答：毫无疑问！

如果说卦象可以指导器具的发明创造，那么必须回答的问题是：为什么？

明白了卦象的母源以及古今中外的一系列事例，这个问题就迎刃而解：第一，卦象的母源在天文。天文，是一个大宝库，有无穷无尽的宝藏。开普勒天文三定律演化出了牛顿力学，以牛顿力学为开端演化出了现代物理学，现代物理学的基础在天文。第二，卦象表达的是天文历法。在中华大地上，天文历法是百子百科的理论基础。第三，八卦表达八节，八节对应八方。八卦将八节八方（时间空间）统一在了一起。一切从时空中来，所以，时空可以论一切。第四，卦象中做人的哲理，例如"自强不息"、"厚德载物"。卦象中做人的哲理没有错，做事的哲理会错吗？第五，查阅诸子百家，没有一家不论天文历法的。兵家言，不知天文是不足以为将。医家言，不知天文是不足以为工（医生）。第六，卦象属于抽象符号，抽象符号既有严格的规定性又有无限象征性，这"两性"可以启示人的无限联想。所以，古今中外的哲学家、军事家、数学家、物理学家，面对卦象都会做出自己专业领域的解释。总之，卦象中有天理有人理也有发明创造之理。

《周易·系辞下》记载了发明创造的事实，它的上篇与下篇多处记载了发明创造的哲理。在《周易·系辞传》中，发明创造的哲理已经精美而完备。精美而完备的发明创造哲理，可以归纳为三句话：尚象制器，触类旁通，道器转化。分述如下：

1. 尚象制器。圣人有四道，这是《周易·系辞上》的界定。尚象制器，为圣人四道之一。圣人制器，不仅仅是个人的行为，而是"尚象"之下的成果。

何谓象？先请看《周易·系辞传》这四个论断：

其一，《周易·系辞上》："在天成象。"

其二，《周易·系辞上》："刚柔者，昼夜之象也。"

其三，《周易·系辞上》："见乃谓之象。"

其四，《周易·系辞上》："天垂象。"

以上四大论断论象，论出的是形象之象。天地可以论象，昼夜可以论象，凡是看得见的一切都可以论象。总之，天地万物即是形象之象。凡是眼睛看得见的，都可以称为象。"见乃谓之象"与"天垂象"，指的就是眼睛看得见的象。眼看得见，手摸得着的，同样可以称为象，例如小花小草，小鱼小虾；例如水火；例如太阳月亮。

何谓象？《周易·系辞传》中还有三大论断：

其一，《周易·系辞上》："圣人设卦观象。"

其二，《周易·系辞上》："圣人有以见天下之赜，而拟诸其形容，象其物宜，是故谓之象。"

其三，《周易·系辞下》："八卦成列，象在其中矣。"

以上三大论断论象，论出的是抽象之象。

第一、第三个论断告诉后人，象在八卦中。换言之，八卦就是象。抽象之象的八卦，表达的是四时八节，是四面八方。天文论四时八节，地理论四面八方。天文地理，被八卦融合为一体。四时八节属于时间，四面八方属于空间；时间空间被八卦融合为一体。一切从天文地理中来，所以天文地理可以论一切。一切从时空中来，所以时空可以论一切。理解了这两点，再看八卦中蕴含有尚象制器（发明创造）的哲理，就不会感到奇怪了。

抽象之象中隐含有奇偶之数。《周易·系辞下》："阳卦奇，阴卦偶。"《黄帝内经·灵枢·根结》："阴道偶，阳道奇。"阳奇阴偶，阴阳可以论奇偶。奇偶之数重要吗？请看西方哲学家、数学家的两个论断。"一切都是数，数的关键是单双。"这是古希腊哲学家毕达哥拉斯的至理名言。"0 是无，1 是上帝，0 与 1 创造了世界。"这是德国数学家、哲学家莱布尼茨的至理名言。知道了奇偶之数的重要意义与根本意义，再看由奇偶之数组成的八卦中蕴含有尚象制器（发明创造）的哲理，就不会感到奇怪了。

形象之象启示的发明创造，这里有两个例子：一是东方的鲁班发明木工之锯；二是西方人发明螺旋桨飞翔仪。木工使用的锯，是鲁班根据带刺的草叶发明的。在中华大地上，这是众所周知的民间故事。带刺的草叶，形象之象也。由草叶演化出木工之锯，古之仿生学也。枫树的果实借助其翼状附件旋转下落会飞得很远。在西方的中世纪，有人受这一启示，发明了陀螺飞翼式玩具。枫果，形象之象也。由自然生物植物而器具，西方仿生学也。

《周易·系辞上》："见乃谓之象，形乃谓之器，制而用之谓之法，利用出入，民咸用之谓之神。"——眼睛看得见的是象，手摸得着的有形之物是器，由看得见的象制出有形之器，将有形之器具普及至天下人民使用，如此制器者即可称为神。这一论断首先揭示的"由象而器"的仿生学，第二揭示的是器对天下的重要作用，第三揭示的是对制器者的敬重。尚象制器，这里的尚象，所尚的是形象之象。

在《周易·系辞下》，凡是"盖取诸 A，盖取诸 B，盖取诸 C，盖取诸 D"的发明创造，都是尚象制器的结果。尚象制器，这里的尚象所尚的是抽象之象。由卦象而二进制，所尚的仍然是抽象之象。

仿生学，所仿的只是形象之象的一种象。尚象制器，所尚的是形象之象与抽象之象的两种象。

2. 触类旁通。这一成语，这一哲理，源于卦象。《周易·系辞上》："八卦而小成，引而申之，触类而长之，天下之能事毕矣。"——"触类"一词发源于此。《周易·乾文言》："六爻发挥，旁通情也。"——"旁通"一词发源于此。

八卦之中，隐含有"天下之能事"。能事，能工巧匠之事也。真正认识了八卦，并在此基础上触类延伸，就会有"天下之能事毕矣"的结果。

八卦的源头，在天文在太阳历的八节。表达八节是八卦的天文意义，表达八方是八卦的地理意义，启示人的发明创造则是八卦的人文意义。明白了八卦的源头在天文在太阳，再理解其中隐含的"天下之能事"就会有顺理成章之感了。

触类旁通最好的实例，莫过于从解牛之技到养生之术的转换。《庄子·养生主》记载了一个善于解牛的庖丁，解牛之时动作像舞蹈，解牛之声像音乐，一把刀解牛上千头，历时十九年，从未磨过却又锋利异常。惠文君称赞庖丁解牛的"技"达到了顶峰——"技，盖至此乎"。庖丁解释，这不是纯粹的技，首先是"依乎天理，因其固然"的道，然后是由道进乎技。惠文君听后说，我懂得养生了——"善哉！吾闻庖丁之言，得养生焉。"解牛，属于杀生。杀生，与养生在形式上截然相反，在根本上却完全相通。根本相通点，就是"依乎天理，因其固然"。

现代西方的成果，出于实验室；在早期的中华大地上，成果出于模型基础上的推理。八卦，是一个重要的基础性模型。"盖取诸 A，盖取诸 B，盖取诸 C，盖取诸 D"的发明创造，全部是在自然哲理基础上的延伸。

3. 道器转化。道器并重，构成了中华文化的核心。道器并重，《周易·系辞下》是这样描述的：

> 形而上者谓之道，形而下者谓之器，化而裁之谓之变，推而行之谓之通，举而措之天下之民谓之事业。

何谓事业？进行道器转化，由道理转化出器具，最终将道理与器具一并教与天下人民，如此方为事业。"只问有没有，不问该不该"的奋斗之后有了一个家财万贯的企业，时下将此界定为事业。如此事业，显然与道器转化之事业不在一个层面上。

《圣经》解答了两大根本问题："宇宙如何发生"与"人生如何度过"。《周易》解答了三大根本问题：除"宇宙如何发生"与"人生如何度过"之外，还解答了"如何发明创造"。《圣经》的基础只有一个字——神，《周易》的基础是两个字——道、器。

中华先贤以道为依据论证问题，中华大地上诞生了中华文化、中医文化，以及诸子百家。诸子百家论证的问题不同，但"以道论之"的论证方式却完全一致：儒家以道论礼，道家以道论德，兵家以道论兵，阴阳家以道论历，医家以道论医……在诸子之前之后的中华大地上，茶有茶道，剑有剑道，棋有棋道；品茶者论道，舞剑者论道，博弈者论道，这些都是"以道论之"在各个领域的延续。从自然之道出发，可以提出与解答成千上万的问题，这就是道在实际生活中的作用。

一个道字为何有如此威力？这是道的自然属性所决定的！道，有两个出处：一是太阳；二是太阳月亮。《管子·枢言》："道之在天，日也。"这一论断告诉后人，太阳可以论道。《周易·系辞上》："一阴一阳之谓道。"又："阴阳之义配日月。"这两个论断告诉后人，日月可以论道。道在太阳里，道在日月里，这就是道可以论证一切问题的根本奥秘。

在中华文化里，奇数一可以代表道。《韩非子·扬权》："道无双，故曰一。"一，是道的代名词。一就是道，道就是一。明白了道理，明白了大一，就可以论证一切问题。与"以道论之"相似相通的"以一论之"，演化出了一句句至理名言。这里选择八句，供读者欣赏：

其一，"言一而知百病之害。"（《黄帝内经·标本病传论》）

其二，"问一类而以万事达者，谓之知道。"（《周髀算经·陈子模型》）

其三，"持一而不失，能君（群）万物。"（《管子·心术下》）

其四，"闻一言以贯万物，谓之知道。"（《管子·戒》）

其五，"以近知远，以一知万，以微知明……以道论尽。"（《荀子·非相》）

其六，"通于一而万事毕。"（《庄子·天地》）

其七，"知一即无一不知也。"（《文子·九守》）

其八，"欲近知而远见，以一度万也。"（《鹖冠子·度万》）

认识"一"，可以把万般事情办好。

认识"一"，可以把百病之害医治好。

认识"一"，可以无一不知。

在没有实验室，没有仪器的条件下，中华先贤之所以能够解答那么多问题，奥秘就在于他们明白了道理。东西方所走的路，完全不是一样的路。东西方所持的方法，完全不是一种方法。道路之外还有道路，方法之外还有方法。路不同方法不同，两个不同，孕育了"我之所以是我"的中华民族，产生了利用自然而不毁坏自然的中华文明。历史业已证明，西方近代的成果，有利于眼前，有害于长远，有利于具体，有害于全局。利用自然而危害自然，是西方近代发明创造的基本特征。道器转化，每一项发明创造都有合不合道理即"善不善，该不该"的价值判断，这与西方实验室里只问"是不是"不问"该不该"完全不是一回事。

五 "器"的失传与"道"的变质

"五千年文化源远流长"，这是一个习惯性说法。实际上，以道器并重为核心的中华文化并没有源远流长，而是发生了失传与变质。中华文化有清源浊流之变，没有这个认识，无法解释中华民族前后截然相反的两种状态——早期的文明先进，后期的落后挨打。清源浊流之变，体现在"器"的失传与"道"的变质。

1. "器"的失传。一个"器"字，遭到了道家的反对与否定。

在理论上否定器，始于道家创始人老子。《道德经·第57章》："民多利器，而邦家滋昏。"老子将利器视为不祥之物，将利器视为动乱的根源。

老子的最高理想是建立起相安无事、老死不相往来的寡民小国。实现这一理想的第一步，就是抛弃所有的器，有船也不要乘，有车也不要坐，把兵器锁进仓库里；实现这一理想的第二步，就是不要再发明创造任何新的器；最终，还回到结绳记事那样的时代。

老子的情怀，是圣人的情怀。问题是：人间天下并非全部是圣人。圣人之外还有小人，小人之外还有强盗，强盗之外还有外敌。"你不往并不等于他不来！"老子的家乡在楚，楚被秦所灭。这证明，老子的理想在当时就行不通。蒙古大军、满族大军逐鹿中原，八国联军火烧圆明园，日本鬼子南京大屠杀，这证明，老子的理想在之后同样也行不通。没有器根本就没有安全太平可言，当时证明了这一点，历史证明了这一点，现实同样可以证明这一点。

从实际中否定器，始于道家继承人庄子。《庄子·天地》篇记载了"浇菜老人反对使用杠杆"的故事。孔子的弟子子贡，向一位正在浇菜的老人介绍了省力而高效的杠杆。用杠杆提水浇菜，节省力气且事半功倍。浇菜的老人听后，不但没有感谢，反而把子贡狠狠批评了一顿："吾闻之吾师，有机械者必有机事，有机事者必有机心。机心存于胸中，则纯白不备；纯白不备，则神生不定者，道之所不载也。吾非不知，羞而不为也。""吾非不知，羞而不为也"，这是浇菜老人的态度，实际上是庄子的态度。人类历史最早的杠杆，就这样遭到了道家的否定。

一个"器"字，遭道家否定后基本失传。

2. "道"的变质。道的本义，《周易·系辞上》界定为"一阴一阳之谓道"，一阴一阳讲究的是阴阳合和。描述阴阳合和，《黄帝内经·素问·生气通天论》中有"凡阴阳之要，阳密乃固，两者不和，若春无秋，若冬无夏，因而和之，是谓圣度"之论，《周易·系辞下》中有"阴阳合德"之论，《道德经》中有"万物负阴而抱阳，冲气以为和"之论，《国语·郑语》中的"和实生物"之论；这几个论断告诉后人，一阴一阳之间的关系是合和关系。

阴阳合和，被西汉董仲舒偏偏变质为阳为阴纲。董仲舒在《春秋繁露·

基义》中以"阳为阴纲"立论，论出了"王道之三纲"。请看原文：

> 君臣、父子、夫妇之义，皆取诸阴阳之道；君为阳，臣为阴；父为阳，子为阴；夫为阳，妇为阴。……王道之三纲，可求于天。

君为阳，臣为阴，由此演化出了君为臣纲；父为阳，子为阴，由此演化出了父为子纲；夫为阳，妇为阴，由此演化出了夫为妻纲。阳为阴纲，是"王道之三纲"的立论基础。阳为阴纲，在中华文化与中医文化里根本找不到任何支持的依据。"一阴一阳之谓道"被董仲舒变质为"阳为阴纲之谓道"。道，被董仲舒所变质——大道变质为伪道。

一个"道"，变质在西汉。

西汉以后，道器并重的文化变质为伪道无器的文化。西汉以后的文化，不再重视发明创造。西汉以后的文化，敬重的不再是善于发明创造的能者贤者，而是逐鹿中原的胜利者。道器并重的文化，孕育出了令世界心悦诚服的中华文明；伪道无器的文化，最终孕育出了落后与挨打。

六　再出发

重新认识道器并重的文化，并在此基础上再出发，源头文化中的哲理仍然可以发挥出崭新的作用。下面提出三个器具的实例来说明问题：

1. 尚象制器：工业废烟控制器。碳排放，是当今世界性的一道难题。碳排放，主要来源于工业烟囱。工业烟囱中的废烟能够控制吗？

能！

六十四卦中的第六十三卦为既济卦，既济卦卦象为八卦中的坎离（上坎下离）两卦所组成，坎象征水，离象征火，对既济卦的卦象，《周易·象传》做出了"水在火上，既济"（䷾）的诠释。按物理常识理解，水在火上会出现火被熄灭的异常，而在中华先贤这里则会出现象征成功的吉祥。水在火上，广东人利用这个原理制作出了水烟筒。所谓水烟，就是一根半米长的竹筒，底部盛水，烟草放在下面。抽烟时，从竹筒上端吸气，烟必须通过水之后才能进入口腔。这样一来，烟中的杂质就被水过滤。

以卦象论之，水可以在火上；以实际论之，水烟筒可以过滤烟中的杂质。

以尚象制器论之，工厂烟囱冒出的烟完全可以用水加以过滤。在烟囱之上，设立一个水装置，引雪山寒井之水在烟之上或以电制冷，让烟排出时必须从水中经过；如此一来，烟尘可以下沉，烟中之热能已经溶于水中，热水可以得到再次利用。

2. 触类旁通：新型的碾米机。稻谷脱皮，始于臼杵。臼杵，从卦象上看，由八卦中的震艮两卦所组成（上震下艮☷）。震，象征雷；艮，象征山。臼杵，从哲理上看，由一个稳定系统与一个动力系统结合而成。动力系统从古至今经历了四次变化——人力、畜力、水动力、电力，每一种新动力，都会形成新一代的臼杵。现在又出现了新的力——超声波，以触类旁通的哲理而论，新动力的出现肯定会产生一种新形式的臼杵——碾米机。以触类旁通的哲理而论，新动力的出现，还可以产生很多很多新器具。

3. 道器转化：声与色（光）的利用。《逸周书·周月》："万物春生、夏长、秋收、冬藏。天地之正，四时之极，不易之道。"这一论断告诉后人，四时可以论道。

《黄帝内经·素问·金匮真言论》以时论音，以时论色，以时论味，以时论A，以时论B，以时论C；四时之中一时有一时之音，一时有一时之色，一时有一时之味……

音有时间性：春音角，夏音徵，秋音商，冬音羽，中央音宫。合时之音养人养万物，非时之音伤人伤万物。"冬至有雷声，十个牛栏九个空。"这是湖南的民谣。正常的雷声，始于惊蛰，终于秋分。冬至的雷声为非时非常之音，此非时非常之音会将牛震死。非时之音，是否能演化出一种"以威天下"的利器?！凡非时之物，是否都会演化出一种"以威天下"的利器?！

七　两点小结

1. 古老算法在当代。"美国一位计算机数学大师说，计算机数学即是算法的数学。中国的古代数学是一种算法的数学，也就是一种计算机的数学。进入到计算机时代，这种计算机数学或者是算法的数学，刚巧是符合时代要求，符合时代精神的。从这个意义上来讲，我们最古老的数学也是计算机时代最适合、最现代化的数学。"这是吴文俊院士在《东方数学的使命》一文中的话。古老的算法发源于何处？发源于天文历法。天文历法中在当代具有常青性的东西，仅此一项吗？

2. 抽象之象在当代。仿生学，所仿的乃自然界的形象之象。卦象，为人文中的抽象之象。形象之象，有活生生的形象性。抽象之象，有无限遐想的启示性。德国的莱布尼茨，能从一阴一阳组成抽象之象看出二进制，二进制推动了整个世界。苗族文化中除了一阴一阳之外还有一个不阴不阳，这里还有推动世界的东西吗？

参考文献

［1］苏勇点校：《周易》，北京大学出版社 1989 年版。

［2］《圣经》，中国基督教协会 1996 年版。

［3］许嘉璐主编：《文白对照十三经》，广东教育出版社 1995 年版。

［4］南京中医学院编著：《黄帝内经》，上海科学技术出版社 1991 年版。

［5］彭文辑：《百子全书》，岳麓书社 1993 年版。

［6］刘勇、唐继凯校注：《律历融通》，中国文联出版社 2006 年版。

默观道之美

——"太极原理"与"圣三道理"的对话

陈德光

内容摘要：本文探讨一个中西文化沟通对话的理论。从宗教研究着眼，圣三道理有基督宗教的特色，以太极原理表诠，让基督宗教道理平添几分美感，最能表达"不可言喻"的真理，莫过于道的"无声之美"；而圣三道理又带给太极理论的阴、阳原理一种"位际相遇"的滋味。本文写作有道家神秘思想与基督教神秘主义的背景，配合艺术体验，开发一种富有"道之美感"的生命教育。

关键词：太极　道家　古琴　圣三　默观　生命教育

引　子[①]

本论文的写作灵感有三：

首先，"太极"与"圣三"的关系来自教学的经验。圣三是启示得知的道理，太极是中国哲学思想，中国哲学富于美感，可以帮助人们了解圣三的道理，有如奥斯汀的"心理圣三论"的作用。

其次，方东美教授认为原始经验有三种：科学（真）、道德（善）、艺术（美），而艺术经验有统摄的作用。[②] 方教授的思想反映了庄子"圣人者，原天

---

① 本文最早以《默观道之美——古琴与身心灵生命转化的灵修》为题，发表于辅仁大学宗教学系主办"宗教的身体观学术研讨会"，辅仁大学济时楼，2012 年 11 月 10 日，第 1—12 页；本文曾以《默观道之美——"太极圣三论"与"圣三古琴论"的对话》为题，发表于《辅仁宗教研究》第二十七期（2013 年秋），第 35—62 页。现在的论文是前述文章的再次修改。

② 沈清松等：《中国历代思想家》，（台北）商务印书馆 1999 年版，第 64—65 页；陈德光：《生命教育与全人教育》，（台北）文化事业股份有限公司 2010 年版，第 32—33 页。

地之美而达万物之理"(《庄子·知北游》)的哲学，在美的经验中体证创作的自由，情感与理智的兼顾，也就是知性与感性、条理与自由的"道通为一"的境界。

笔者认为原始经验或可加上信仰（圣）的部分，在美感经验中体证到道或神性的"内在化"与"外在化"。"内在化"就是道或神性与人性和自然的碰触，"外在化"就是道无所不在、神人无间、悠然自得的经验。

最后，论默观道之美，如以古琴为例，古琴作为道器表达空灵之美，以人琴俱忘、主客合一为最高境界，也就是对空、无的观照。

本文内容分三部分：第一部分介绍西方"人—神"关系的建构；第二部分讨论"太极"与"圣三"的关系；第三部分以古琴为实例，谈对道之美的默观。

一 圣三论

（一）《圣经》

《圣经》的人性结构有二元至四元的讲法，说明如下：

二元的分法：保罗有"内在的人"与"外在的人"，旧人与新人的分法，若望（约翰）论天主子女的生命由男欲（man）、肉欲（flesh）所生，与由天主（God）所生的有分别。"教会要理"也采身体（body）与灵魂（soul）的二分法，灵魂与 spirit 不再区分。

Spirit 可翻作神灵、神魂、灵性、精神；Holy Spirit 是圣三中第三位，天主教译圣神，基督教译圣灵，本文采圣灵的译法，因为如果译作圣神，就易与"神"（God）相混淆。

三元的分法，有两种组合：身体（body）、灵魂（soul）、神灵（spirit）；身体（body）、心能（mind）、灵魂（soul）。前者凸显灵魂与神灵之别，后者把人的精神部分细分为一般心理作用，以及与天主对越的灵魂。

四元的分法：身体（body）、心能（mind）、灵魂（soul）、神灵（spirit）。

笔者认为三元的分法是基本的结构，二分法是简化，四分法是补充，而《圣经》或犹太人没有个别独立的身、心、灵的看法，人性的结构综合见

图1：①

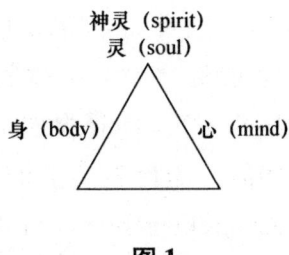

神灵（spirit）
灵（soul）

身（body）　心（mind）

图1

最近，荷兰学者梵谷叹（George Van Kooten）发表意见，② 认为保罗（Paul of Tarsus， ＋67AD）与斐罗（Philo of Alexandria，20BC—50AD）对人性结构有同样的三分法的主张。以斐罗为例，斐罗分身体（body）、灵魂（soul）、神灵/灵性（nous，mind）或精神（pneuma，spirit），神灵是灵魂中的主师（sovereign element）与头部（top），也是神人沟通的肖像（eikon，image，《创世纪》一26—27），神灵的本质是精神或气息（上主的气息，《创世纪》二7），精神是灵魂的领导（leading part）。

讨论的重点：究竟人、神的相关性与差异性何在？如果以时间的先后架构去了解，配合保罗的思想，说明如下。

精神原属天主，在创造之初赋予人类，作人灵分享天主生命的所在（肖像），是人心与天主感通的起点。因此，精神虽然有如隶属人性的部分，却有待天主的圣化，也就是人类天性的成全。保罗的讲词："愿赐平安的天主亲自完全圣化你们，将你们整个神魂、灵魂、肉身，在我们的主耶稣基督来临时，保持的无瑕可指"（《得撒洛尼前书》五23）；以及"除了人内里的心神外，有谁能知道那人的事呢？同样，除了天主圣神外，谁也不能明了天主的事。"（《格林多前书》二11）大致表达了这种思想。

人类犯罪之后，天性败坏，有赖耶稣复活把人性再造。依保罗讲法（《格林多前书》十五45）：第一个人亚当只有灵魂部分的建构，也就是灵魂/生灵的身体（phychic body /soul‑body）；最后一个人亚当使人参与精神的生活，建构精神/属神的身体（pneumatic body/ spiritual body）。

---

① 陈德光：《生命教育与全人教育》，第176—181页。

② Geroge Van Kooten，"The Anthropological Trichotomy of Spirit，Soul and Body in Philo of Alexandria and Paul of Tarsus" in Michael Iabahn and Outi Lehtpuu（Eds），*Anthroplology in the New Testament and its Ancient Context*，Leuven：Peeters，2010，87‑120，pp. 90‑92.

（二）神学

依神学传统，天主圣三是启示的真理，自然理性只得知天主的存在，无法得知天主存在的三个位格的内容，以及天主降世的道理；[①] 然而，一些神学家仍依自然理性提出神学说明，一般称之为实证神学。换言之，虽然传统神学肯定启示真理的确实性（certitudo fidei），但是自然理性依其清晰性与可理解性，仍有提供了解的作用。[②] 无论如何，历代教会的训导都肯定，天主本性对人性永远是一个"不可理解"（imcomprehensibile）与"不可言喻"（ineffabile）的奥迹，神的本体比人的思想更为真实。[③] 笔者认为，天主的奥迹与天主的位格性，两者有密不可分的关系。

谷寒松在《天主论》著作中介绍奥斯汀的"心理圣三论"，批判黑格尔的圣三论，并提出阴阳的圣三论的假设，可作为下面论述的出发点。[④]

传统神学大致接受奥斯定的心理圣三论，依其内容（灵魂"属性"有三）：圣父作"存有"（esse）、圣子作"认识"（nosse）、圣神作"愿意"（velle）。[⑤] "心理圣三论"的优点指出人性依天主肖像而造的心理说明。

笔者根据人性依天主肖像受造（《创世纪》—27）的道理，配合身作为存有整体，心代表认识，灵象征意愿（合一）的对比，圣三与人性的结构见图2：

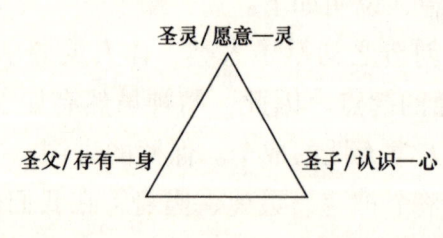

图2

奥斯汀"心理圣三论"的问题在于有过度拟人化的顾虑，有些神秘家（如艾克哈特，Meister Eckhart，1260—1327/8）把"存有"（Being，一些学者译作"存在"）保留给天主专用，作天主的全称，以凸显圣三的唯一性与至一性。

---

① 奥托：《天主教信理神学》上册，王维贤译，（台北）光启出版社1967年版，第131页。

② 同上书，第40–41页。

③ 同上书，第35页；《公教会之信仰与伦理教义选集》，辅仁神学著作编译会编译，（台北）光启出版社2013年版，第210页（Denz. 428：耶稣基督人神两性的结合是"不可言喻"的）。

④ 谷寒松、赵松乔：《天主论·上帝观》，（台北）光启出版社1992年版，第280—281页（奥斯汀），第357—359页（阴阳圣三论）。

⑤ 奥斯汀：《忏悔录》卷十三，第十一章，应枫译，（台北）光启出版社，第324—325页。

阴阳的圣三论的假设，依其内容：圣父作阳、圣子作阴、圣灵作合，大概用意是，圣父作阳取其主动性，圣子作阴取其被动性，圣灵作合取其结合的意义。

笔者补充，圣父作阳就是生命的"授予"，圣子作阴就是生命的"接受"，圣灵作生命的"授—受"的关系。耶稣基督面对圣父有"自我虚空"（kenosis《斐理伯书》二7）的一面，深层言之，圣父的"虚空"（非"虚无主义"）是圣子"自我虚空"之源。圣父的"虚空"来自人性经验与语言的极限，圣父无尽藏的生命宝库只能依圣父本体自身去观照或默观。

（三）哲学

黑格尔（C. W. F. Hegel, 1770—1831）对圣三神学持肯定的立场，认为圣三神学是基督宗教的基本特色，是天主"自我媒传"（self – mediation）的三个时机，是"实在界"的基本结构。[1]

虽然黑格尔哲学超越了康德（Immanuel Kant, 1724—1804）于有限主体与物自体之间所设的对立关系，但传统神学大致上否定黑格尔的圣三论的观点，以之混淆绝对精神与受造世界，有"泛神论"（pantheism）色彩。[2] 笔者认为，如果强调精神过程基本上是圣三恩宠的作用，建构一种"万有—在—神内论"（pan – en – theism），可以增强传统神学对天人关系的亲密性的论述，并解释圣三与人性内部精神发展的层层高升的辩证关系。

学者王煜以黑格尔辩证对比圣三道理，[3] 依其见解：

正——在己之道（圣父）

反——对己之道（圣子）

合——在己/对己之道（圣灵）

综合前面意见，请参见图3：

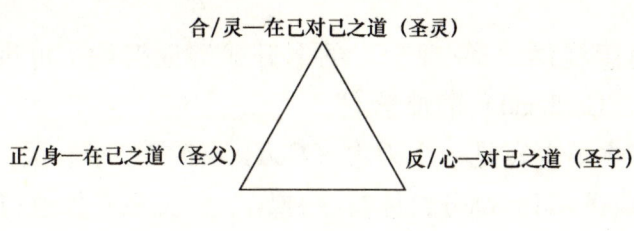

图3

---

① G. W. F. Hegel, *Lectures on the Philosophy of Religion*, Vol. 1, ed. by P. C. Hodgson, Oxford: Clarendon Press, 2007, p. 64.

② 谷寒松、赵松乔：《天主论·上帝观》，第314页（黑格尔）。

③ 王煜：《老庄思想论集》，（台北）联经出版事业公司1979年版，第384页。

参照王煜的意见，依黑格尔形上学对精神生活或理念（Ideas）的进展与规律的三段式结构，能有下列的对比：①

逻各斯（Logos）——在己的理念//正/父

自然（Nature）——对己的理念（异化），历史与文化过程//反/子

精神（Spirit）——在己与对己的理念，理念由其别异、返回自身//合/灵

补充名词的厘清：黑格尔的"理念"（Ideas）包括"能思"与"所思"，又是思想的行动，而思想是一切之本，依其德国唯心论立场，"理念"只是"存有者"的"存有"。若把"存有"比作"道"，黑格尔的"理念"应作"存有者"之"道"，与基督宗教神秘家艾克哈特论述的"存有本身"之"道"不同。

此外，黑格尔三段式的逻各斯或逻辑学（Logos）指研究纯粹理念的学问，其中包括存有论、本质论、概念论；对比若望使徒所论（《若望福音》一1）与天主本质（道/理念）相等的圣子或圣言（Logos, verbum），二者意见，不尽相同。

沈清松教授强调黑格尔三段结构有互入与互摄的关系，配合综合的意见，精神生活或"理念"（Ideas）的进展规律与辩证如下②：

1. 始于逻各斯（L），止于精神（S），媒合于自然（N），有历史过渡特色//媒合于自然——圣子。

2. 始于自然（N），止于逻各斯（L），媒合于精神（S），有主体反省特色//媒合于精神——圣灵。

3. 始于精神（S），止于自然（N），媒合于逻各斯（L），有真伪判断特色//媒合于存有——圣父。

黑格尔论"道/理念"的进展与辩证，配合侧重"存有"的圣三道理，加上"肖像"（人）的部分，参见图4：

（四）小结

1. 黑格尔思想提供"道/理念"的上升式辩证架构，可供协助建构"圣三"与"神元"（Godhead）的神学。③

2. 天主圣三主要内容是一个天主（God），有父、子、灵三个位格；笔者增加"神元"（Godhead）部分，神与"神元"的关系有如道与"自然"的关

---

① 沈清松：《物理学之后/形上学的发展》，（台北）牛顿出版公司1986年版，第251—259页。

② 同上书，第257页。

③ Godhead有"神性"（divinity）的译法，本文译作"神元"，灵感来自方东美对"元"的意见，"元"是生命元体之一，就是原始统会之理，其中有"道生一"的道家思想背景，参见方东美《中国人生哲学》，（台北）黎明出版社2004年版，第190页。

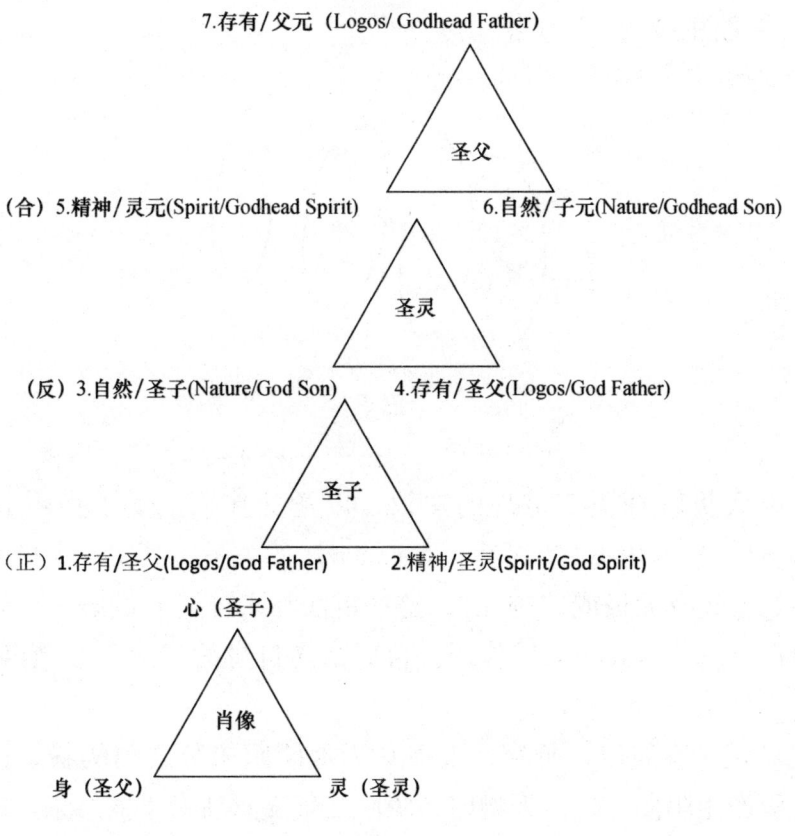

7.存有/父元 (Logos/ Godhead Father)

圣父

（合）5.精神/灵元(Spirit/Godhead Spirit)　　　6.自然/子元(Nature/Godhead Son)

圣灵

（反）3.自然/圣子(Nature/God Son)　　　4.存有/圣父(Logos/God Father)

圣子

（正）1.存有/圣父(Logos/God Father)　　　2.精神/圣灵(Spirit/God Spirit)

心（圣子）

肖像

身（圣父）　　　灵（圣灵）

图 4

系，也就是说，神的本性就是神的"自（然而）然"。"神元"强调神的源头是绝对的玄同，即父元、子元、灵元的等同，也就是天主的"唯一性"与"至一性"或万有真原的"太一"。

3. 人与神的对越关系，基督宗教传统主要采用二分法：天主自身内在的生命，与天主对受造界外在的生命，二者以人"依天主肖像"受造作连贯。

4. 人性既"依天主肖像"而造，人性的得救就是借着"真正的天主肖像"即万物首生者的圣子（《哥罗森书》一15），进入圣三内在生命的共融关系。

5. 前面图表除了人性作为天主的肖像的三角形部分，天主圣三部分有三分法与七分法的可能，三分法与圣三相应，七分法与一般灵修七阶的对照有未来讨论的空间。

6. 无论三阶或七阶基本上是一个螺旋式（辩证）的默观过程，其中有互相蕴含的横向部分（synchronic），与不断前进的纵向部分（diachronic）的互动关系（参见图 5）。①

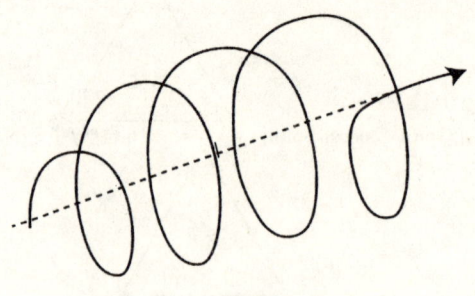

图 5

前述以太极解释圣三道理的建议，以圣父作阳、圣子作阴表达生命之"授"（begetter）与生命之"受"（begotten）的关系。其实，太极是万物的原理，太极之上还有无极或"神元"，这些讲法都来自"后设语言"（meta - language）的"回推"（regress）作用，目标指向自身的"道"、"绝对"或"存有"。

依《易经·系辞传》见解，太极是天地阴阳未分之前的状态，太极生两仪就是太极产生阴阳二气，万物即是阴阳二气交感所产生的结果。宋代大儒周敦颐（1017—1073）与朱熹（1130—1200）对太极与无极都有论述，依周敦颐《太极图说》意见："无极而太极，太极动而生阳，动极而静，静而生阴，静极复动。一动一静，互为其根，分阴分阳，两仪立焉。"②

太极与阴阳的道理有其优点，除了表达"阴中阳、阳中阴"的思想，容易与中华文化的身心修养：古琴、书画、武术、中医等对照，如配合黑格尔论"道/理念"的进展与辩证，与天主圣三的道理，则更丰富，趣味无穷。

二　太极与圣三论的对比

道：神或天主（终极意义）

　① 黑格尔认为理性旨在默观，其中有对立统一的关系，参见沈清松《物理学之后/形上学的发展》，第 236 页。

　② 陈荣捷编著：《中国哲学文献选编》下册，杨儒宾等译，（台北）巨流图书公司 1993 年版，第 583 页。

无极：神元（神的本性）

太极：神（三位一体）

阳：圣父（能生）//正：在己之道：存有/身

阴：圣子（所生）//反：对己之道：自然（历史与文化）/心

合（阴阳）：圣灵（授受之间）//合：在己/对己之道：精神/灵

太极与圣三论（圆形与三角形）的对比，参见图6：

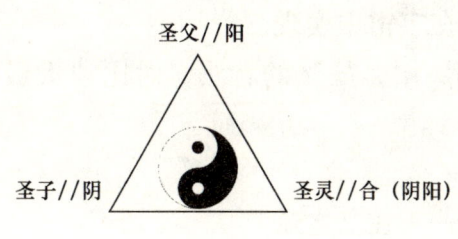

图6

一般意见认为太极是"理"，圣三属"事"，"理"与"事"应有分际。笔者认为，"理观"与"事观"都以主客合一为目标，"理"与"事"能有"异中有同"的关系。士林哲学论天主的自由（"事"）时，提出一种"适然的必然性"（"理"），如果"天主是爱"，那么"神爱世人"是天主"适然"的自由（"事"），也是天主"必然"的自然（"理"）。①

以道家精神补充说明，"道法自然"就是道依自然的本性而为②；中世纪密契家艾克哈（Meister Eckhart, 1260—1327/8）于德文道理第三十一篇表达意见，认为真正的爱是"不问理由的爱"（love is without why）③，天主的爱出于自己的本性或自然，所以"不问理由"。论天主的自由（"事"）与自然（"理"），最能以父母对子女的爱或艺术家的创造相比。

---

① 奥托：《天主教信理神学》上册，王维贤译，第297页："适然的必然性"（necessitas congruenti-ae）。

② 《老子》二十五章。

③ 陈德光：《艾克哈研究》修订二版，辅仁大学出版社2013年版，第185页。

三　体、相、用、征

方东美介绍老子思想之"道"时，依"体、相、用、征"的道理发挥。依其意见，《老子》思想以找到宇宙价值上最高的统一价值（"道"）为目标，找到后转为人生理想，在宇宙中实现。①

笔者参照"体、相、用、征"的看法，对比"太极圣三论"的思想，其中的关系如下：

道∥神或天主

道体∥阳——圣父——在己之道

道相∥阴——圣子——对己之道

道用∥合——圣灵——在己对己之道

道征∥人——天主的肖像

"体、相、用、征"的道理，依个人见解，补充说明：

（一）道体

道的本体就是本体自身与绝对的道：万物之宗，天地根，元一，活动范型，大象，归宿。"道体"包括老子"本体论"的"有"与"超本体论"的"无"。

笔者以"道体"对比太极之阳。由于"道体"分"本体论"的"有"，与"超本体论"的"无"，故"道体"（阳）中也能有阴、阳之别；为简易说明，如果以"道体"对比太极之阳，"超本体论"可作"纯阳"。

此外，"道体"对比圣父与"在己之道"，大约等于黑格尔的 Logos 的层次。老子"本体论"的"有"与"神"相对，"超本体论"的"无"与"神元"相应，本体的根源在超本体，因此，"道体"狭义来说，就是"纯阳"、"纯无"、"神元"或"真空"。

（二）道相

"道相"就是"道体"与"道用"的互双的方面，或两者性质的整合，是"妙有"。

"道相"可分为二，其中包括：大道自身的本性；大道显现出来的人为了

---

① 方东美：《原始儒家道家哲学》，（台北）黎明出版社 1993 年版，第 210—229 页。

解，即人性外在观察大道后的委婉曲折的了解。

大道的本性（"本性之相"——绝对的形相）是永恒与真实的，其中特色有：遍在性（体用合一、即体即用），生而不有，无为与无不为。

大道的属性（"属性之相"——相对的形相）的特色有：哲学语言的问题，哲学大半从名了解虚相，而非从实了解真相，所以需要文字的自嘲。

"本性之相"与"属性之相"之分，有如神学上对"先存圣子"与"降生圣子"之别。"道相"对比太极之阴，"道相"（阴）中能有阴、阳之别；为简易说明，如果以"属性之相"对比太极之阴，"本性之相"就是"纯阴"。

此外，"道相"对比圣子与"对己之道"，是黑格尔的"自然"的层次的推展；万有的真相就是"对己之道"。

（三）道用

道的作用就是宇宙发生论，自无到有、自有到无："道生一，一生二，二生三，三生万物"，"万物负阴而抱阳，冲气以为和"，"归根复命"。道用也就是宇宙的刚强的作用与阴柔的作用，一起合并起来，成为宇宙的广大的和谐性，或沟通本体界与现象界的方法与力量。

笔者以"道用"对比太极之合（阴阳），圣灵或"在己对己之道"，对比黑格尔的"精神"的层次。圣灵激发体用的合一，"道用"使人性分享圣父（"道体"）与圣子（"道相"）相结，"真空—妙有"的生命。

依天主教西方教会的神学传统，有圣父与圣子"共发"（procession）圣灵的讲法，也就是从"道体"与"道相"的角度去了解"道用"；东方教会则把重点置于圣父（"道体"），一方面圣父"生"（generation）圣子（"道相"），另一方面圣父"发"（spiration）圣灵（"道用"）。

最后，圣子（"道相"）与圣父（"道体"）的契合，有赖圣灵（"道用"）的作用，则是圣经与神学共同的立场。

（四）道征

方东美认为"道征"属于人格修养的层面，"圣人救人救物"（《老子》廿七章），发挥层层上升不作茧自缚的精神："圣人无常心，以百姓之心为心"（《老子》四九章），"天之道，利而不害"（《老子》八一章）。

笔者着重分析道征与美学的关系，就是本文第三部分"默观道之美"的范围。

太极与圣三的对比，加上"道征"部分，配合黑格尔论"道/理念"的进展与辩证，参见图 7：

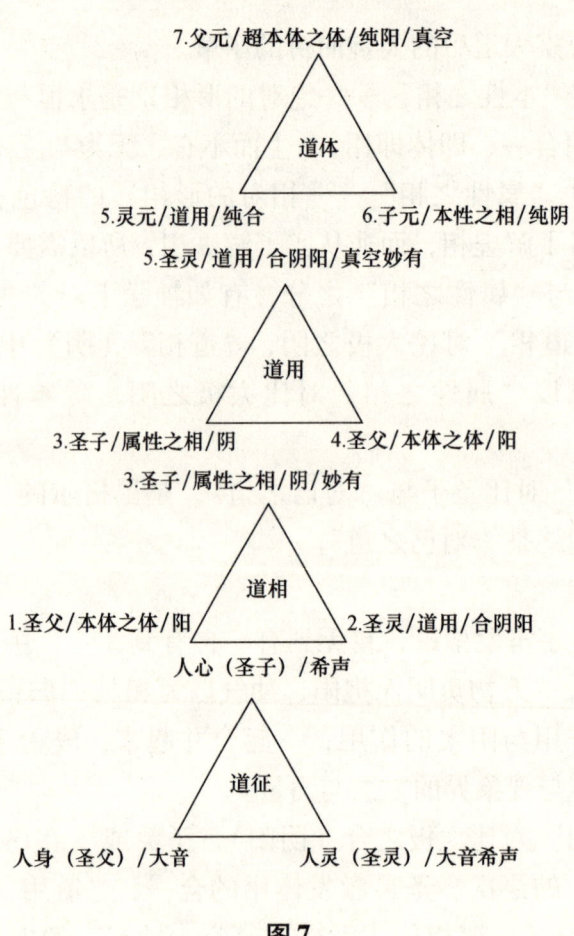

7.父元/超本体之体/纯阳/真空

道体

5.灵元/道用/纯合   6.子元/本性之相/纯阴

5.圣灵/道用/合阴阳/真空妙有

道用

3.圣子/属性之相/阴   4.圣父/本体之体/阳

3.圣子/属性之相/阴/妙有

道相

1.圣父/本体之体/阳   2.圣灵/道用/合阴阳

人心（圣子）/希声

道征

人身（圣父）/大音   人灵（圣灵）/大音希声

图7

四　默观道之美（古琴的例子）

古琴作为乐器，反映中国美学与人格修养的关系与理想，孔子认为人格完成以乐为终点："兴于诗、立于礼、成于乐"。汉代班固于《白虎通》已有："琴者，禁也，禁止于邪，以正人心"的想法，唐代诗人白居易于《江上弹琴诗》表达"用兹有道器，寄此无景情"的意见。

古琴的构造适合灵性修养，例如：象征主义的应用（琴身与身体，龙池凤沼与阴阳，泛、散、按三音象征天、地、人三才），沉厚的木板与幽深含蓄的音色，长韧的琴弦与跌宕的空灵，缠丝的琴弦与触意、古意、自然。联合国教科文组织于2003年把古琴列入"人类口头和非物质遗产代表作"。

默观道之美（古琴的例子）属于"道征"部分。圣三神学的作用在于，如果以圣父作"体—阳"、圣子作"相—阴"、圣灵作"用—合阴阳"，古琴的弹奏就是圣父、圣子、圣灵之间的对话与辩证。依张清治教授讲法，古琴的弹奏就是一种"指观艺术"（art contemplation of fingering），也就是"心指合一"的艺术哲学。① 因此，古琴的艺术就是一种"人琴合一"，以及进入圣三内蕴的身心灵生命转化的灵修。

总之，默观道之美在于领会到"体"、"相"在"用"中的合，一般过程从默想到默观，默想有形、默观无形，也可以说"先求乎法中、终超乎法外"，或"从有法到无法的"，从"聚形"到"脱形"的关系；事实上，更是一种介于有无、阴阳、虚实之间的辩证关系。

下列为默观道之美（古琴的例子）的分点说明：

（一）泛音、散音、按音

泛、散、按三种音色，传统上表达与天、地、人三才的关系，笔者配合古琴弹奏，重新解读：泛音清雅作体（父）；散音可塑（空弦音）作用（灵）；按音表意作相（子）。

（二）阴与阳

阴、阳是相对的概念，可作授（阳）与受（阴）的关系，也是产生变化的根本，如以身体整体言之，前面为阴、后面为阳，如以书画线条言之，凸面（膨胀）为阳，凹面（压缩）为阴。

翁谟建先生依身体前、后面提出"阳进阴出"、"阴进阳出"的概念。"阳进阴出"（图8（1））就是从命门到肚脐，"阴进阳出"（图8（2））就是从肚脐到命门的运动：②

配合弹奏古琴，以右手部分说明：

古琴的阳音（父）：甲音——出弦，如：挑、剔等音。

古琴的阴音（子）：肉音——入弦，如：抹、勾等音。

如果同时配合左手弹奏可能有：阴中虚、阴中实；阳中虚、阳中实的组合。

（三）虚与实

中国艺术境界，可以用虚、实来表现，王维诗句："江流天地外，生色

---

① 张清治：《道之美——中国的美感世界》，（台北）允晨文化实业股份有限公司1990年版，第161页。

② 翁谟建：《从人体结构认识身体及运用身体》，2011年1月22日，辅仁大学讲义，第6页。

有无中"(《汉江临眺》)就是最佳的写照。虚、实是相对的概念，于美学层面有：顿与挫、按与提、浓与淡、湿与干、明与暗、重与轻、速与缓等的对比。

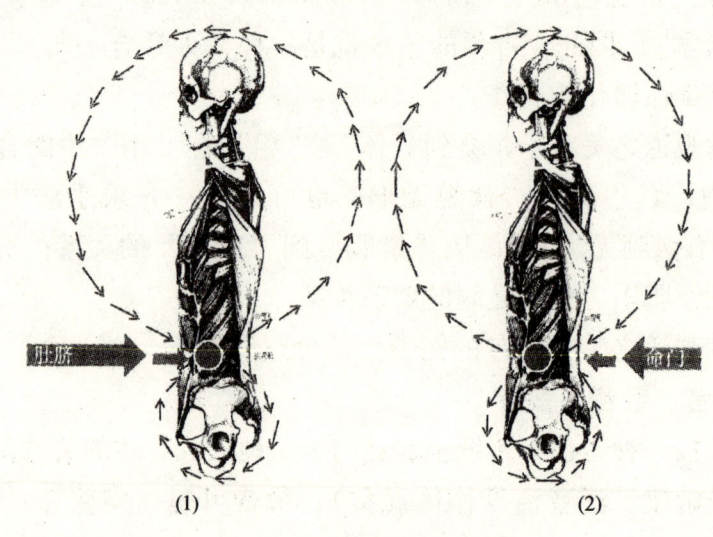

(1)   (2)

图 8

《庄子·人间世》有"唯道集虚，虚者心斋也"与"虚室生白"的意见，因此，虽然"虚空"与"实有"相对，"虚空"（精神）却是"实有"（物质）的源头。

《老子》四一章有"大音希声"的意见，反映道家的美学标准。"希声"并非无声，只是"听之而不闻"（《老子》十四章），属于"至静之极，通乎杳渺，出有入无"（明末徐上瀛《磎山琴况》论"静"）的妙音。

配合弹奏古琴，以左手部分说明：①

古琴的虚音：泛音

古琴的实音：纯按音

虚实兼备音：散音

实虚交替音：变化的按音——震音（吟、猱），滑音（绰、注），分开，进复，和音（双音）

古琴虚实变化旨趣图（参见图9）：

---

① 叶明媚：《古琴艺术与中国文化》，（台北）中华书局1994年版，第10—13页；《古琴音乐与艺术》，（台北）商务印书馆1991年版，第81—110页。

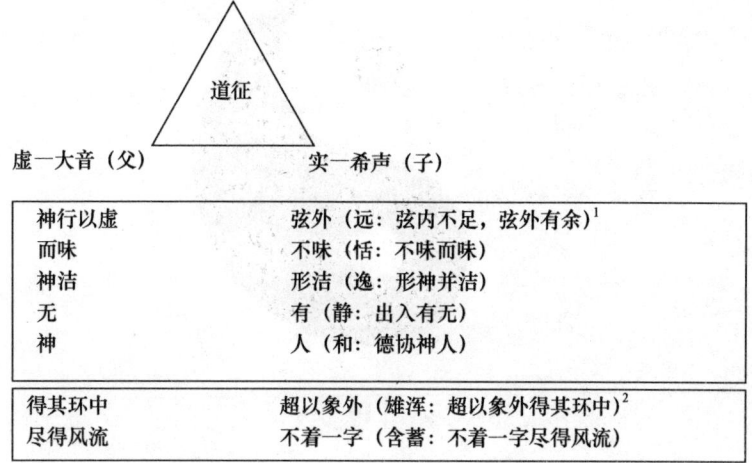

图9

古琴虚实变化的美感能以在"外化"与"内化"表诠。"外化"在于：弦通内外、不味而味、形神并洁、德协神人；"内化"在于"得其环中（本质），以应无穷"。

古琴学习初期最难体会"大音"与"希声"的意境，圣父是"大音"却总有"不尽之意"，保持"虚"的特色；圣子是表达圣父的"实"相，却是"希声"，好比一般人习惯喧哗，把圣子默然而死的智慧当作愚妄（《格林多前书》一23—25）。从艺术与美感言之，十字架能有"弦外之音"的"空灵之美"（kenotic beauty）。换言之，圣子有不依人间法则与脱俗的"含蓄"（不着一字），却把属于圣父本体的"不尽之意"表达得淋漓尽致（尽得风流）。

（四）顺与逆

弹琴手势（人指）的运动过程有顺（顺时针）、逆（时针）之分，能补充虚、实的主题。

如以太极图为例，太极曲线就是太极图中阴阳两仪的分界线，呈现一条反S形的曲线。依庄宏谊教授诠释，太极曲线不断作两向延展，如"扭毛巾"般的运动：有上即有下、有前则有后、有左则有右。[①] 常见的太极图如下（参见图10）：

---

① 庄宏谊：《太极原理与养生》，《辅仁宗教研究》第二期（2000年冬），第159—187页。

图 10

太极曲线（反 S 形曲线）上半部分作顺时针势，下半部分作逆时针势的运动，顺、逆方向补充弹琴双手的虚实变化：弹琴时右手前后摆动，左手左右摆动，基本上是太极曲线的顺、逆方向的律动，如图 11 所示：

黄宾虹（1895—1955）论书画线条的"一波三折"，就是太极圆环运动规律体现于书法中形象的描述。书画的线是展开的圆，应看成是两个半圆的上下错按，即一勾与一勒，也就是反 S 形曲线，或太极回环之势，阴阳互动，曲折的修养，无往不返。

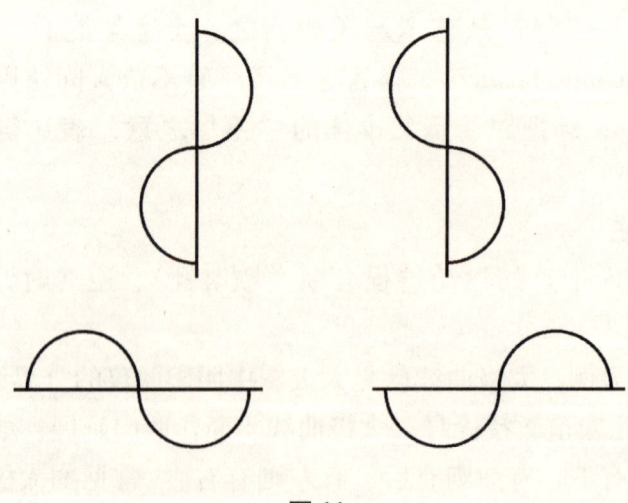

图 11

黄宾虹所讲与本文的太极曲线异曲同工，笔者尤其认同他的主张："笔有顺有逆，法用循环，起承转合，始一笔。由一笔起，积千万笔，仍是一笔！"①
图 12 是黄宾虹《粉岭大埔墟》用笔程序的例子：②

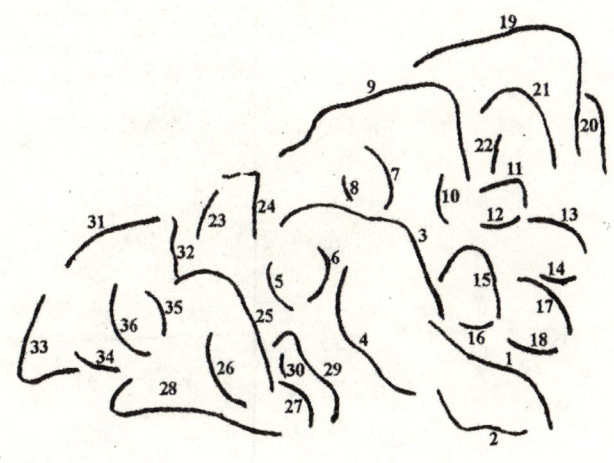

图 12

对照黄宾虹的画作见图 13：

图 13

---

① 王鲁湘：《黄宾虹》，（台北）《艺术家》2001 年第 106 期，第 106、110 页。石涛（1642—1707）依道家宇宙一元论也有"一画"的艺术论，依其讲法："一画者，众有一本，万象之根"，参见姜一涵：《石涛画语录研究》，（台北）蕙风堂 2003 年版，第 43 页。

② 孙晓云：《书法有法》，江苏美术出版社 2002 年版，第 202 页。

此外，书法书写的起笔、收笔也有顺、逆的笔势与方向（参见图14）：

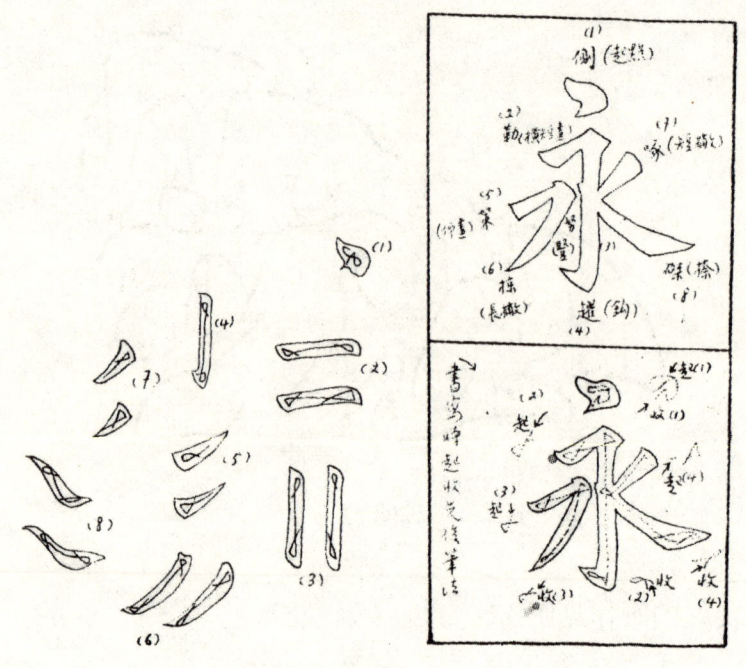

图14

总之，泛音、散音、按音三种音色中，能用右手（入弦、出弦）作出阴、阳的区别，阴阳之中，又能以左手作出虚、实交替的变化，无论左手右手都在太极曲线的顺、逆时针中作圆周式的一以贯之的律动。

最后，配合太极拳"全身松至脚底"的道理，古琴的弹奏就是一种全身与意念的运动。如果"有念"作"身"，"无念"作"心"，"有念"与"无念"之间的整合作"灵"，一种身心灵和谐统一的灵修就应运而生。

五　结　论

本论文的写作有促进中西方文化对话的旨趣，基督宗教特色在圣三的"位格化"，从"位格化"延伸出来"圣子降生"的道理。"圣三道理"与"圣子降生"除了表达真理与圣善的一面，也能有表达美感的一面，在古琴弹奏的阴阳之别与虚实变化中，体会圣子的"虚空之妙"或"空灵之美"；另外，基督宗教神学也让古琴的阴阳虚实道理平添几分"位际相遇"的滋味。

论古琴与其他音乐的分别，依《中庸》第一章的思想发挥。一般音乐激发与宣泄对人生与彼岸的赞叹、感谢、敬畏的感情，有"自我表现"、"教化团体"的"发而皆中节"的"大和"的精神。古琴有道家的精神背景，在不否定儒家建立"天下之达道"的前提特色下，补充内容：以"无声之美"沉淀心神，激发跌宕的空灵，扶摇而上，回归"喜怒哀乐未发"的"大中"，也就是重返创造（时间）之前的天人关系，回归到人性在道或神性之内的"天下之大本"的境界。"大中"与"大和"互相蕴含，并行不悖。

本文结论认为古琴的美感经验有助于一种统合身心灵的生命教育的开发，促进"内化"（"大中"）与"外化"（"大和"）的和谐，避免过犹不及的偏差；"内化"与"外化"的基础来自道之美的默观，一种虚实变化、主客合一的体验。

（作者单位：台湾辅仁大学社会科学院）

二　学统·思想

时间的分叉与存在论问题的当代性

赵汀阳

内容摘要：作为存在论问题的当代性研究，时间的分叉是一个极为重要的现代存在论话题。本文从哲学基础理论和时代问题的交互层面，深入探讨引入了时间分叉向度的存在论问题，由此展开对博尔赫斯的花园、意识的时间纪年、告别而不知如何出发、先知退场后只剩下作者、与在场经验拉开距离、时机的复活、存在论的犹豫等问题的深入思考。

关键词：时间的分叉 存在论问题 当代性

一 博尔赫斯的花园

存在于《特隆百科全书》里的特隆世界以心理学作为唯一基础学科，而其他所有学科都属于心理学的分支。特隆人所理解的宇宙只是思想过程，因此宇宙的存在就只有时间性而没有空间性。既然一切存在者只显现在心理过程中，形而上学就只是"幻想文学的一个分支"，于是特隆哲学家"不研究真理或真实，而只研究惊奇"①。博尔赫斯的小说"特隆，乌克巴尔，奥尔比斯·忒蒂乌斯"所展现的想象力本身就是个惊奇：想象一个子虚乌有的世界固然不易，但不如虚构一套学问那么匪夷所思。摆脱了空间负担的世界或是不真实的，但因此能够彻底摆脱唯物论问题的拖累，这对于唯心论是个好消息。笛卡尔、贝克莱、康德和胡塞尔一直都没有听说这个好消息，只好苦苦而徒

---

① ［阿根廷］博尔赫斯：《博尔赫斯短篇小说集》，王央乐译，上海译文出版社 1983 年版，第 17—37 页。

劳地在意识里寻找能够说明外在真实世界的真理。一旦特隆文化所理解的世界摆脱了空间问题的拖累，意识就是世界，世界就只有惊奇，这里摆脱的不仅是唯物论，其实同时也摆脱了唯心论——如果意识就是世界，也就无所谓唯心了。

无空间而只有时间的客观世界或许并不存在，而只有时间的主观世界在意识中却是可能的。唯心论虽然无法对外在世界做出断言，却敞开了意识本身所蕴含的问题。对于物质世界，仅有时间确实不够，但对于存在，持续性就意味着存在，因此有时间足矣。存在之本是时间性，意识之本也是时间性，这个同质性使意识得以仅凭自身的主观性而创造出意识对象的存在。时间虽是一维，却有弹性，能够撑开而"共时地"（synchronically）容纳众多对象，因此共时性可以解释时间所开放的内在空间性，尽管它不是实在的广延而是逻辑的空间性，但足以解释一个无广延的世界如何存在于意识中。

根据胡塞尔完美主义的唯心论，意向性之光的投射就生成了凝结着意向意义的意识对象，于是，在意识中出场的主观世界就是意识已经构造完成的内在对象，那么，意识对象就总是现在完成时的。即使当下我们想象了一种未来，这个想象也只是现在时的意识，它并非那个将来时的未来，而且，意识对未来的想象也不能预定真实的未来，更没有被未来的真实所充盈（fulfilled），因为未来尚未存在。既然意识无法一厢情愿地把未来构造成一个确定对象，未来就不在意识的城堡之中。于是，未来落在意向性之光的外面，意识被迫止步于无法确定的未来。这样，意识所构造的世界就不是一个贯穿无穷时间的完整世界。看来，唯心论把主体性理解得太像上帝了，就好像意识能够构造一切对象，可是在未来面前，意识的魔法失灵了，意识无法主观地决定并且构造未来，意识的权威和构造能力仅限于现在完成时。

对于作为超时间绝对存在的造物主而言，未来不是个难题，只要造物主乐意，无穷时间和无限存在都可以同时出场，类似于瞬间穷尽了无限数目。可是对于存在于时间中的人，未来尚未存在而只是无穷未定的可能性，人无法对尚未存在的无穷可能性进行有效的比较，也就难以决断，于是意向性踌躇不前而滞留于现在完成时。除非意识放弃自由，按既定惯例行事，使未来成为现在的复制，意识才有确定的前行意向。可问题是，重复性的前行方式正好否定了未来。假如失去了不可测的未来性，未来就还等于现在，重复存在意味着尚未进入未来。我们只好承认，意识所构造的主观世界不可能是完整的，总有一半尚未存在，意向性之光是有限的，世界总有一半在黑暗中。这正是主体性的难处：人虽是生活和历史的作者，却对自己的创作毫无把握。

博尔赫斯在另一篇小说《交叉小径的花园》里揭示了关于时间意识的关键问题。那个古代中国的建造师的遗作令人费解，似乎处处矛盾百出，就像是一个让人迷失的路径交错的花园，它暗藏的谜底是无穷分叉交错的时间。通常，在面临未来的多种选项时，我们只能选其一而排他，所以永远痛失众多可能性。可是那本谜书却超现实地"同时选择了所有选项，于是创造了多种未来，多种时间，它们分离又交错"，于是产生了互相矛盾的种种结局，但结局并非结束，而是通向其他更多分叉的出发点，因而未来总在步步分叉中无穷演化。《交叉小径的花园》的作者"不相信单一绝对的时间，而相信存在着无限的时间系列，存在着一张分合平行扩展的时间之网"，这张不断分叉的时间之网包含了一切可能性，因此"时间总是不间断地分叉为无数个未来"[1]。这就是自由选择的困境：无穷展开的未来永在意识的能力界限之外。

时间分叉打破了时间流畅的一维性，导致了时间断裂，使投向未来的意向性永远处于尚未完成或不可能完成的状态。也就是说，既然未来永远是个谜，那么，投向未来的意向性就不可能生成确定的意义而只能陷入未来的迷宫之中：一切互相矛盾的可能性都是同等可能的选项，没有事先预定的优先排序而平行铺开在现时之中，并且在更远的未来里还可能互相交叉或互相转换。不可测的未来撕裂了意向性，使之难以凝聚。

作为时间分叉的多种未来可能性虽然共时地存在，可它提出的却不是共时性问题，而是当代性问题。这两个问题有所不同："与时间同在"（contemporary）不同于"在同一时间里多个事物同在"（synchronic）。在某个时刻，多个事物同时存在，我们意识到的是这些事物的平行状态，却没有意识到时间本身，也没有意识到我们与时间的关系；当我们意识到时间分叉为多种尚未存在的可能性，而且还将无穷分叉为更多可能性，此时意识到的不是事物，而是时间本身，或者说是时间的时间性，以及我们与时间的同在关系。意识到与时间同在从而意识到意识自身的时间性，这就形成了当代状态。在这个时刻，既然已经赶上时间而与之同在，就只好去引领时间了，就必须在时间中给时间选择一种未来，可是时间只给了主体领路权却不给解释权，所以我们无法解释未来。

---

① 博尔赫斯：《博尔赫斯短篇小说集》，王央乐译，上海译文出版社 1983 年版，第 69—83 页。也参见《博尔赫斯文集·小说卷》，王永年、陈众议等译，海南国际新闻出版中心 1996 年版，第 128—140 页。

二 意识的时间纪年

奥古斯丁之所以无法回答"不问时原本是知道的"时间是什么，是因为无法给时间一个概念——时间已是最基本的概念了，所以，对时间的最好解释也不过相当于同义反复。时间可用来解释别的事情，而不可能被解释。奥古斯丁想必熟知柏拉图对时间的经典解释，他不援引柏拉图当另有原因。柏拉图给出的是对时间的一个迂回解释：宇宙的原型是永恒存在本身，造物主根据原型创造宇宙，可是宇宙始终变动不居，并不能表达原型那种无变化的永恒性。为了解决这个难题，造物主创造了时间作为"永恒的形象"（image of eternity），有序的时间（chronos）以数列方式的无穷流变去勉强表现永恒性，无穷性虽不等于永恒本身但近乎永恒性①。过去、现在、未来表达的是生成形式，可以用来谈论事物，却不足以表达永恒，"对于永恒之在，过去、现在和未来这些划分并无意义，永恒之在'一直是'而绝不是'过去是'也不是'将来是'"②，柏拉图如是说。考虑到奥古斯丁是发现"我思"问题之第一人（笛卡尔则是发明"我思"理论的第一人），也许可以猜度，奥古斯丁已敏感到时间是属于"我思"的主观形式，因此不愿采用柏拉图的时间理论。柏拉图的时间显然更适合说明自然时间，并不能解释人的时间性，即具有历史性的时间。创造世界不是人的工作，人只能创造历史，不能创造时间，却创造了时间的历史性。

给时间赋予形象能够增进人对时间的理解吗？孔子的川上名言是时间的一个经典形象，可孔子语焉不详，于是我们可以追问：流逝的到底是什么？是时间还是事情？如果时间永无断绝地流走而又到达，时时如一，时时正当时，那么，时间流逝了吗？无独有偶，赫拉克利特也有个流水的隐喻，通常概括为"人不能两次踏入同一条河流"，但这并非原话。赫拉克利特的流水言论最早载于柏拉图的《克拉底鲁篇》："相传赫拉克利特说：万物皆动而无物驻留。

---

① Plato：Timaeus. 37c - d.
② Plato：Timaeus. 37e - 38a.

他将其比作河流，他说你不能两次踏进同样的水流。"① 可见赫拉克利特的意思很清楚：流变的是万物而不是时间本身。

另一个同样著名的时间形象是无穷直线（谁发明的？待考）。直线虽不如流水那么逼真，但直线对人的诱惑在于它能够把不可分的时间兑换为可分割的段落，这样似乎可以变相地使时间"停下来"而加以分析，但这是个可疑的诱惑。假如时间真如直线那样可以分割，那么芝诺就确有理由宣称那些时间的悖论，例如阿喀琉斯追不上乌龟或飞矢不动等等。然而，当直线最终被分割为没有长度的点，时间就更神秘难解了。博尔赫斯发现：假如每个现时是一个没有长度的几何点，那就意味着现时一半在过去，一半在未来，现时为空，于是"我们不可能想象一个纯粹现时，因此现时等于零"。② 如此看来，化线为点并不是使时间停留而加以思考的恰当方式。顺便一提，照片倒是具有让时间停留的效果，照片是可以凝视的，凝视就是历史性的，正是历史性留住了时间。与无法凝视的录像相比，照片更具形而上意义。

正如前面提到的，存在是时间性，意识也是时间性，既然意识具有时间性这一魔力，就能够把握存在，也因此能够构造一个属于意识的主观世界，可以表达为唯心论的公式：主体性（subjectivity）构造客观性（objectivity）。从笛卡尔、康德到胡塞尔所建构的主体性都基于具有魔力的内在时间意识。内在时间是主观时间，它并不是自然时间的对应形式，而是意识自身的运行方式，或者说是意识对自身的意识形式。

如果没有内在时间，人就失去了主体性，就只是与万物无异的自然存在。内在时间永为现时，因此超越了流失。意识以现时为原点和出发地，让意向性双向地投向过去和未来，在过去和未来里形成任意远近的意向落点，也就是说，意向性可以任意安排事件的显现顺序。在这个意义上，蒙太奇本来就是意识自身的一种构成方式，难怪德勒兹发现了时间意识与电影艺术之间有着互相解释的关系。③ 无论五千年前还是昨天的事情与现时的真实距离有多远，在意识中都与现时等距，同样具有现时意识的同时性。虽然历史事件按照自然时序而被记载，但所有的记忆却只有同一个时间，是现时意识中的"过去那时"；

① Plato：*Cratylus*，402a. 赫拉克利特关于流水暗喻另有三个古本记载，但都晚于柏拉图。参见汪子嵩、范明生、陈村富、姚介厚《希腊哲学史·1》的文本分析，人民出版社1997年版，第440—446页。

② 博尔赫斯："时间"，见《博尔赫斯文集·文论自述卷》，王永年、陈众议等译，海南国际新闻出版中心1996年版，第195页。

③ 参见德勒兹《电影2：时间—影像》，谢强、蔡若明、马月译，湖南美术出版社2004年版。

同样，所有的未来，无论什么时候来临，都是现时意识中的"将来到时"。

年月日是外在时间的纪年，而那时、现时和到时——更通常的说法是过去、现在和未来——是意识内在时间的纪年。对于意识来说，年月日是记事的技术刻度，用于给事情的发生顺序记流水账，却对时间的本质无法说明，而过去、现在和未来才是时间意识的自我解释，表达的是事情在意识中的出场方式，这是意识自身的纪年。

既然过去和未来都在现时里出场，现在时就是主体性的唯一时态，是意识自身的正时，既是时间的原点和出发地，也是时间两面的分界线，它把一切现实的划为过去，而把一切可能的划为未来。在这个意义上，现时确是空无（同意博尔赫斯的说法）。正因为现时本身为空，才有空地去邀请并接纳过去和未来的出场，因此现时也就成为时间的召集者。当意识把过去和未来召唤到现时中来，过去的任何一个那时就不仅具有那个时代的当代性，也因现时之召唤而具有现时的当代性；同样，未来虽然尚未存在，却作为现时的可能前途被召集出场而具有当代性。

三　告别而不知如何出发

与意识不离不弃如影相随的现时既然包含了过去、现在和未来的一切时刻，现时就既是一个告别的时刻，也是重返的时刻，又是出发的时刻。博尔赫斯通过时间分叉效应思考的是意识朝向未来的一面，而既然现时是两面朝向的，博尔赫斯的时间分叉效应也应该两面有效，过去的事情和尚未实现的可能性都同样作为思想问题而在场。

现时既然是意识的唯一时刻，也就是意识的恒定点，因此，现时永远都是时间的当代。现时总是一个告别的时刻，又是出发的时刻。如果告别而不能重返，告别就是丢失，不过，丢失的不是时间而是历史。自然时间富有一切，挥霍不尽，既不看管也没有责任看管历史，一切发生了的事情都会随自然时间永远消失，而意识却能够实现重返。然而，能够重返的不是事情，而是事情的意义以及存留的问题。正是重返创造了历史，在这个意义上，意识通过重返将过去的任一问题当代化，也创造了时间的历史性。当然，当代性并非附着于自然时间的亲历性，而是召唤"那时"和"到时"的现时性。当代性超越了时间的流逝而把那时拉入此时，那个重返的那时也就变成了一个可以重新出发的此时。既然意识之永时是现时，当代就不是时间顺序中的一个时段，而是过去和未来双向来到现时的汇集状态，也就是所有时刻一起在场的状态。在自然感觉上，我们可以觉得时间在流向过去，也可以觉得在流向未来，但如果从历史性去看，过去和未来都同时流向现在。因此，克罗齐也就有理由认为一切真正的历史都是当代史："当代性不是某一类历史的特征而是一切历史的内在性质，"① 而过去之所以值得研究是因为当代问题关联着过去的问题而使过去具有了当代性。② 然而当代性却不仅是史学问题，而且更是一个存在论问题，甚至是一个关于人类自身的神学问题。

意识使人成为主体，却又因为并非全知全能而不可能成为绝对主体，只能是受限于世界的卑微作者，只能创造历史而不能创造世界，因此，主体性暗含着自我否定的悖论性：人无法自证他所创造的生活的价值，就是说，人的创造活动同时把他所创造的事情置于可质疑的境地：我想了，也做了，但这只证明了这是我的选择，并不能因此证明所想所做的意义。这里有必要重新解读笛卡尔的潜台词：我思能够自证是无疑的，因为我思不可能怀疑我思本身，但我思却无法自证其所思是无疑的，因此，即使我思无疑，所思依然可疑。笛卡尔也因此止步于对我思的证明而没有贸然去证明所思的绝对性。这或许是笛卡尔早已暗示的主体性困境。可是，按照唯心论的逻辑，笛卡尔止步于我思是不可接受的，它会导致主体性半途而废，于是，从康德到胡塞尔都试图证明无疑之我思如何能够直接保证无疑之所思。

把时间理解为内在意识，是康德和胡塞尔的天才之见。既然时间成为意识的自我解释，驾驭着时间的意识就能够自我解说主观世界，我思就足以解释所思。这个成就似乎证明了唯心论的胜利。对于如此精进的唯心论，估计笛卡尔会佩服，但未必会放心，因为意识拥有主观世界只能显现意识自身，却不能解决外在世界的真实问题，即使意向性可以意得自满（fulfilled），却仍然难解身处外部世界之忧——海德格尔为之忧心的"被抛于世界中"状况点明了这个存在论问题。

存在论问题都落在意识的知识范围之外。既然凡是已经知道的都属于过去，那么，意识无法认识的一个主要事情就是未来。未来既不是必然的也不是现实的，所以不可知。当所面对的问题既不是必然性也不是现实性而是可能性时，主体就离开了知识状态而进入创作状态，此时主体赶上了时间，与时间同

---

① ［法］克罗齐：《历史学的理论和实际》，傅任敢译，商务印书馆 1997 年版，第 2—3 页。
② 同上书，第 12 页。

在，处于过去已经过去而未来尚未到达的临界状态，即所谓的当代状态。这既是告别的时刻也是必须出发的时刻，可是，告别容易，却如何出发？往何处出发？

假如能够给未来创造一种必然性……这可想多了。只有能够创造整个世界才能创造必然性，这是属于造物主的存在论问题，人无能过问。按照莱布尼兹理论，造物主是世界存在的"充足理由"。充足理由要求谓词完全而必然地包含在主词之中，这个存在论原则要求太高，非人力所及，难怪逻辑学家通常不同意把莱布尼兹的充足理由律当成逻辑定理。人唯一能够自由做主的存在论问题，就是在诸多可能性中进行选择，选择可能性就是创造历史，它是属于人的创世论问题①。在缺乏必然性的情况下对可能性做出选择，行动（facio）的问题就超出了思想（cogito）的问题，未来不是想出来的，而是做出来的，或者说，未来通过行动而存在。人选择某种可能生活，类似于上帝选择某个可能世界，因此，行动（facio）即创作（creo）。尽管创造历史与创造世界相比微不足道，却同样面对的是本原性的问题，同样经历着开端状态。

任何时刻都有可能成为创世状态，因此，当代性并不专属某个时期，既不是公元元年的特性，也不是公元两千年的特性。为什么当代不是时间中的一个时段？因为过去、现在和未来构成了不断无隙的连续流程，无处可以插入当代。假如把当代等同于现在，既多余又误导，显然并非所有的"现在"都具有当代性，因为并非所有的"现在"都构成了历史的开端或者时间的断裂，而往往只是对过去的重复性延续。所以说，当代性并非时间属性，而是存在状态，是给时间留下断裂刻度的机缘，按照德勒兹的用语则可以说是时间的"褶子"。主体性的关键就在当代性，它是反思"自由何为"这个存在论问题的机缘。

假定上帝的创造就是把最优的可能世界实现为现实世界，那么，人的创作就是把可能生活实现为真实生活。这意味着，人成为主体之时，时间就具有了历史性。人存在于时间中，不可能像上帝那样在时间之外进行创作，因此，历史性的存在方式就是在流逝中抵抗流逝，在时间流逝中留住存在的意义，在历史中创建思想的线索和问题的重返点。于是，历史性意味着时间将反复出现开端状态，也就是反复出现"事情由此开始"的初始状态，这种初始性就是存在的当代性，因此人的存在不只是时限性的（temporal）而且是当代性的（contemporary）。作为历史的作者，主体性的本质在于超越了因果性的自由，

---

① 我在《第一哲学的支点》里对此有详细论证，生活·读书·新知三联书店 2013 年版。

在于能够创造开端，可是也正是自由造成了当代性的困境：在无数可能性中，创作是否有一种必然理由？如果没有必然理由，创作的可信性又在哪里？可是，假如创作有了必然理由，创作又将因为反自由而失去意义。

造物主为它的创作找到了必然理由，这一点既令人佩服却不令人羡慕。莱布尼兹的可能世界理论是这样替上帝论证的：在上帝的意识中存在着无数可能事物以及无数可能世界，那些"共可能的"（compossible）事物可以组成一个可能世界，而"不共可能的"（incompossible）的事物就只能分属不同的可能世界。在众多可能世界之中，全知的上帝确认了具有最大共可能性的那个可能世界为最优的可能世界，因此将其实现为真实世界。这个神话性的存在论指出了上帝所找到的必然理由：最大化的共可能性，就是说，能够与最多数事物共可能的事物就有存在的必然性。我相信这是关于存在的最深刻的见解之一。

可是人在可能性中却看不出必然性在哪里，因此彷徨。休谟证明了：从过去不可能推论出未来，从一切已知不可能推出未知是什么。这个论证从知识论注解了告别却难以出发的当代状态。在对未来可能性茫然无知的情况下，最容易的解决方式是拒绝未来，让现在留在过去里，按照习惯或习俗去重复生活。然而，总有某些无法抗拒的新问题或临界事态迫使人进入未来，强迫人成为作者，这种无助的时刻经常使人期望先知，或者圣人，或者预言家。

四　先知退场后只剩下作者

要是有先知引路就放心了。知道过去、现在和未来所发生的一切事情的必然性的人是先知，按照海德格尔的说法："先知就是已经看到了在场的在场者之大全的那个人。"[①] 荷马最早指出成为先知的一个关键条件：因为有了阿波罗密授的预言术，所以先知卡尔卡斯"知道当前、将来和过去的一切事情"。[②] 这说明，除非神授，人自己没有能力成为先知。尽管人因为有内在时间意识而拥有一切时间尺度，却不能因此而知道在时间中生成的一切事情，人看到的是全部时间而没有看到"在场者大全"。曾经在很长时间里，人依靠先知或圣人

① ［德］海德格尔：《阿那克西曼德之箴言》，见《林中路》，孙周兴译，上海译文出版社1997年版，第357页。
② 荷马：《伊利亚特》，罗念生、王焕生译，人民文学出版社1994年版，第4页。

指路，但这件事情有个隐患：先知始终无法提供能够消除怀疑论的必然理由，更无法消除能够故意不听圣言的自由意志，而且，当出现许多先知而所言又互相矛盾时，我们无法辨别谁才是真正的先知。

先知引路的神话被基督降临、受难并复活这个精神性更强的神话所终结。阿甘本解释说："既然弥撒亚已现身人世并实现其诺言，先知就再也没有理由存在下去了，所以保罗、彼特及其同伴自认为是使徒，而不是先知。"[①] 使徒只传播信仰，说服人相信决定性的时刻总有一天会来临，在使徒的世界里，只需要坚定的信仰和耐心的等待。可是，信仰和耐心是靠不住的，且不说日久难免产生"等待戈多"的迷茫，对信仰的解释学更产生了使精神陷入混乱的歧义。信仰无法自证其信念的必然性和唯一性，也就无法阻止和排除互相冲突的理解，解释学不仅无助于证明信仰，反而使之变得可疑。正如吉莱斯皮分析的：神学解释学的内部冲突早已蕴含了摆脱神学的现代性起源。奥卡姆就直截了当地割断了信徒对上帝的救赎指望，他说，上帝不欠人的债，也没有因为人之善行就必予拯救的义务，上帝想拯救谁就拯救谁，人无法猜中上帝之意。这种唯名论的理解让人顿失安全感，重陷入求助无门的命运[②]。既然信仰也不比先知更能许诺个人命运并保证其必然性，信仰就不是方舟，最后审判对于个人就缺乏确定的意义，人依然无从逃避自由，依旧无助地面对无可预告的未来。先知既已退场，使徒也不再作保，人注定还要承担成为作者的艰难命运。

意识虽是时间的召集者，拥有瞻前顾后的能力，人却茫然于何去何从。自由选择的难处不在于选中什么，而在于舍弃什么。除非能够预知必然性，否则取一而舍多岂非赢面最小的冒险？创作成为一种冒险的生成（becoming），如克尔凯郭尔所说的"从可能性到现实性的转换"。而能安慰作者的仅是，必然性不是创作的荣耀，因为必然性是不可能生成的。[③] 既然创作是为了生成，就必须背叛必然性，必然性也就不是作者需要考虑的问题。然而，即使从对必然性的渴求中解脱出来，不再需要先知的预告或者信仰的许诺，作者在分叉的多种未来面前至少也需要一个选择的理由，否则无从选择。假定作者不是赌徒，那么，当告别了先知的预言和使徒的许诺，当代性的存在状态能否显示出选择的理由？

① Agamben: Creation and Salvation, in *Nudities*, Stanford university press, 2011, p. 1.
② ［美］吉莱斯皮：《现代性的神学起源》，张卜天译，湖南科技出版社 2012 年版，第 31—35 页。
③ ［丹］克尔凯郭尔：《哲学片断》，王齐译，中国社会科学出版社 2013 年版，第 88—89 页。

五 与在场经验拉开距离

当代性与现代性之间有着相向却又相背的关系。

人从来都是历史的作者，每个时代也就各有各的当代，所有开创了一种生活和历史的创作从来都是当代性的。然而，在反思人的自由问题之前，人不会去反思其当代性。当代性的问题化是以现代性为条件和语境的，只有当先知、圣人和使徒都失去指点迷津的功效，同时，创作成为主体的使命而不再是偶然的天才成就，当代性才成为主体性的存在论问题。假如未曾有建构了主体性的现代性，也无反思当代性的机缘。

现代性以新为标准。这个定位早已成为共识，吉莱斯皮对此有着再清楚不过的论述：新就是"把自己理解为自我发源的、彻底自由的和创造性的，而不仅仅由传统所决定或由命运和天意所主宰。要成为现代的，就要自我解放和自我创造，从而不仅存在于历史和传统之中，而且要创造历史。因此，现代不仅意味着通过时间来规定人的存在，而且意味着通过人的存在来规定时间"①。其结果是，如雅斯贝尔斯所言，现代"最令人快乐的事情"莫过于宣布什么东西是过时的、守旧的或前什么的。现代人的这种时代划分不同于改朝换代的年代学，而是历史进步论，是对自身所处时代的"自我肯定冲动"②。可是这种在场乐观主义同时也形成了一种在场焦虑：为了革命性的新就必须反对传统所塑造的自己，而反传统的一个后果却是使在场性变得贫乏、无所依据而失去标准，正如阿伦特的担心：失去传统不仅仅是失去过去，也因此失去未来，只剩下无以解释自身又无法阻止意义流失的在场经验，因为"没有传统就意味着无可遗赠给未来的遗言"③。

当代态度是对在场经验的一种警惕，绝非在场经验的自恋形式，因为当代性的问题落在未来的时间分叉上，而并不落在自我经验上。阿甘本把当代性看作是个人与时代之间的一种特殊关系，它"既附着于时代，同时又与时代保持距离。更确切地说，是以脱节或不合时宜的方式去接触时代的那种关系。与

---

① ［美］吉莱斯皮：《现代性的神学起源》，张卜天译，湖南科技出版社 2012 年版，第 7 页。

② ［德］雅斯贝尔斯：《时代的精神状况》，王德峰译，上海世纪出版集团 2005 年版，第 21 页。

③ ［美］汉娜·阿伦特：《过去与未来之间》，王寅丽、张立立译，译林出版社 2011 年版，第 3 页。

时代十分吻合的人，或在每个方面都那么完美地与时代捆绑在一起的人，都绝非当代人，因为他们都显然没有试图去看清时代，他们无法矢志不移地凝视时代"①，而"真正的当代人，真正属于时代的人，正是与时代格格不入而又不去自身调整以便适应时代要求的人。在这个意义上，他们是不合潮流的人，可是正因为与时代脱节或不合时宜，他们比其他人更能感知和理解所在的时代"②。对此，我们不妨进一步追问，怎样才能够与时代拉开距离？又以什么样的目光对时代进行凝视？

严格地说，只有永恒性能够超越时代的局限性。人非永恒，所以人的存在不具超越性，但意识有望借得某种永恒观点（sub specie aeternitatis），即一种无时限的观点。维特根斯坦说过："如果不把永恒理解为无限持续的时间而理解为无时间性（timelessness），那么活在现在就是永在。就我们的视野是无限的而言，就可以说人生无穷。"③ 既然当代性是主体与任何时间的等距概念，那么，"无限的视野"就不可能限于此时，而是召集一切时间共同在场的思想状态，它使得过去和未来能够超越时间的线性而在现时里一起出场，于是为时间撑开了一个无限的无形空间，在效果上形成一种无时间性。过去和未来得以挤在现时里与现时平行，这样，主体就有机会在意识里站在别处，与现时拉开距离，不合时宜地观察现时，也可以去理解任何时刻。

凡是现实的都是暂时的，这一点甚至在古希腊就已被定义，麦里梭的最早说法是："任何有开端和终结的东西都不是永恒的或无限的。"④ 必然性当然是永恒的，因此永远都不可能完全实现在某一个特殊的现实事物之中，也就是说，现实只能不完美地表现理念。在必然性之外，还有一种容易被忽视的永恒性，那就是可能性。可能性意味着尚未存在，既然尚未开端也就无所谓结束，因此，可能性以其潜在而永恒，只要尚未变成现实性，可能性就永远都是个没有答案的问题。

必然性是神的永恒观点，通过逻辑和数学人或可部分地理解它，而可能性才是人的永恒观点，它构成了人的自由、创作和历史的存在论基础。可能性意味着自由的无限性，因此，容纳一切可能性的观点就是意识的魔法，这也正是博尔赫斯意识到的时间分叉问题。当代性正是意识对时间施行魔法的时机，一

---

① Agamben：What is the contemporary？in *Nudities*，Stanford University Press，2011，p. 11.

② Ibid.

③ Wittgenstein：*Tractatus*，6. 4311. Routledge & Kegan Paul，1955.

④ 引自汪子嵩、范明生、陈村富、姚介厚《希腊哲学史·1》，人民出版社1997年版，第739页。原文参见 Diels 和 Kranz 的《前苏格拉底学派残篇》：DK 30b4.

个倒行逆施、时序错乱的时机，一个超越有限的在场经验的时机，它使过去具有现时性或未来性，也使未来具有现时性或历史性，过去或许永无定论，未来却已干涉现在，重返为了重新出发，告别却无从出发。

六　时机的复活

生活的常态一般是对现实的复制，从不打扰时间的连续性，而创作意味着一种可能生活的开始或历史的一个开端。创作对时间砍了一刀，却并没砍断时间，反而创造了历史。一个开端既是时间的断裂，同时又是接合，是时间的短路与重新连接，它在无痕的时间线性上刻上有迹可循的历史性。德勒兹的"褶子"概念用于此处颇为合适，既断裂又连接。这种历史裂痕形成了一个可以重访的问题起始点，而能够形成一个开端或裂痕的创作条件就是"时机"（Kairos）。

时机在编年性的自然时序（Chronos）中突现而赋予时间一个历史性机遇。从事情的发生（happening）角度看，时序是自然时间编年性的形式；从事情的生成（becoming）角度看，时机是时间的历史性形式。生成不可能无缘无故，而是需要一个关键时刻的来临，它是历史的一个创建点或者转折点，也是思想或精神的重返点，谓之时间之枢机，简称时机。

时机概念在古希腊称为 kairos，在古中国曰"天时"。时机在柏拉图和亚里士多德的用法中意味着必须做某件事情的恰当时机或最佳时机，即某件事情做得"正当其时"，动物该生殖就生殖、麦子该收割就收割的那个时候。时机既包括成熟的客观条件，也包括行为者的得当行动，两者合一便是正逢其时，也就形成一个变化的临界点，战争，革命，建国，立教，显灵，技术革新，艺术转向，都各有时机。Kairos 虽与天时不尽相同，但意思相通，天时是时不再来的天赐良机，然而天数尚需人谋，缺一不可，否则功败垂成。当 Kairos 概念被基督教神学化后，特指神意所定之重大历史时刻，例如耶稣降临、复活或弥撒亚来临，但基本含义未变，只是被进一步强化为创造历史或改写历史而具当代意义的时刻，或因其划时代意义而永远在场的那种时刻。

历史事件的重要性不在于传奇性，而首先在于它蕴含着可以重访的思想问题或精神传统。这种重要性是由重访而被发现的，一个历史事件在被重访时呈现出意义，就成为划时代事件。对于划时代事件的当事人，时机是个历史开端，而对于后人，则是历史线索的重返点，于是，无论对于当事人还是后人，时机都具有当代性。克尔凯郭尔这样解释："一个人可以是某个时代的当代人却又没有与之同在，而一个人虽在直接意义上不是那时的当代人，却能够成为其当代人。"① 在基督教中，无论是否亲历基督复活之事，一个人只要相信此事，他就在精神上成为圣保罗的当代人，而那些不相信圣保罗的当时人却不是他的当代人。巴迪欧进一步论证说，作为西方普遍主义的奠基者，圣保罗一直都是西方精神的引导者，所以至今仍然是现代西方人的当代人。②

已发生的事件本身是历史，事件所构成的问题和意义是其历史性。在这个意义上，历史的本质是思想史。每个划时代的时机都遗留着一个永具当代性的思想线索和未解决的问题，历史进程会被另一个划时代的时机所打断，但每个划时代的时机在打断以前的某种线索时，虽然终结了过去的事实，却无法取消过去的问题，于是，过去的问题被还原为一个潜在可能性。尽管过去的事实不再存在，却重新变回可能性而等候复活。当然，自然时间不可逆，复活并非回到过去，在意识的内在时间里，过去的线索和问题却能够复活为未来。

在此我们可以重新解读苏格拉底的"回忆"理论。苏格拉底相信，人人原本就有真知识，因此认识无非是回忆，回忆不了的知识就不是真知识，其理由是，真知都是必然的，而必然性存在于每个灵魂中，只要人在灵魂中找到了必然性，就理解了真知识。在灵魂中去寻找必然性，就是回忆（区别于对经验的回想）。所以，人并非"学会了"几何学，而是在灵魂中找到了几何学的必然性，就会了。那么，当我们把视野转向历史，历史相当于共有的灵魂，回忆就可以被替换为复活。之所以是复活而不是回忆，因为历史虽可以回想，却无法在苏格拉底意义上被回忆。历史没有必然性，过去的情形和经验不可能复原，且不说对历史的真诚回想颇多虚构，即便当时当事的记述也是一面之词。因此，历史与未来具有相似性质，都是意识的创作对象，而历史的方法论就是复活，即对积累的思想问题或精神线索的复活，它意味着把尚未结束的线索和问题当代化，而传统正是在线索和问题的不断复活中得以生成和积累。与现代性的反传统态度不同，当代性不仅容纳历史和传统，甚至以复活作为一种魔法，复活一切时机中所蕴含的精神生机才能够使现时免予贫乏。假如没有某种复活，创作就似乎是无中生有，缺乏基因的纯粹发生实乃神迹，非人所能。正

① ［丹］克尔凯郭尔：《哲学片断》，王齐译，中国社会科学出版社 2013 年版，第 78—79 页。译文的个别语词略有调整。

② Badiou：*Saint Paul：the Foundation of Universalism*. Stanford University Press，2003，pp. 4 - 15.

如苏格拉底有理由相信知识在于回忆，我们也可以说，创作在于复活。

当代状态是个两面朝向的出发地，是个双面时机：在从现时出发去重返过去的线索和问题时，同时又告别现时而踏入未来的可能性。重返就是去遍寻值得复活的时机，而创作就是试图制造一个在将来仍然值得复活的时机。既然容纳了历史的遗产，就必须对未来也有所遗赠。成为当代人无须与同时人保持一致，却必须邀请以往时刻里创造或改写历史的人在一起共同面对未来，因为我们活在他们创造的历史中，他们的精神就是我们的灵魂，他们理所当然地穿越再临或转世而在。尽管从过去推不出未来，但我们也不可能无中生有，空无的现时无法与未来可能性进行对话和交易，因此只能带上历史问题赠予未来。如果我们对未来提不出问题，未来也无从应答。

七　存在论的犹豫

当代性即便有幸携带上过去一切伟大时机的启示，仍然没有充分理由去选择未来。现代话语能够口若悬河，而尚未形成的未来话语却是"结巴的"（借用德勒兹的说法①）。就其根本性质而言，当代性表现为一种存在论上的犹豫状态。但这种犹豫不像"布里丹之驴"那样在两个现成事物之间患得患失，而是在面对一切可能选项时，难以决定使何种可能性转变成现实的存在论犹豫。这种犹豫也区别于怀疑论，因为存在论的犹豫并不担心真理或本质之类的知识论问题，而是在犹豫一种选择是否具有历史性，或者说，存在论犹豫考虑的是选择一种存在所要承担的历史责任。

莱布尼兹发现了构成未来的无穷多的可能世界，于是他必须回答哪个可能世界理当存在的神学存在论问题，结果他替上帝选择了那个具有最大共可能性的可能世界，而博尔赫斯却发现了莱布尼兹理论所暗含的一个属于人的存在论问题：或许某个可能世界更有理由存在，但问题是任何一个可能世界都有机会存在。考虑到主体是任性的，未必遵从理性的最优理由，于是，一切可能性在主观意识中是同等可能的，任何一个可能的未来都有同等机会被选中，即便是个荒谬无理的选择，因此，总有奇迹会发生。德勒兹认为这是"莱布尼兹的

---

① ［法］德勒兹：《批评与临床》，刘云虹、曹丹红译，南京大学出版社 2012 年版，第 232—248 页。

信徒博尔赫斯"对莱布尼兹问题的创造性回答。①

当代性所面对的正是允许奇迹出现的时间分叉迷宫。未来的路径交叉切换，永不确定，既然结局永远是开放的甚至永不到来，每种未来路径所蕴含的时机也就无法比较或不可通约（incommensurable）。先知不在，道路不定，关于未来，没有高于可能性的必然性，这就是时间分叉的困境。因此，命运没有谜底，奇迹存在，悲剧也存在。在存在论或者在神学意义上，当代性可以理解为与作为最后结局的最后审判相反的一种存在期待，它眺望的是《易经》想象的无终点的万变之道，而不是通向历史终结的预定之路。

对未来的存在论犹豫正是主体意向性一时落空的那个特殊时刻：有意向性，却不能构成确定的意向对象。按照胡塞尔的意向性公式"我思其所思"（ego cogito cogitatum）来说，对未来的犹豫就是所思暂缺的状态。虽然胡塞尔相信意向性的内涵意义（noema）就已经内在地构造了意向对象，但看来他没有考虑到博尔赫斯的未来时间分叉问题。时间分叉干扰了意向的流畅性和确定性，使意向性处于游移未定状态，因此，未来是个未出场的未知数，相当于主语处于没有宾语的状态：我看——，我想——，我做——，可是宾语×尚未出场。毫无疑问，意识主语必须创造宾语，有了宾语才有了世界，有了世界才有处可在。只有开天辟地的造物主才能在无宾语状态下仅凭自身而存在，对于人，宾语不在场是个严重时刻：存在却无处可在。这样一个似乎有缺陷的主体性状况，这个没有事件的时刻，却是个时间暂停的纯粹时间。博尔赫斯想象过，在某个时刻"我们或可对时间说：停一停，你真是太美了"②。当然，自然时间无论多美都不可能暂停片刻，但内在时间却因为意向性的犹豫而暂停。这个纯粹时间状态正是当代性的天赐良机，也正是历史间歇和改写历史的关键时机。

未来尚未存在而无所是，所以未来不是经验对象。既然未来还什么都不是，那么也就可以什么都是。在限定的现实性与开放的可能性之间，存在着一个需要连接的断裂，接合这个断裂正是创作的使命。让我们再次回到莱布尼兹问题。可能世界无疑是理解未来的一个存在论基础，但造物主与作者所面临的毕竟是两个不同的问题。造物主是没有历史的唯一绝对主体，它在创造世界时不需要考虑历史性，只需考虑可能世界的逻辑性，正如莱布尼兹所论证的，一

---

① 德勒兹：《福柯·褶子》，于奇智、杨洁译，湖南文艺出版社 2001 年版，第 242—243 页。《电影2：时间—影像》，谢强、蔡若明、马月译，湖南美术出版社 2004 年版，第 206—207 页。

② 博尔赫斯："时间"，见《博尔赫斯文集·文论自述卷》，王永年、陈众议等译，海南国际新闻出版中心 1996 年版，第 195 页。

个在逻辑上最优的可能世界必定具有万物的共可能性，这是空间性的"横向共可能性"；而作者在创造生活时却必须考虑历史性，因此作者需要的是时间性的"纵向共可能性"，必须与历史线索共可能，否则将如断线的风筝一样失去历史性。一种生活如果不能形成历史，就将在时间中即在即失。

存在的唯一本意是继续存在，对于人类而言，保持存在就是保持历史性，而保持历史性就需要继续创造历史的当代性。去召集过去和未来在现时中会面，使过去的线索在重访中复活，同时迫使未来应答复活的问题，在这个意义上，当代性就是使时间双向同时流向此时而创造历史连续性的状态，它使过去的一切问题与未来的一切问题形成呼应，从而存在充满历史的回响。对于莱布尼兹，在逻辑意义上，最大共可能的才是存在的，我们或许可以说，在历史性的意义上，能够复活的才是存在的。正是当代性使现在成为永在，现时成为永时，也正是在存在论的犹豫中，未来的时间分叉和过去的历史时机汇合成当代问题，这是得见时间本身的一瞬。

可博尔赫斯问题仍然还是个问题……

（作者单位：中国社会科学院哲学研究所）

论马克思主义哲学研究方法的"中国经验"问题与"再中国化"问题

刘怀玉

内容摘要：本文大致上分为两大部分。第一部分将阐明马克思主义哲学研究的"中国经验"问题。这里的"中国经验"首先并非作为现实对象与过程、值得总结并上升为理论的实践经验，而是指研究方法中研究者有意识或无意识继承发扬的中国传统治学经验与民族特色。也就是说，马克思主义哲学中国化研究不仅要善于总结当下中国社会实践中正在发生的现实的经验而使之上升为理论形态，而且也要自我反思传统文化与传统治学的那种主体性的思想性的直接经验，这种经验表现为重经典、善格义、格物致知、回归心性。

在此基础上，文章的第二部分提出马克思主义哲学研究的"再中国化"问题。这就是：在后殖民主义批判语境下如何反思中国化问题，在后革命语境中如何重建中国化问题，在后传统背景下如何继承传统问题。

关键词：马克思主义　研究方法　中国经验　再中国化

引言：中国理论之背后的"中国经验"

我们似乎正活在一个普遍对理论感到厌倦的时代。这种厌倦感甚至可以追溯到130年之前。就在马克思逝世的那一年，一位法国文艺理论家如是写道："在文学艺术中经历过危机，正如神经经过恐怖以后，感官得到真正狂欢。人们体会到了恐怖；恐怖过去以后，人们就耽于生活的享乐。外部现象、外部形式，特别吸引自己的注意。碧空、艳阳、美丽的女性、华丽的丝绒、彩色缤纷的丝带、黄金的闪光、金刚石的光亮，——这一切，都给人们带来愉快。人们用眼睛来生活，而不再用思想来生活。"而伊格尔顿在大约十年前则更加悲观地断言，今天的我们正处于一个所有理论都已经接近终结、思想大师几乎死光了的"理论之后"的犬儒主义时代。诸如：对法国哲学之兴趣已经让位于法式接吻的迷恋，自慰政治远胜过中东政治，社会主义理想已经败北给施虐受虐狂，色情肉体文化远比饥饿肉体政治更有吸引力，所谓的"文之悦"不再是引经据典地解释古老文字，而是研究乳胶文字与在肚脐上挂饰件的政治含义……显然，我们所使用的"中国经验"之"经验"这个词，并不是他所谓的"理论之后"时代的"经验"，而是中国理论得以产生的那个理论"背后"的"经验"。之所以要强调中国经验，还因为"经验"一词更能代表中国文化的特征，中国文化的经典原型是一种心物直接感应、即体即用的经验形态与实践智慧，或者"具体思维"与"地方性知识"，而不是词语造物的普适性理论形态。中国经验是中国理论之背后的那种深厚的存在论前提与基础。

本文大致上分为两大部分。第一部分将阐明马克思主义哲学研究的"中国经验"问题。这里的"中国经验"首先并非作为现实对象与过程、值得总结并上升为理论的实践经验，而是指研究方法中研究者有意识或无意识继承发扬的中国传统治学经验与民族特色。也就是说，马克思主义哲学中国化研究不仅要善于总结当下中国社会实践中正在发生的现实的经验而使之上升为理论形态，而且也要自我反思传统文化与传统治学的那种主体性的思想性的直接经验，这种经验表现为重经典、善格义、格物致知、回归心性。

在此基础上，文章的第二部分提出马克思主义哲学研究的"再中国化"问题。这就是：在后殖民主义批判语境下如何反思中国化问题，在后革命语境中如何重建中国化问题，在后传统背景下如何继承传统的问题。

一　"以史为鉴、以史为本"的
重视经典的中国经验

新时期中国马克思主义哲学创新成就可谓硕果累累，值得认真反思总结。其中一个不能回避的问题是中国马克思主义哲学取得了什么样的"中国经验"。这里的中国经验并不是指马克思主义哲学要研究的改革与建设的中国现实经验，而是马克思主义哲学研究方法所继承与发展的中国传统文化经验。总体而言，推进马克思主义哲学研究事业进一步中国化，需要走中国风格的研究路子，这反映在精神底蕴和语言风格两个方面上。一方面，中国化的理论成果深深地浸透着传统文化的活的灵魂。马克思主义哲学与传统文化之间的契合性，是马克思主义哲学进一步中国化的前提条件；同样，中国化的马克思主义哲学理论只有内含了这种流传几千年的中国传统文化的精神气质，中国人才有一种认同感、默契感，它才会融入到中华民族的血肉之中。另一方面，马克思主义哲学中国化的理论成果要被广大人民群众自觉地理解和接受，就必须使我们的研究更加贴近实际，贴近生活，贴近群众，用中国人通俗易懂、喜闻乐见的语言风格把我们的理论成果表达出来。

本文认为，新时期我国马克思主义哲学研究所包含的中国传统文化经验与要素可从以下几个方面来概括：一是作为学术创造原动力的崇高历史责任感与民族自信心。二是深厚的中国传统国学经验。三是翻译政治视野之中的中国元素与外来文化整合问题。四是近代治学的经验即学术自律与思想自由的问题。

首先，20 世纪 80 年代以来马克思主义哲学界代代相传的繁荣民族学术的历史使命感，这既是一种精神动力，也是一条重要的中国经验。在 80 年代，中国马克思主义哲学研究界几代人告别了那个有严重错误的过去，走向一个新的时代，那是充满着希望的时代。用 1818 年黑格尔在刚刚任职柏林大学校长的开讲辞的一句话来讲，这是一个"哲学基础得到重新巩固，思想的青春得到恢复"的激情燃烧的时代。在以往的时代，哲学曾经给政治带来了空前的荣誉，但这个时代的哲学要为学术和思想的荣耀和神圣作出自己的贡献。这倒也真的让人想到了那个伽达默尔近乎学究式期盼的场面："理论［theoria］一词的原初意义是作为团体的一员参与那种崇奉神明的祭祀庆祝活动……'理论'一词的最初意义是真正地参与一个事件，真正地出席现场。"青年马克思则令人更加振奋地写道："思想的闪电一旦彻底击中这块素朴的人民园地，德国人就会解放成为人。"

这是一个时代的感召力，中国在经过了一百多年的屈辱之后走上了现代化的道路，中国人应该为世界的、自己的现代化的学术事业作出应有的贡献。但中国人要想实现真正意义上的现代化的学术建设，真正能够在世界现代学术思想之林留下一席之地，中国的学者靠什么？答案是靠中国祖宗留下的一点源远流长的学术思想研究的经验和传统。毫无疑问，改革开放以来，包括马克思主义哲学这个重要学科在内，首先面临的是突破原来教科书的影响，大胆地敞开心扉，打开国门，向西方学习借鉴，包括向苏联借鉴，但是借鉴归借鉴，中国现代化的学术事业简单地靠引进和翻译西方的学术思想是不会自动生成一个中国现代化的学术形态，这需要中国人有一种自我的主体意识，有一种创造性的转换，这种转换是从哪里来的呢？

一个重要的创造性动力与来源就是如何继承、发扬光大中国传统学术研究中的经验方法，如何把这种经验方法运用到马克思主义哲学学科和人文社会科学的学术建设。也就是说，包括中国马克思主义哲学学科在内人文社会科学的现代化的建设，需要从传统的学术研究的历史中吸取营养，这是一个源源不断的根，这个根是什么？我觉得，中国传统学术最为成功、最为发达或者说最能够接近现代科学意义上的学术的东西，毫无疑问是历史的科学。20世纪二三十年代，无论是中国化马克思主义还是中国社会科学的蓬勃发展，能够得到西方学界瞩目和关注的是把传统的编年体式研究的写作方法，转变为现代社会科学意义上的历史学。其中最重要的一个支撑点就是把传统的经世之学变成考古学，没有考古文献的大发现，没有甲骨文和地下文物的挖掘，没有"上穷碧落下黄泉，动手动脚找东西"（傅孟真［斯年］语）这样的考古功底，中国的历史科学、中国的历史唯物主义的研究是没有根基的。所以，历史的学科在中国学术思想史上是最为成熟，同时也是在近现代以来获得真正长足发展的学科。

新时期马克思主义哲学学科最令人服膺的、有充分的根据突破苏联教科书的，恰恰是把马克思主义哲学作为一种历史的科学来建设这个过程。20世纪80年代以来，一批又一批学者一度设想通过结合当代西方新的自然科学和社会科学思潮，在苏联教科书体系基础上重建一种马克思主义哲学理论体系，但后来很多学者都放弃了这一崇高的目标，因为他们发现这至少是我们中国人并不最擅长做的事情。其中一个问题就是自然科学和社会科学知识准备不足，逻辑思维能力训练不足。作为一般的中国学者，最擅长的是用历史科学的方法来研究马克思主义哲学，所以马克思主义哲学史，特别是马克思主义哲学早期的创立和发展史，是改革开放以来马克思主义哲学学科建设里取得成就、取得突破、能够传递于后世最多的一个领域。

历史的科学研究在中国古代有其悠久的传统。这种传统首先是以儒家为代表的对传统经典的收集、编纂、整理、注释和扎实的解释，这样一个传统可以说是源远流长、绵延不绝。孔子生活在两千多年以前的春秋战国时代，那时战火频仍，先秦的早期中国文献散佚很厉害，孔子就感叹：由于文献之不足，"夏礼能言却不足征"，"周监于二代，郁郁乎文哉！吾从周。"（《论语·八佾》）就是说，孔子的年代，夏朝的东西就已经是耳闻之学而不是所见之学，而周朝的文献丰富，所以孔子能够治《周易》编《春秋》。正是以孔子为代表的早期儒家的执着理想，先秦的最宝贵的经典得以保留和流传下来，成为薪火相传、其命无疆的文化的精神家园。孔子在中国历史上的重要意义在于作《春秋》注《周易》，奠定了后来四书五经这样的国家文化经典工程建设的基础。没有孔子的话，中国文化的根就不会保存得那么好。这诚可谓"天不生仲尼，万古长如夜"。孔子首先是一个文献的编纂大师，其次是一个教育大师，再一个就是社会活动家，儒家最根本的精神在于原始经典的保留传承和诠释。

到了宋朝，程朱理学是中国文化史上又一个里程碑。自孟子以降到唐朝为止，儒家实际上没有一个特别有影响的代表人物，当年唐朝的韩愈由此感叹"文起八百年之衰"，由此开始重新弘扬儒家的学说。正如元朝的宰相脱脱主持的《宋史·道学传》所说，中国儒家"凡《诗》、《书》、六艺之文，与夫孟孔之遗言，颠错于秦火，支离于汉儒，幽沉于魏、晋六朝者，至是皆焕然而大明"。儒家等诸子百家在秦朝时遭遇焚书坑儒之祸，几乎消失于历史之中。汉初有儒生把它背下来，加上东汉光武末年有人于孔子旧宅墙缝里发现了遗书，儒学总算传下来，但已经残缺不全，且掺杂了大量伪书衍文。汉代经学盛行一时与此有关。到了魏晋时期，佛教、玄学兴起，儒家没得到重视。直到宋朝儒家才兴盛，正是通过朱熹和一批儒生编了统一的国家教材和典籍。随着四书五经和后来的《永乐大典》、《四库全书》的国家图书体系的建立，以儒家为代表的中国文化才绵延不绝地流传下来。经学典籍的整理、收藏、编纂，是中国文化不像西方和其他民族文化的中断，而一直不绝如缕的一个根本原因。

同样，在我们国家马克思主义哲学的历史研究对于经典文集的整理、重新翻译和解释也是这个学科最为扎实的基础。老一代学者在这一方面无疑作了巨大的贡献，但也面临了很多问题甚至挑战。当务之急的挑战就是苏联解体以后，MEGA 二版的国际出版机构面临着资金不足，编纂和解释权落入西方学者手中，中国马克思主义学者面临着如何以自己的社会主义意识形态，自己的学术立场重新辨认和解释 MEGA 版的问题。所以，对经典的马克思主义著作的原始文献的重新翻译、解释和认识成为一个重要的学术基础，中国学者要义不容辞地把它作为学科建设的命根子一样的东西。

二　"返本开新、建卓于微"的中国经验

历史科学不是简单地对经典文本的辨认、文字的考证、翻译的问题，还有

一个问题是对经典文本的义理引申。这里就涉及了中国传统学术史上最富影响的两大治学流派：一个是强调经典文字字面训诂诠释的汉学，另一个侧重于经典文本义理引申的宋学，学分汉宋由此而来。汉学主要成长于乾嘉时期知识分子中，他们自认为继承了汉族、汉文化的学术政治并以此为己任，实际上他们是在当时意识形态高压下不得已放弃了义理引申的工作，侧重于字面文字的翻译，"汉"另一方面指的是汉代经学。中国化马克思主义的学术建设需要兼顾两方面，既要有传统的汉学文字上的诠释功夫，也要有宋学微言大义、义理引申的解释学的功夫。在马克思主义哲学的学科建设中，这两方面的中国经验都是不可缺少的，我国马克思主义的一代代学人在这方面都作出了自己的贡献。

以儒家为代表的中国传统文化的发展史有这样一个重要特征与趋势，即由"外王"而"内圣"。韦政通先生在《中国思想史》一书中就认为，在宋朝以前中国儒家学说主要是经世致用，就是说治国安邦的经学，强调"外王"。宋朝以后，由于王安石变法受挫，很多知识分子退向内心世界，希望通过认真的学术研究培养好的政治领袖，这个时候儒家发展由"外王"而变成"内圣"，而内圣之学则又分为"尊德性"与"道问学"两种亚传统。这其中又有北宋的二者并重、南宋之二者对立、明代之偏重德性以及明清之际的由尊德性转向道问学的历史演变过程。套用王观堂（国维）先生的话，就是由"经世之学"变为"经史之学"（《沈乙庵先生七十寿序》语）。"内圣"在某种意义上来讲是经"史"之学，分两种或两步骤：尊德性和道问学。中国化马克思主义研究学者不管怎么样，对马克思主义的崇高理想，对中国社会建设的使命感肯定是挥之不去的，这是支撑20世纪80年代这批学人的精神动力，如果没有这种中国经验，他们是达不到这种成就的。总体来说，中国经验的历史学的方法和尊德性、道问学的传统文人精神，都是不可或缺的。

当然，仅仅依靠中国传统学术文化研究中的经验是不足以消化吸收当代世界各国哲学和社会科学的成果的，也不足以为我们提供一个马克思主义哲学的当代形态，那是一种原动力，它需要时代的更新。中国马克思主义研究的一代代学人，通过大胆引进西方当代的哲学和社会科学方法论，丰富、充实、更新、激活中国传统学术研究中固有的方法论的学术灵魂，来提升、开阔马克思哲学研究的当代视野，特别是以解释学、精神分析学、结构主义为代表的西方人文科学方法论来更新中国人所擅长的历史科学、人文精神研究的方法。

这让我们想起了当年贺麟先生一段评价王船山哲学的文字，这段文字可能会证明中国传统文化中已经潜在地具有现代西方意义上的"返本开新、建卓于微"的现象学与解释学的方法论精神：

即用以观体，因物以求理，由部分以窥全体，由特殊以求通则的方法。换言之，现象学的方法应用在理解历史方面，即是由看得见的古人的言与迹这些现象，去探求那看不见的心与道。"因言见心，因迹见道"是船山达到他的历史哲学的又一钥匙。他说："知言者，因古人之言，见古人之心。尚沦古人之世，分析古人精意之归。详说群言之异同，而会其统宗；深造微言之委曲，而审其旨趣"（《宋论》卷六）。因"言"去见"心"，由尚论古人之"世"，去求古人的"精意"，由比较"群言"的异同，去会通其"统宗"，由"微言"去深察其"旨趣"，都表示我所谓即用观体，由现象求本质的现象学的方法。《读通鉴论》卷十六，复有"千载以下，可按迹以知心。义不义决于心，而即征于外"的话，更足以见他"由外知内""按迹见心"的方法。

无独有偶，冯友兰先生的一段文字也足以说明中国传统文化中具有当代西方的那种重视文本研究的解释学传统：

> 我曾说过，中国现在之史学界有三种趋势，即信古、疑古及释古。就中信古一派，与其说是一种趋势，毋宁说是一种抱残守缺的人的残余势力，大概不久就要消灭；即便不消灭，对于中国将来的史学也是没有什么影响的。真正的史学家，对于史料，没有不加以审查而直信其票面价值。
>
> 疑古一派的人，所做的工作即是审查史料。释古一派的人所做的工作，即是将史料融会贯通。就整个的史学说，一个历史的完成，必须经过审查史料及融会贯通两个阶段，而且必须到融会贯通的阶段，历史方能完成。但就一个历史家的工作说，他尽可作此两阶段中的任何阶段，或任何阶段之任何部分。任何一种学问，对于一个人，都是太大了。一个人只能做任何事的一部分。分工合作在任何事都须如此。由此观点来看，无论疑古释古，都是中国史学所需要的，这其间无所谓孰重孰轻。

仿佛是一个距离遥远的回应，与冯氏之"释古"之说似曾相识的法国大哲保罗·利科，则反对类似于"疑古"之说的海德格尔之存在论解释学的"顿悟"之说，而坚持立足于经典文字诠释的"渐悟"与"迂通"之说：

> 任何解释都企图克服存在于文本所属的过去时代与解释者本身之间的疏远和间距。通过克服这个距离，使自己与文本同时代，解经者才能够占

有意义：他想把陌生者变为本人的，也就是说，把陌生者变作他自己的；因此，解经者正是通过理解他者来追求扩大对自身的本人的理解。于是，任何解释学，无论明显还是不明显，都是经由理解他者的迂回而对自身进行理解。

利科很有意思地说，不管海德格尔的这个基础存在论多么有意思，但我们还得试着走另外一条道路。为什么要放弃这条道路，放弃此在的分析而另觅新途呢？因为海德格尔的极端存在论让很多问题消失了，人文科学与自然科学的对抗仍然不可能回避。要用由语言分析出发的长程途径来替代此在分析的短程途径。如果哲学解释学不想脱离那些在方法上求助于解释的学科，如解经学、历史与心理分析，那么，前面对双重或多重意义的表达之语义学结构所作的分析，就是哲学解释学必须加以穿越的窄门。

记得太极拳拳谱里面有一句话，"本是舍己从人，多误舍近求远"。就是说，练太极拳的时候不要有杂念、顶劲和成见，要心静下来，要学会听劲。这是中国人的智慧，不要作太多的、自我的主观判断，要听懂对方的内心世界，要会聆听，要会感知。首先就是"舍己从人"的聆听的功夫。但"舍己从人"不是"舍近求远"，恰恰是为了更深刻地反观自身，回到自身。

三　重视外来文化之"格义"与本土文化传统之融合的中国经验

说到马克思主义，我们不得不提到佛教的问题。因为，从中国文化历史来看，外来文化能够在中国生根、发芽、开花、结果的，最明显的是两种外来文化：一种是从东汉开始传入中国的佛教，另一种是19世纪末传入中国的马克思主义。佛教的传播经验、中国化的历史和学术化的发展历史，毫无疑问可以为中国化马克思主义学术建设提供借鉴。佛教有一个漫长和缓慢的学术积累和基础，然后才慢慢地变成深入到民间日常生活中间的一种文化、一种意识形态，最终与中国儒家文化融为一体，这是一个缓慢而艰难的中国化的进程。按照冯友兰的说法，佛教西经东渐大致经历三个阶段：第一阶段是格义阶段，从东汉经过魏晋南北朝（甚或一直到隋唐），特别是历经唐僧取经这个壮观的历史场面才基本告竣，经历了六七百年，其中鸠摩罗什、僧肇、玄奘等都做了大量的工作；第二阶段在翻译、整理和理解佛教经典过程中，形成了不同的宗派门派，这种多门派发展阶段，冯友兰称之为教门阶段，仅内地汉传佛学即有天台宗、三论宗、法相宗、律宗、净土宗、华严宗、密宗诸宗派；第三阶段到唐朝以后才形成了真正深入中国民间心灵的、变成日用的生活经验的公认的、领导的教派，这就是禅宗，惠能后"一花开五叶"达到了高潮。

之所以谈到这段历史，因为中国化马克思主义的发展也经过了一个翻译、不同流派的发展最后达到以毛泽东思想为指导的历史。但是，这个过程与佛教不一样，它是一种革命的、实践的、建设的学说，它的学术建设时间在中国化过程中非常短促，主要用来指导革命，所以学术建设的基础始终不好，特别是翻译得并不是很好，而且主要是根据苏联已经修改和教条化的翻译思路，直接从苏联的版本把马克思主义介绍到中国。所以，改革开放以后在指导思想和意识形态上突破苏联教科书的同时，中国化马克思主义要想建立真正的让世界同行认可的一种学术形态，就必须重新从翻译、整理和出版经典马克思主义的学术著作（包括马克思、恩格斯和列宁的著作）开始。新时期一代代、一批批学人，从不自觉到自觉入手开始马克思主义学科基础建设，翻译编纂产生了很多著作。这个中国经验从整体来讲是一种中国特色的历史科学的经验。

让我们想一想佛学东渐之初，即魏晋南北朝时期所译的佛学经典便很难懂，此之谓"老子化胡"，实乃佛学道家化，遂有玄学。近世严几道初译西学也是以佶屈聱牙而著称的，更有早期德国古典哲学初用德语格义拉丁语哲学之艰难过程，才有康德、黑格尔后来的晦涩文风。而海德格尔在试图让西方哲学回复到古希腊语式说话的道路上时也感叹：

> 考虑到在下面的分析中遣词造句之笨拙和"有欠优美"，应当为此作一个注解：以讲述方式报道存在者是一回事，而在其存在中把握存在者是另一回事。对后一项任务来说，不仅往往缺乏词汇，而首先缺乏"语法"。

中国化的马克思主义、中国的人文社会科学学者能得到西方的学术承认，不是简单的比较对话、平等对话，而是真正地消化西方的学术和运用本民族的经验，写出让西方学者有看头的、有琢磨头的成果，这才是真正意义上的对话，而不是拿着中国某一个古人或者思想家和西方的某个文人或思想家进行比较。我觉得重要的是，中国人也可以用自己的方式，把西方的思想家解释出来，能够得到西方的认可，这才是真正的中国创造、中国经验、中国勇气和中国气派。这让我们想到了当年中国研究古希腊哲学的著名学者陈康先生。他在精心翻译和解释柏拉图的《巴门尼德篇》的时候说过一句卓尔不群、语惊四座的话，"中国人要有勇气，让西方人以不懂中国文字而后悔，而自恨"。也就是说，不要光在西方人面前讲中国学问，而要在西方人面前讲西方的学问，而且让他们为他们不懂中国的汉语而感到后悔和遗憾。不仅有勇气在西方人面前讲中国的古人，而且有能力讲西方的经典大师，这才是真正意义上的中国经验。

四 "学术自律、回归心性"的中国经验

在这样一个有人称之为"思想淡出、学术突出"的后工业的、技术的时代——海德格尔称其为"历史学精神科学变成报纸科学，自然科学变成机械科学"的时代，一个人文知识分子需要什么样的中国经验？余英时先生在《论戴震与章学诚》一书中，曾经引用俄裔英国思想家以赛亚·柏林在《俄国思想家》里的比喻来形容戴震与章学诚。以赛亚·柏林把知识分子分为两种类型，一种是刺猬型，另一种是狐狸型。狐狸型的知识分子基本上是学术型的，他一生可以钻研很多领域、研究很多具体问题、打很多洞，狐狸的狡猾通常人们认为是它打了很多洞，其实就是死做学问，钻了一个又一个领域。而刺猬是一种批判性的思想家，一生只钻一个洞，一个很深的洞。

余英时由此引申出，在一个盛行刺猬、思想批判的时代，哪怕本来是一个狐狸型的学术家也有可能被人作为思想家来推崇，而这个人也误以为自己是一个思想家，譬如托尔斯泰（其实没多少思想，但人们认为他是一个大思想家）。相反，在一个盛行狐狸的时代，一个刺猬也被迫以狐狸的方式表演和生活。比如，阿伦特曾形容海德格尔是一种狐狸，但我认为海德格尔是一只装成"狐狸"的"刺猬"，他一生其实只有一个思想，他用各种各样的狐狸洞让人上当，含蓄地告诉别人他的思想究竟是什么，他用一种狐狸打很多洞让别人上当的办法来表示他是一只大的刺猬，是 20 世纪最大的刺猬。余英时说，在乾嘉那个盛行学术考据的时代，所有知识分子再想当宋明理学意义上的刺猬型的思想家都是不可能的，所以他们心不甘情不愿地以学术考证的方式来扮演思想家的角色，戴震就是如此，他一生没有写多少书，就以一本考证《孟子》的书（《孟子字义疏证》）来表达自己的心志和反宋明理学的思想，这是乾嘉时

代思想压抑、史学成风下的思想家的悲哀。章学诚也是一样，都是不愿意做考证家而愿意做思想家，但他们有时候为了遵从游戏规则必须以考证的方式来表达自己的思想，这是他们的命运。但余先生进一步引申说："现代儒学的新机运只有向它的道问学的旧统中去寻求才有着落。目前似乎还不是接着宋明理学讲的时候。"清朝实学的意义在于纠正儒学重义理而忽略认知，过于依赖于政治的毛病。又红又专的毛病即来自于宋儒立其大的空疏的传统，过于理想主义与过于功利主义均有反理智主义的片面性。这与中国社会日常生活的当代病态现象是有直接关系的。一方面要现代化而另一方面又要反思，这是不可思议的。这算是一条中国经验教训吧！

近百年前（1919），王观堂逆五四解放思想运动而动，呼吁学术救国，"国家与学术共存亡，天而未厌中国也，必不亡其学术"。他认为清朝三百年的学术历史有三变，即从空疏的经世致用之说教走向经史研究的学术。顺康之世，志在经世；雍乾以降经史小学随兴，而道咸以降西学东渐，学术便从传统经史考证向近代历史地理科学转变。故国初之学大，乾嘉之学精，道咸以降之学新。曾几何时，王阳明说他不做"我注六经"的事情，他要让"六经注我"，那是思想家的气魄。但清初顾炎武却痛陈理学空疏误国，照余英时先生的说法，亭林先生是以"经学即理学"一语而著称于世的。到了乾嘉时代，章学诚在《文史通义》一书首句便来了一个哥白尼革命式宣言："六经皆史"，还是我要注六经的！后来解释学家（如墨子刻、詹明信、怀特之流的）进一步认为"凡史皆文"。岂不闻钱钟书先生有云：文同不害意异，不可以"一字一之"，而见"辞"（text）必究其"终始"（context）耳！

确实，这是一个学术被无限制地碎片化、细致化的过程，这是科学实证研究的要求。我不知道在今天的学术界和今天的世界是一个狐狸的时代还是刺猬的时代，但我觉得，在很多情况下，想当刺猬的思想家他们都必须变作打一个又一个洞的狐狸来获得他们活在世界上的生存方式和条件，这既是科技进步的要求，也是一个人理智的表现，但我不知道对于一个人来讲这是一种幸福，抑或是一种痛苦，是一种满足，还是一种压抑呢?! 我想这种专业化规训倒是体现了黑格尔所说的一句名言之真谛："真正的思想和科学的洞见，只有通过概念所作的劳动才能获得。"

而千年之前被二程讥讽为"如此不熟"的张子厚（横渠）也似有同感：唯先"道学问"，后方有"尊德性"：

　　今且只将尊德性而道问学为心，日自求于问学者有所背否？于德性有所懈否？此义亦是博文约礼，下学上达，以此警策一年，安得不长？每日须求多少为益，知所亡改得少不善，此德性上之益。读书求义理、编书须理会有所归著，勿徒写过，又多少识前言往行，此问学上益也。勿使有俄项闲度，逐日似此，三年庶几有进。

五 马克思主义哲学研究之"再中国化"三题

由上述所说的马克思主义哲学研究方法之中国经验，我想到了马克思主义哲学研究如何可能进一步中国化或者"再中国化"的问题。

马克思主义在"中国化"的同时实际上也形成了促进中国民族性现代性的自我转换与形成。所以要问什么是马克思主义中国化，我们得说马克思主义在何种意义上构成了中国化的一部分，马克思主义在何种意义上成为中国现代性的一部分。中国化并不简单的是对现成理论的实践或者运用，而且包含着对马克思主义基本问题结构的改变。也就是说，"中国化"是一个历史性的动词。中国化过程既是马克思主义改造中国的过程，也是中国改造马克思主义的过程。中国化马克思主义是历史转变为世界历史过程的产物。中国化马克思主义不能止步于"马克思主义在中国的实践成果"或停留在"马克思主义指导下的中国革命与建设实践经验总结"这个说法上，而必须"再中国化"。这个"再中国化"将是中国现代哲学文化整体与世界哲学的对话与融合的关系，是中国民族哲学和传统哲学的现代性转换。没有中国化的马克思主义的"中国哲学"，也不是能够严格完整意义上的中国现代哲学，将不是被世界真正承认与理解的现代中国哲学。反之，没有真正继承中国传统哲学的马克思主义哲学，也将是不被世界真正承认与理解的中国化马克思主义哲学。总之，中国化马克思主义哲学是中国现代哲学在世界哲学之林中立身的根本。中国化马克思主义的哲学基础与核心并不仅仅是革命与现代化的成果；我们要超出革命的与现代化的视野，从更广阔的中国传统文化与哲学历史中来看待中国化马克思主义问题，也就是要进一步拓展我们原有的对中国化马克思主义的理解视野与逻辑。

马克思主义哲学研究的"再中国化"问题需要做的基本工作很多。这里，我认为有如下几个关键问题与视角值得我们思考。

（一）在"翻译的政治"视野或后殖民主义批判背景下重思"中国化"问题。也就是在翻译的政治视野中、从语言与文化角度重新思考"中国化"这个全球化时代的民族主体或者民族认同问题。这是不同的传统与文明之间的根源性差异与冲突以及必然性误读过程中所形成的问题。借用德里达与拉康的说法，中国化马克思主义哲学作为一种历史能指，它最初是一种"不可能"的"空白"与"问题"，是指向一个区别于自身的"他者"，一个"缺席的"象征。它表示对主体不具备的某种东西，即主体的他者的欲望。这不同于海德格尔式的"此之在"——在他那里，主体即使是被涂抹，也是有其可以还原的本真存在，是一种先验的所指；而拉康的"菲勒斯"则是先验的缺席的能指。而如果我们借用后殖民主义批判理论家爱德华·萨义德（1982）"地理学的想象力"（geographical imagination）这种比喻，不妨可以说：马克思主义的中国化传播与发展史实乃一个复杂的理论旅行（travelling theory）与越界（transgressive theory）的过程。所谓"理论旅行"就是，各种观念与理论也在人与人、境域与境域，以及时代与时代之间旅行。文化与智识生活通常就是由观念的这种流通所滋养，往往也是由此得到维系的。在萨义德看来，一种理论在旅行过程中的巨大成功必然伴随着一种被简化与新的教条化危险。首先，任何理论都无法包揽、封闭、预言它可能在其中有所用处的情境；其次，理论永远不可能是完成的，正像一个人的日常生活想象永远不会被抽象理论所穷尽。更为严重的是，一种理论一旦脱离其原初的生成土壤，其批判性与原创性威力便可能被"降格"或被"减弱"，继而被一种相对温顺的学术研究所替代。显而易见，马克思主义的中国化过程与其说属于萨义德所说的理论旅行，而毋宁说更多地属于他后来所隐喻的那样一种更具有挑战性、叛逆性的"越界"过程："理论的汽车是可以在不同的地域奔驰的！"即一种理论在新的政治与社会情境中可以被重新解释，因而重新获得活力。

马克思主义哲学研究的"再中国化"问题与其说是克服这种"误读"，不如说深刻地重新反思这种误读所引起的创造性内容以及所引起的新的问题。也就是突出传统与现代之间的理论性误读提供了哪些创造性贡献，引申出了什么新的问题。换言之，马克思主义哲学的再中国化问题就是马克思主义与中国传统和现代文化在相互误读过程中所形成的新的问题，它并不是追问马克思主义本身是"什么"，而是研究马克思主义所致力探讨与解决的问题，也就是探讨从马克思主义哲学框架中所生发出来的中国现代性问题。

作为一种本来的外来文化，马克思主义被中国人了解与接受首先是两种不同文明形态之间的翻译问题。如前所述，历史上的佛教从传播、接受到最终中国佛教的形成，按照一般史家说法经过了格义、教门与宗门这样一些阶段。同样，中国化马克思主义哲学的形成也不可避免地经过了一个从最初翻译介绍到自我理解，再到形成民族形态的过程。这里所采用的"翻译的政治"一词取自于后殖民主义批判代表人物斯皮瓦克，其用意不在于突出马克思主义哲学从经典的西方形态向中国化过渡过程中丧失了多少原初的真精神，反倒是突出这个中国化翻译过程在多大程度上牺牲了或者反向重构了中国传统哲学的精神，这也就是刘笑敢先生所说的"反向格义"问题。马克思主义哲学的中国化翻译是近代以来民族国家救亡图存的变法自强的民族主义历史叙事的一个组成部分。这里面确有西方普遍理性主义的"狡计"问题，但我们同样不能步后殖民主义的后尘，过于渲染、诟病启蒙主义的西方文化帝国主义侵略的局限性。在此，我们不能同意萨义德所说的"东方是西方的一个发明，东方是无从反抗的"；也并不赞成斯皮瓦克所说的"东方是与西方'绝对差异'的、不可言说的'他者'或者'无声的反抗者'"；也不能苟同霍米·巴巴所言的"东方是一个白面具—黄皮肤的、似是而非的混杂身份"；或者查特杰所断言的这是西方普遍理性主义狡计所衍生出来的殖民主义意识问题、强加的问题。我们认为，现代性作为一个翻译的政治过程，是一个民族国家意识逐渐形成的民族文化的自觉认同过程。

事实上，从 20 世纪二三十年代一直到改革开放之前几代中国马克思主义先驱所强调的辩证唯物主义历史唯物主义哲学传统，绝对不是简单的苏联教科书模式的直接挪用与中国化语言翻译，而是中国传统文化中固有基因的认识与翻译的产物，这其中艾思奇、李达、瞿秋白既是翻译与宣传的语言大师，也是理论创新大师，其功不可没。中国化马克思主义哲学既是革命的民族主义叙事，也是近代进化主义的产物，更是中国传统的"与时俱进"的、"变易图强"的经典哲学思想的写照。

（二）在后帝国主义或后革命语境下如何重建"中国化"的问题。这就是在重思与超越列宁主义与苏联马克思主义基础上的再中国化问题，即形成适合新的时代要求与全球新的经济政治形势，超越传统社会主义模式，形成新的民主政治理念与民族国家的主体意识。这是对作为国家与革命的历史主题，对于作为民族国家的现代政治性话语的中国化马克思主义哲学的政治主体的重新构成问题。马克思主义哲学的"再中国化"，并不等于"去苏俄化"，而是重新思考与解决苏联马克思主义哲学所提出而没有解决的根本问题，甚至是捍卫列宁主义中所固有而被遮蔽的真正马克思主义精神。

我们注意到一些西方学者的如下观点：目前，在整个人类世界普遍出现政治冷淡主义的时代，也就是在一个对替代资本主义的可能性政治方案麻木不仁的时代，"重新呼唤列宁"便成为一个非常严肃而紧迫的任务了。在今天这个自由民主主义称霸的时代，盲目乐观的、陈腐的"历史终结论"远比任何一项马克思主义的最为谦虚地"改变这个世界"的方案强大有力、蛊惑人心。在此情形下，政治的唯一真理就是"回到列宁"。但为什么是"回到列宁"而不是"回到马克思"？这主要因为"回到马克思"已经变成了一种非政治的后马克思主义策略。唯有"回到列宁"才能够保持与恢复马克思主义的政治特征与遗产。列宁对于我们来说，并非一个空洞而怀旧的乌托邦，而是直接参与改变现实的政治实践与真理。换言之，列宁并不是一个教条主义的世纪的代言人，而是正在生成与变化过程之中的名字。"回到列宁"并非简单地重复列宁，而是重新武装列宁。这就是说我们必须重新发明一种在全球化资本主义时代条件下的革命策略，而不是回到旧的革命传统模式与怀旧心理状态之中。"回到列宁"的辩证法目标，既非怀旧式地回到美好的旧革命年代老黄历之中，也非机会主义式的调整旧的革命范式以适用所谓新的历史条件，而毋宁说其目标就在于在目前的条件与情势下，重复列宁主义式的在那种帝国主义世界大战的语境下重新发明革命模式的那种精神，说得更确切一点就是，"重新发明列宁"就是要在历史进步主义意识形态彻底破灭的全球化、后革命语境下，重新扬起革命的旗帜与风帆。

我们想说的是，西方一些左派学者今天强调重视与发扬列宁主义的现时代价值，其动机是不容否认的，但其观点却往往是肤浅的空谈的革命口号，而远非切实可行的建设举措。因为在全球化资本主义时代，重新运用列宁的资本主义批判与革命理论是需要现实的社会主义制度与运动作基础的，并且只能是彻底改革的社会主义，而不是固守传统苏联模式的社会主义。中国特色社会主义现代化建设实践肩负着探索全球化资本主义时代新的民主政治道路的可能性，这也是列宁主义的未竟之业。

苏俄马克思主义对中国马克思主义影响最大的问题是国家与革命这个双重主题。与苏联马克思主义相比，中国马克思主义哲学的革命化历史更长，它的国家理念中的民族特色要比历史崇高理想强得多。中国社会主义的革命要比苏联的革命历史长，国家的民族形态要比苏联的共同体的普遍主义理念强得多，但中国社会主义民族国家的体制成熟与僵化度要比苏联低得多。这正是改革后来容易突破与成熟的一个重要原因。苏联解体之后，中国化马克思主义当然不会再去研究资本主义灭亡之后的那个社会主义理想问题，而是研究社会主义如何在资本主义强势统治的全球化语境中、在资本主义不断地自我调节与完善过程中，相应地不断形成的新的民族国家政治体制与社会理想问题，要关注资本主义更为流动与隐藏的统治形式与批判的实践途径问题。

所以，在全球化资本主义仍然占主导地位的语境下重新反思马克思主义的中国化问题，需要面对的不仅是重新理解传统社会主义的模式与理想问题，而且是如何辩证地批判与超越作为全球资本主义核心价值与意识形态的普世价值问题。进而言之，从更长久的历史深层结构，而不是从表面的观念变化来认识中国的过去现在与未来，马克思主义的重新中国化原因就是再一次与西方特别是全球文明挑战融合，一方面是中国现代价值观念的认同危机问题，另一方面是西方的启蒙主义价值观念已经不足以解决全球化问题，这里有一个全球性的认同危机的问题。这里的问题已经不仅仅是中国如何认同于西方的价值观念，而是西方的价值无法解决普世性问题。

由此来看，马克思主义中国化所面临的新的理论课题就是，以历史唯物主义基本理论的自我反思、批判、重建为前提，以历史地透视批判资本主义当代发展最新的最高的形态为对象与任务，以能动地把握当下的全球性资本主义经济政治文化联系变动的现实为立足点，以高度关注"历史转变为世界历史"时代的不同地方、民族—国家、阶级的交往与矛盾的政治实践为己任，构建符合新的时代要求的社会主义政治解放理想与现实制度。站在时代的制高点上，思考资本主义现代性的最深刻的最内在的矛盾与问题，在现实的挑战过程中反思与重构马克思主义哲学最基本的最核心最突出的问题，在超越与批判现实的资本主义最高形态的历史局限性过程中，丰富与改变社会主义和人的解放的实践制度与理想内涵。从历史的角度来看，以往的社会主义制度形式不可避免地带着资本主义历史时代影响的局限性；而从未来的发展角度来看，社会主义所采取的暂时的局部的资本主义形式可以被理解为资本主义超越自身历史局限性向未来更高级社会主义过渡飞跃的历史性、当下性的具体表现。

（三）在新传统主义挑战与启示下的马克思主义哲学之"再中国化"问题。这是在对传统文化的全面的、连续性与创造性继承意义上的再中国化问题，也就是重思中国化马克思主义哲学的传统生产性基础问题。

我们注意到这样一种看法："在过去十年间，儒学经典的教育已经重新成为社会主流。儒学课程在大学校园中是最受欢迎的（相反，马克思主义如果不是作为必修课的话，很难吸引学生，许多大学已经削弱了马克思主义课程）。""中国官员与学者不讨论共产主义的主要原因是马克思主义这个意识形态已经被极度滥用，导致名声遭到严重破坏，在社会上几乎已经失去所有的正当性。出于实践上的目的，这是意识形态的终结。不是所有意识形态的终结，而是马克思主义意识形态在中国的终结。然而，中国的政治统治确实需要一个道德的基础。""在中国填补这个道德真空的是基督教派别，气功教和民族主义的极端形式。但政府考虑更多的是恢复儒学的统治地位"。

且不论贝淡宁教授所言的是不是具有危言耸听的偏见，或者是不是一个客观现实，就马克思主义面临的新传统主义复兴的严峻挑战而言，却是一个无法回避的客观事实。而这个挑战的客观事实，其实也是马克思主义实现自身的再次中国化反思与重建的一个机遇。换言之，中国大陆新世纪的保守主义兴起与马克思主义激进思潮的被边缘化，从另外一个角度要求我们去重新理解马克思主义与中国传统文化的关系问题，也不是这二者的关系有什么变化，不是我们应该检讨激进主义问题，也不是马克思主义是否彻底否定传统文化的，而是语境发生了重要变化。马克思主义中国化的历史成功与其说是对中国传统否定的结果，不如说是对中国传统的成功结合与创造性继续有关。今天重新提中国化马克思主义与中国传统文化的关系问题，不是说原来我们对传统文化关系弄错了，而是结合的语境发生了根本变化。马克思主义与中国传统文化的重新融合是全球化资本主义时代中国文化与思想的世界角色与认同的重新确立。这不是一个简单的文化比较研究，而是后现代思想状况。

马克思主义哲学研究的再中国化问题，当然要从重新理解它的最经典、最成熟的形态即毛泽东哲学思想入手，要从重新理解与完善毛泽东哲学的问题结构入手，要从重新认识毛泽东的崇高的政治哲学理想境界开始，但更需要从开阔的历史视野理解传统中国文化与革命化和现代化的马克思主义之间的关系问题。正像有学者所指出的："现在的问题是当我们承认毛泽东思想是马列主义与中国儒学文化大传统结合的产物时，就应该进一步追问儒家的道德理想主义传统与同外来文化的结合与新文化创造是一种什么关系，马列主义与儒学结合和儒学消化佛学过程有没有共同之处？""把中国在历史上消化融合外来文化的经验同中国近百年来思想变迁一起放到理性的审视之下，也就成为历史学家与思想史研究者必须面对的任务。"当然，我们注意到这样一种强烈的批判声音：中国的启蒙思想与中国革命思想主要不是来源于西方的启蒙思想，而是中国传统的价值"逆反"过程的再理性化，因而东西方文化融合的第一步是价值逆反过程对新价值的塑造。这种将原有终极关怀逆反倒置过程创造出新的终极关怀，是近代中国思想变迁极为重要的逻辑。革命与否定本来是手段却被神圣化为目标本身，这正是新的价值观念快速产生的根本原因。中国化马克思主义经过一段极端反传统之后又被重新赋予了传统文化的特征，这就是世界的道德化，这就是"儒家的马克思主义"之来历。所以，我们不能笼统地讲"通三统"即如何把中国古代传统与近现代革命传统以及当代改革传统统一起来的问题，也不能把传统看成现代的对立面僵死物。传统不是书本上的、博物馆意义上的"现成存在"，而是在历史与现实最深处不断呈现而又常被遮蔽的"当下的存在"。

我们不妨借用伽达默尔的话来说，作为一种历史科学与解释学，马克思主义的再中国化将在"作为过去存在的东西、现在存在的东西和明天会存在的东西的连续中介中发挥作用"。在新传统主义意义上，中国化马克思主义哲学将会是在通过调整各种文明冲突基础上发挥重要作用的历史科学与解释学，将是更加能动地应对世界变化的"事的哲学"、"过程哲学"，而不是一种固定不变的本体论哲学，将是超越与战胜各种各样物化统治的心灵哲学。

中国传统文化与哲学中最有生命力的东西是什么？中国有没有像西方一样的存在论、形而上学、认识论？马克思主义哲学与中国传统文化的共同点是什么？是所谓的唯物主义与辩证法传统，还是体用不二的实践智慧？冯友兰在《中国哲学史新编》最后一章结束语中说过，中国传统哲学的精髓是一种人生的反思哲学，一种精神境界哲学，中国与世界未来的哲学应该是一种"和平共处"的哲学。这些说法都是值得中国化马克思主义哲学深入思考与回答的问题。而美国学者田辰山在《中国辩证法：从周易到马克思主义》一书中认为，在传统中国的思维路径与作为西方政治流派之一端的马克思主义哲学之间存在着一种共生的界面，中国版本的马克思主义辩证法正是从这一与其具有关联的交互界面中汲取思想营养。中国马克思主义与中华民族传统不是对立的，而是延续的，是现代历史性的与日俱进。中国马克思主义是用马克思主义中国化的概念和术语装备的、在现代获得延续的中国哲学传统，特别在历史与政治思想的意义上，这是西方马克思主义和中国传统哲学在现代历史过程中实现的一种结合。在马克思主义的辩证法思想与中国传统文化之间的共生点就是发展变易即"变通"的观点，沉淀在中国马克思主义中的是一种从《周易》就开始出现的根深蒂固的"事件的本体论"，一种体用不二的"实践本体论"。"辩证唯物主义在中国的经历表明，中国马克思主义是中国传统的延续，它克服了伴随西方马克思主义的一些理论困境"。

在中国历史上，把外来文化中国化、本土化、民间化，做得最为成功的是佛教。而把外来文化与本土传统文化融合起来，形成最为成熟的严格的哲学信仰体系的，当然是宋明理学。它们在历史上的空前成功与巨大而深远的社会影响，无疑可以为中国化马克思主义哲学研究的长期繁荣发展提供宝贵的借鉴。在古代，作为中国传统文化最成熟和最高形态的宋明理学，通过理性地消化、吸纳与间接引导民间广泛信仰的佛教大众文化，用"援佛入儒"的综合创新的方案，曾经解决与稳定了中国文化认同危机，进而促成了一次次政治权威危机之后的王朝政治重建。由此来看，在今天，只有将中国传统文化与现代文明形态加以融会贯通的当代中国化马克思主义哲学与现代化的中国哲学，才能够从容应对当代大众文化兴起、神性式微、信仰多元化和工具理性主义甚嚣尘上的现代性浪潮冲击，冷静思考当代中国文化认同问题以及现代生活的终极归宿或信仰危机的问题。它不再可能提供唯一的规范性的价值理想说教，却能够给予清醒的历史的理性的参考与建议。从这个意义上说，马克思主义哲学研究的再中国化就是要以学术文化积累的方式为当代中华民族的精神家园提供绵延不断的活水源头。

（作者单位：南京大学哲学系）

"中国哲学话语"的学术标准和形成条件

崔 平

内容摘要：不甘被哲学世界边缘化，人们普遍要求拥有中国哲学话语权，并提出各种不同策略，其中尤以本土化最为大声，个中要害为"特色"立国，认为以回归本土资源、本土方式、本土问题这种"土"法，就能抓住世界眼球而夺得哲学的中国话语权。但是，仔细分析，关注背后的心态各种各样，话语权的本质不能简单地由"关注"确定，更重要的是发自心底的尊重和庄严的倾听态度。而只有思想创新才能给人们留下深厚的价值感，不但引起关注而且激起对话欲望。按照认识论分析，创新无定式；而按照思想交往规律，越是包含某种共同点的思想活动越容易引起关注并达成理解。因此，在学术国际化的背景下，应该采取开放和开明的态度鼓励中国学者以世界眼光和世界胸怀展开多样的哲学创新研究。须知，话语权是一个社会交往关系概念，标志交往主体的权威性，它不会紧随单个话语应声到来，相反唯有通过大量的创新话语积累才能确立，因此需要采取关于哲学创新的有效措施并戒急用忍。

关键词：哲学创新　学术理念　学术评价　话语权

疾呼在世界哲学舞台上要有中国话语，这对一个早熟型文化古国来说意味着曾经的辉煌、历史失落的苦涩和现在的不甘，从中透发出非同一般的文化大国梦想和竞争世界学术地位的雄心。因为，毕竟并非每个国家都非得有自己的哲学，也不是每个民族都会向自己提出制造哲学话语的命令。然而，在公共论坛和坊间私底都大体一致并且具有相似强烈水平的话语权冲动的背后，却存在着对"中国话语"及其道路的不同理解，由此提出反思和规划能够满足这种欲望的行动这一任务，即何为"中国哲学话语"及其实现途径。

学术国际化背景下哲学话语的"中国"标志

　　"中国哲学话语"这一问题的提出基础是某种世界交往体验，即在不断开放和广泛的世界性哲学接触和对话过程中，蓦然发现其中缺少中国人的哲学，西方哲学占据霸权地位，中国人没有讲席而只有座席，即使在国内，人们也隐约感觉到西方哲学思想表现出些许傲慢，思想界重演着商场上国货冷落而洋货热销的一幕。于是，一种被边缘化的感觉悄然爬上心头，与文化大国历史所支撑着的民族尊严意识直接发生冲突，引发情感不适和自卫性的情绪反抗，率真地表达为中国要出场参与世界哲学论坛。因此，这种哲学话语权意识的觉醒说来还是一个积极的世界眼光事件。但是，随后发生的关于兑现策略的构想和争论暴露出它的片面情感性，缺乏全面的世界眼光，对世界哲学形势的分析不够深刻，或者抽象地坚持一个话语权口号却忽略"有为才能有位"的社会法则，或者简单地坚持哲学的民族主义而忽略对话的普遍语用学条件，或者坚持传统文化的输出而忽略世界的历史发展所造成的思想时效，或者坚持思想资源的本土性而忽略分享世界思想资源的哲学进化意义。这些现象表明，"中国哲学话语"主张作为一腔热血，有待接受理性的指导和规范。

　　按照问题解决的情境原则，国际化视野下产生的"中国哲学话语"问题应该在学术国际化条件下加以面对。唯此，才能产生有效的对策，达到预定的目的，最终获得哲学的中国话语权。试想，如果不是走进哲学的世界之林，我们何以产生莫名的孤独，又何以有展开权利竞争的必要？因此，"中国话语"必须是被哲学的世界语境所能够尊重和接受的思想，否则就不能给予我们期待中的回报，改变令我们不快的处境。

　　对哲学而言，全球化这一世界历史发展事件所带来的影响主要为社会生活的世界性联系，和思想社会化要求被提升到世界级水平。前者改变哲学认识对象的选择，决定哲学兴趣的发生基础；后者限制哲学对话的参与者必须按照普遍交往原理展开有效的学术活动，亦即通过被所针对的对话主体认为有效的方式，启动倾听和互动程序。那种脱离语境所规定的理解能力和评价标准而作出的争取话语权的努力，势必陷入堂吉诃德式的尴尬。

　　那么，能够打造"中国"印记的哲学话语的要素是什么？具体说，哲学认识的结构为主体、对象、问题、思维方式、思想成果。在国际化情境下，可以在其中的哪个构成环节上树立"中国"旗帜？

显然，要想加入"中国哲学话语"的行列，其研究主体必须是中国人，即生活在中国社会。在此，"中国"不仅仅是地理概念，也是社会政治概念，"中国"作为特定的社会整体和交往作用系统而存在，表明一种国际化环境下相对紧密的共同生存关系。不论种族为何，一个人只要在生存上直接归属中国社会，其所创造的成果就属于中国，从而有资格参与"中国"品牌的打造。相反，那些虽然血统出自中国，但在社会生活上已经置身其他国度的人，其思想成果就不会被世界看作中国话语。

社会生活的世界化使哲学的认识对象必然走向去地方化。一来交往的便捷和范围的扩大使人们的对象视野随之增加，二来社会生活的世界化联系也使对每个对象的研究不论对象所在区域而具有波及学术主体所在国的普遍联系和作用。因此，打破哲学研究的地域性限制的可能性和必要性同时生成在社会生活的世界联系事件中。由此可见，研究对象的中国所属不能成为"中国哲学话语"的合理限制，否则既违背人见而欲识之的求知天性，也不符合充分显示中国人智慧的要求，更会错失与世界进行哲学对话的佳机——研究对象的涉他性越高越能吸引他人的关注并得到认可和尊重。试图通过刻意限制研究对象而成就"中国"标志，只能加剧思想的偏隅性而增添赢得世界承认的难度。对于世界事物的广泛认识贡献必然直接增加世界对中国智慧的印象，关注中国人的研究活动，生成尊重和倾听中国人话语的心理定式，默许中国人的话语权。研究对象的国际化要求树立这样一种观念：既勇于研究别国的事物，也欢迎外人研究自己国家的事物。研究对象选择上的关门主义必然损害哲学上中国话语的形成。相反，认识对象的自由选择和跨国度超区域的交叠，显示一个国家学者的气度和力量，是健康学术心态和旺盛学术力量的自然表露。

问题具有思想经验的最大平凡性，似乎是精神的本能事件，自然地随机闪现。正因如此，它也具有原始和单纯的欺骗性，其生成特殊性和复杂性的追问反因熟视本身而被忽略和遗忘。问题是认识的起点，但它本身已经是思维的出场。在对存在情境的判断、实践价值的权衡、思想构成状态的分辨（比如已有知识间的关系）、认识兴趣的自我意识等前提下，面对一个特定认识对象才会涌现特定问题。申言之，问题生成在广泛的文化背景中。如果缺乏警惕和克制，问题意识就会自然陷入文化圈套而限制问题涌现的可能性、丰富性、深刻性，使问题仅仅按照一种文化眼光来开显。其自然结果便是，一个国家显现问题的贫困化和问题的文化间性丧失，不能提出具有世界意义的普遍问题和其他文化群体所能关切和感兴趣的问题，从而在话语的起点上就已经放弃许多世界眼光的机会。之所以用"许多"加以限制而作论断上的克制，是因为完全出自本民族文化背景的问题也会引起文化彼岸的自然好奇心。但是两相比较，跨文化问题更具有交往感动力。除此文化根底限制外，问题的有意义确立还存在逻辑标准，即它必须具有相对以往问题的超越性。按照问题对存在的涵盖能力和支撑问题的知识前提的层次，问题存在进化运动。在一种封闭的认识传统内部，思想的连续性使新问题的进步简单表现为对旧问题的否定或包摄。而在学术国际化条件下，问题的意义必须具有世界水平，即只有那些与指向同一认识对象的问题相比较占有否定或包摄先前所有相关问题的问题，才能被世界所接受，确认其认识价值。否则，那种重复性、低层次的问题会遭到冷落而难有被认真对待并加以理睬的兴趣。这牵连对问题产生和意义的有效说明，即对作为思维结果的问题之思维过程给予交代，使之清晰地展现它对存在的切入尝试和思想根源，即描述所问、何以问和问之所问（问题的本质指向和认识要求）。问题的发现能力取决于问题的思维方式，即在给定存在情境、实践兴趣等触发问题的客观因素条件下，能否发现问题和发现一个怎样的问题，直接决定于用作认识工具的思维方式的特殊加工。不同的思维方式会有不同的问题，而多一种思维方式运用技能就多一个发现问题的手段。简单低级的思维方式只能推出粗糙的问题，而精致高级的思维方式就会制造出深邃厚重的问题。因此，从成就中国哲学话语权的目的看，不能把问题的中国式作为优先路径，而应该以多元文化视角或者说文化换位方式努力提出中国人的问题。直言之，不能单纯用提问方式的中国特殊性作为打造中国哲学话语权的工具。

真理境界为一切认识活动所向往，但在真理概念的客观语义背后却有难以掩藏的主观性和相对性，针对同一问题所给出的均可接受的不同回答直接造成对特定论断绝对真理地位的质疑空间。在其中，得到社会信任者赢得当下的真理桂冠，因而形成竞争关系并展开对社会认同的追逐。决定胜负的因素有人性的弱点即情感和人性的优点即理性。人们愿意接受那些代表自己利益或迎合自己心理倾向的立场观点，从而给学术研究的机会主义以得逞的机会。但是，那种把社会成功作为目的本身，把学术研究作为手段，忽略对事物的真诚反思的做法，从根本上说是一种社会投机行为而非追求真理之类，其学术泡沫预谋必然随历史变迁或逻辑分析而被揭穿。能够持久受到人们尊重而不管其结论将来是否仍被认可的认识活动，是那些可以经受理性检验的带有道德纯粹性的学术研究。实践固然是对认识论断有效性的一种证明手段，但实践效果对理论论断的印证在逻辑上存在非绝对性，即因果之间的复杂逻辑关系使得实践检验具有虚假可能性，印证或者只是所谓原因与结果之间偶然的"相逢"，或者虽然有所关联但还有未被发现的关联内容。因此，实践检验是理论真理性的必要条件而非充要条件，人们在一个得到实践检验的理论面前还会隐约心存疑虑，牵挂和注意论断的论证或说明形式，从而移足思维方式领域，亦即从解释有效性过渡到逻辑有效性。在此，所谓思维方式是指无关思维内容本身但决定思维材料的合法采用及其合法安排和展开结构的认识方法。对应于特定的认识任务和知识形态追求，应当设计或选择科学的即与之匹配从而在逻辑上能够保证认识正确性的认识方法。① 那些不能满足或根本没有考虑认识方法条件的认识论断，不论其经验证实性有多大，都不能安抚理性而使之停止对论断真理性或者说有效性的忧思。认识方法的设计和制定是认识自身反思的结晶，它指示保证论断正确性的思维过程的形式，带有历史进化性，随着以认识深化为基础的认识自身反思可能性的展现而进化。虽然在逻辑上特定认识方法不是真理认识的绝对保证，但一定历史阶段上的认识活动如果不符合当时普遍坚持的认识方法，那么就不能获得对话优势，难以被持有某种认识方法信念的人所理解和接受。也就是说，认识方法的现代意识决定学术对话的水平和标准。从知识社会学的角度看，认识方法是确认思想真理性的规范和对话的句法，满足合理方法的理论思维才能引起真理探索者的尊重和关注，并使之按照方法规范进入和赏析理论系统，产生主体间普遍性。没有共同认识规范的对话只能陷入争吵、对立和不可裁判的泥沼。因此，要想争得哲学的中国话语权，就应该首先实现方法论观念的文明化，自觉地把认识方法提升到世界水平，保持认识形式的当代有效性，而不能盲目固执自己的认识习惯。正如在物质生产领域那样，在哲学思想的生产中，作为认识工具的方法的现代化决定哲学的现代化，从而决定哲学对话者的时代身份和对话的入场资格。总之，从根本上说，要争取哲学的中国话语权，一场或持续的方法论论战不可避免，在其中，普及方法知识，提供方法谱系，澄清方法差异，完成方法批判，打破方法自恋。

不论在认识形式上采用何种认识方法，思想的最终直接显现都集中在认识材料和论断的内容上。一个理论的提出有无意义，取决于它相对以往的认识有无创新。知识进步必须以社会为尺度，只有那些相对整个社会认识水平有所创新的个体认识才有存在和品评价值，从而进入对话平台，评估和确认其纯粹理论价值或具体实践价值。在学术国际化条件下，这一尺度已经扩码为世界，即

---

① 参阅崔平《从诗性从向方法：中国传统思维的当代改造任务》，《河北学刊》2004 年第 4 期。

提出一个理论不仅要反思自己相对本国学术的历史创新性，而且要审视自己的万国创新度。如果说认识的思维方式上的当代有效性是成就"中国哲学话语"的形式性要求，那么相对地可以称在内容上的创新要求为历史超越性。思想的历史超越性可以直观地表现为或者起点的变化，或者论证材料的变化，或者论断的变化，或者认识对象的新异，或者问题的提升，或者是几种变化的组合。但是，并非任何变化都简单地构成历史超越性，而是这种变化必须相对原有水平具有逻辑上的真实超越性，因而其判定带有复杂性，有时不能简单论断；相反，需要仔细分析以作出逻辑蕴含与否以及相似度的关联关系描述。世界历史超越性把话语权归结为思想创新，并打破地方话语的自我封闭特权。在世界眼光下，不论利用何种思想资源，只要由之获得了创新思想，就是对世界学术的有价值贡献。相反，即使一个思想有其本土特色但并无创新结果，也不能被看作值得关注的理论研究。因此，哲学研究不能言必"特色"，而要遵守思想的内在规律，在思想展开的内在逻辑需要中顺其自然地吸收利用思想材料。所谓中国气派、中国风格、中国特点应该随机而自然地显露在中国人的思想事业中，而不应该事先刻意设定为研究规范。没有认识论的证据表明，思想创新可以搞计划生产，相反，在逻辑上，创新反对为其设定思想内容和道路上的限制，因为创新意味着论断尚未开显，自然其内容关联和通达途径也无法确定。创新具有认识的偶然性，任何路径强制都是非科学的。即使某种研究方式可以通向创新，但也不能排斥而自绝于其他创新方式，作茧自缚，降低创新效率。话语本土化更不能极端到放弃思想创新要求，指望单纯通过对外输出远古文化去竞争话语权。世易时移，古人的智慧有多少能够顶住历史流沙的侵扰而不老？无用的就是没有生命的。试问，其祖先的哲学得到广泛传播和赞誉的现代希腊人还享有哲学话语权吗？古人的智慧大多只是文化博物馆中的摆件，不能把历史好奇心下的鉴赏错认成对话。活知识才能成为活人对话的标的。因此，不能试图靠输出或者说贩卖古人思想而为今人捞取话语权。偏安一隅而要求片面地以中国乡音道说中国家事，更不必说局限于只是搬弄家史，绝非成就中国哲学话语权的良策。

对成就中国哲学话语权的上述分析可以归结为：必须是中国人推出的创新学术成果，才构成对中国哲学话语权大门的叩击，而对象、问题和思维方式等理论要素则不能刚性规定；相反，须待之以宽柔，下放给智者在认识情境中加以具体裁量。中国哲学话语权概念所追求的是中国人的哲学话语权，而不是中国传统哲学或者中国哲学传统的话语权。

重塑学术理念与提升中国的哲学原创能力

具体的哲学创新奠基在特定的语境中，酝酿于特定的学术兴趣，萌发于特定的问题冲动，成长在特定的思维方法下。对思想创新与语境关系的基本理解决定驾驭语境的能力，关于认识的宗旨、价值和使命的社会看法决定学术兴趣，以逻辑和社会责任感为基础的存在关切决定问题意识的永久在场和不懈探寻，被方法论反思所确认的认识方法的个性观念必然提醒认识主体审慎而科学地选择处理特定认识任务的思维方法。这些影响学术研究的观念要素可以被概括为学术理念，对它们的认真反思和清晰描述有利于提升中国的哲学原创能力。

思想语境涵养认识活动，为其提供认识资源，支持特定思想发生的可能性，因为任何已经置身于认识发展史之中的认识主体，被认识的历史进步要求和思想构成的逻辑规则所决定，已经不得不扎根在知识的历史积累中。直观地理解，认识主体相对思想语境具有被接受性，是一个偶然的社会归属事件，即被个体的生存命运所注定。在越是狭小和原始的社会历史空间内，语境的强制给予性就越强。但是，在学术国际化的条件下，可资作为认识资源的知识已经大幅扩张，相对于有限的具体认识活动所需要的有限认识资源，语境成为可选择的，主体因而获得相对语境的自由，即选取和接受哪些认识背景作为自己的认识前提成为一种主观截取事件，并不再简单地被生存环境所决定。显然，语境对于思维并不是中性的，不同语境具有不可通约的特殊认识效应，它将深刻影响认识的方向和命运，可以称之为语境效能。因此，语境意识不可丧失明察与智慧。

作为主体实际认识前提的有效语境，是认识主体与认识发展史之间所发生的主观思想关系，即是一种在特定认识活动中采集以往社会观念和知识的思想操作事件。一个容易掉入的陷阱就是，极其自然地误把自己的社会关系、文化关系等自然归属关系，当成不可规避的思想关系归属，放弃思想关系的自由选择权利而顺从自然命运，甘当语境奴隶。比如，认为我是中国人，就得接受中国哲学思想为合法语境。语境效能现象提示认识主体必须保持语境选择的自由身份，充分利用学术国际化所带来的丰富语境资源，努力寻找和选择与自己认识任务相匹配的语境。如果不加反思和批判地被动接受一种传统的语境理念，封闭语境游动空间，那么就会人为地阻隔一种甚至多种可能的思想发展机会，自绝于学术创新。需要特别指出，本土语境是一种可能的选择，对于特定研究也许是一种好的选择，但仅此而已，不可再向前发展为"主义"，即偏离语境效能的训导而普遍地主张语境本土化。放弃语境本土化而坚持语境开放态度，是科学的学术理念的基本要素。

学术兴趣并非个人任意的主观偏好，研究方向的选择会受到社会的影响。如果一种学术理念把认识的宗旨确定为实用，那么人们就会致力于技术性的和有特殊实效的研究；相反，如果确定为理论，那么抽象的普遍原理就会成为追逐目标。热衷于经世致用是中国哲学的传统，[1] 应当说它本身没有错，但将其片面地设定为学术的绝对目标，就会走向谬误。形而下学问的兴旺和形而上学问的惨淡形成鲜明对照，已经映射出中国哲学传统在学术宗旨设定上的残缺，应该加以弥补。须知，唯有在健全的学术宗旨意识下，才会有哲学的真正繁荣。形而上追问为形而下设计奠定更浓厚的底蕴，开辟更大的空间，增添更多的内容；而形而下需要可以激发更多的形而上追问，诱导其发展方向。对存在原理的理性理解要求在知其然的形而下研究与知其所以然的形而上探问之间架起统一桥梁。失去形而上追问的形而下设计只能停步于经验主义的肤浅层面而与科学失之交臂。如果不是有西方科学被哲学所孕育和推动的范例，中国的这种遗憾或许永远被尘封于无意识之中。相反，脱离存在制约的形而上追问会蜕变为理智的幻想，失去作用于存在的可能性或者造成对存在施加错误的干预。哲学的疾病和危机发生于二者间平衡的丧失。因此，治疗哲学需要具体的诊断。根据历史和现在的哲学状况，在中国发生的对形而上学的批判和戒备是对西方哲学依附关系的进一步表现，即自己跟随西方哲学的过度形而上学病痛而无病呻吟。实际上，中国的哲学思维应该补充理性精神，克制经验主义习惯，探索将两种认识恰当联合起来的认识机制，培养平衡控制的敏感性。当务之急在于，树立知识结构的健全模式意识，以此诱导对认识宗旨的反思和重构。对中国而言，任务不是治疗形而上学过枉症，而是追赶合理的形而上学，释放理性认识的潜能。对普遍原理的追求精神，恰好切中哲学的知识形态，必然开放出广泛的哲学创新可能性。

关于认识价值的命题因其判断参照点的主观性而在历史上呈现多元并存形势，但不能因此默许认识价值的相对主义。也许，不同的认识价值判断之间可以对峙，但不同的认识价值观念却会把认识导向不同的方向，使之遭遇不同的

---

① 参阅崔平《原创讲席的缺失与中国学术创新的不足》，《社会科学战线》2013年第1期。

发展命运，表现出不同的认识效能。如果认为满足人的求知欲是认识的价值所在，那么就会有精神的自由驰骋，出现为知识而知识的纯粹学术冲动，释放出广泛的探索可能性，在审美愉悦的伴随下无限地构造知识世界。如果认为满足人的生活需求是认识的根本价值，那么就会有工具理性的发达，器物之学兴旺，技艺控制知识迭起，抽象关怀退隐，技术抬头而科学衰弱，哲学作为最具抽象性的学问，必然淡出视野。如果认为回答人生意义，提升人生境界是认识的重要价值，那么工具理性则被贬斥为"奇技淫巧"，认识必然指向人本身，自我理解和发现成为主流。如果认为认识的价值在于创造人的自由，那么对世界的普遍存在原理的追问就会提上议程，理论创新成为日常表现形式，不论采取何种视角，哲学都必然最终现身并占据神圣地位，因为前提批判冲动内在于这种求知本性中，而哲学因与其存在结构的同一性被迫充当终结者，无可推诿。如果极端地认为知识无用，那么认识热情自然退却，思想创新便落得一片死寂。如果把认识价值的参照点从人转到上帝，那么知识或将像圣经所说就是人不该吃的"禁果"，是人背离和不断疏远上帝的祸根，因为在无限的上帝面前，人的有限认识总会蜕变为背离行动。在诸多认识价值判断中，唯有把知识本身设为目的的"为知识而知识"的观念没有为认识活动设置限制，最大限度地鼓励和开放思想创新事业。恰恰在这个视角上，中国文化传统有所欠缺，当代中国应该着力补充一种纯粹知识精神。

对认识使命的社会理解直接规范个体的认识活动，使之产生对特定认识对象的认识兴趣。最抽象地区分，认识的可能对象有存在与文本之分，或者说初级与次级之分。存在是认识的原始对象，文本作为人的认识结晶从知识角度看也需要后人的再认识。但是，两种认识具有完全不同的认识性质，前者是创造或者说发现，后者是学习或者说诠释。如果把认识的使命确认为存在，那么社会认识自然就行驶在创新的轨道上。如果确认为文本，那么就会脱离创新轨道而陷入因袭。因为，纯粹的文本诠释只是对文本内在内容间意义关联的重新勾勒，没有新思想的发现功能。即使那些在文本原有的知识结构上有所拓展的文本研究，也与原创这种最高思想创新形式无缘，而原创以最激动人心的力量开辟认识时代。① 把文本作为认识使命违背认识的自然天性，是一种特殊文化压力所造成的畸形认识观念。之所以文本能够替代存在而成为首要的甚至是全部的研究对象，是因为文本被强制规定为最高真理，从而使之获得神圣地位，造成社会性的文本崇拜。"述而不作"信条就是这样一个历史事例。从文本返回

---

① 参阅崔平《哲学史研究不是本真的哲学研究》，《学术月刊》2008 年第 4 期。

存在才能解放创新兴趣。①

"忧之殷殷"而后"思之切切"。存在所敞开的无限深奥具有激起人们忧思的力量。对存在的无知的自觉把理性置于被存在抗拒和挑战所引发的不安意识之中，理性的本能反应便是以自己的思维力量沿着"问题—知识"路径逃脱不安。因此，关切存在与问题意识仅仅是一种转义关系，形影牵连。存在是问题的源泉，只要对存在怀有关切之心，问题意识就无限开放。反过来，偏爱挑战问题的人，也自然会走向存在。面对存在，有经验直观化的生活提问，也可以有奠定在特殊文化基础上的理性所作的逻辑提问。生活提问可以升华转化为逻辑提问。两种提问的认识前途不同。对生活提问的直接回答产生实用对策，而对逻辑提问的严格回答导向普遍理论。② 因此，为哲学的创新计，必须克服简单的生活提问而努力发出逻辑提问。这也许正是中国哲学传统的不足之处。但是，对于中国的哲学创新事业来说，更需要克服的是文本依恋，因为文本作为思想秩序的成功制造，其间的问题空间已经所剩无几。要让哲学有所创新，就必须具有强大的问题意识，而不能固执地埋头于文本之中，否则不可能做出惊动世界耳目的哲学贡献。

回归哲学的本真领地之后，方法就是创新命运的决定因素。但是，在中国，一个"殊途同归"说辞便把方法论反思轻松抹掉。理解和宣传的标准取代理论创新的学术质量而成为认识方法的选择指南。自然结果是，随人情之波而逐经验之流，趋易避难的心理决定"平易近人"的经验思维得到青睐。在"殊途同归"观念下，简明易解和平浅近人的方法自然合法地得到价值评价上的优先序位。然而，这一切都经不起严格的方法论反思的批判。

方法不是认识上没有效应差异的中性物，而是表现出强烈的认识个性，不但向认识内容和形式提出自己的特殊要求，包括认识的起点、过程和论断的逻辑性质，而且直接影响认识的结果和效率。一个必须首先消除的误解就是方法仅仅涉及作出特定论断的过程，而不影响认识结果，因而可以根据主观爱好任意选择方法。事实是，认识操作环节所表现出的认识论属性和逻辑属性必然传递到论断，方法按照其展开形式而预定某种认识结果的性质，直接赋予它的真理性以特定规定。比如，演绎方法确保论断的形式真理性，归纳方法则在逻辑上永远向论断的修正开放。比如，综合方法保证认识论断的

---

① 参阅崔平《哲学格调的中国提升：从文本走向存在》，《江海学刊》2009 年第 1 期。
② 参阅崔平《生活提问与逻辑提问》，《北京师范大学学报》（哲社版）2007 年第 4 期。

完备性和普遍性，而分析方法则在逻辑上可以设想论断的偶然性和残缺性。①方法按其对认识历程的特殊规定而涉及参与认识的内容，或者说决定认识过程所遭遇的存在内容，从而必然影响论断内容本身。因为，在方法对认识操作的要求中已经决定认识的必经路径，而路径在逻辑上必须由特定内容来实现。论断内容来源于参与认识过程的特殊内容，因此绝不可能用不同的方法得出完全相同的论断。所谓具有互逆关系的成对认识方法之间的差别并不是以相反序列经历认识内容，而是由完全不同的内容构成。方法按其对认识的逻辑性质的规定及其相应的内容发展秩序的形式设定，必然对认识起点提出特殊要求，从而影响认识的发展前途。在方法的这种前认识约束下，能否发现恰当的起点就直接决定认识能否正确地启动。比如黑格尔说，做哲学并不难，难的是找到起点。以此而论，归纳方法易为，演绎方法难做；分析方法以其起点的经验性而享有启动便利，综合方法则因起点的逻辑普遍地位要求而寻觅艰难。

所谓认识效率，就是认识发现的能力，包括认识的速度、力度和深度，以及认识结果的符合性、有效性和精确性，它反映认识发掘存在原理的可能性和水平。认识方法对于认识论断的产生并不是中性的，而是一种发现工具，不同的认识方法具有自己特殊的认识效率，互相存在比较优势，先进的认识方法能够相对提高认识发现的数量和质量。②认识方法规定了认识的展开形式和结构，而要完成对它的现实构建必然要求相应的特殊内容，因而可以推动认识向方法所要求的方面和纵深发展，并显现认识内容的欠缺，诱导和逼迫寻找能够添补形式空位的内容。另外，认识方法的内在逻辑性质也向认识提出认识内容的填充标准，即其属性须与之相匹配，不能损害认识方法所内在规定的认识有效性等级，比如在演绎方法中就不能中途随意插入经验内容。认识方法是刺激和约束认识的手段，被认识目的所逻辑地决定。在特定的认识过程中，方法警告思维所不能偷吃的"禁果"，同时也抽象地告知所应知，即使其知所不知。③不仅如此，方法还原始地规定思维提出问题的可能性，它定义问题、推出问题、评价问题，从而决定被接受问题的面貌。④更为重要而经常被我们所忽略的是，方法规定了特定的论证过程，在知识论上看，这种论证的功能可能不仅仅是用旧知识对一个新论断的理解性说明，而有可能附带

———————

① 参阅崔平《康德伦理学的方法论缺陷》，《哲学研究》2007 年第 9 期。

② 参阅崔平《从诗性走向方法》，《河北学刊》2004 年第 4 期。

③ 同上。

④ 参阅崔平《方法的哲学效应》，《河北学刊》2003 年第 3 期。

巨大的创新功能，即有时它是必须努力通过首先发现更高原理才能完成的事业。

哲学在中国所呈现的思想因循状态显示中国人天生哲学智慧的不良后天发育，其根源就在于方法蒙昧。① 一直以来，经验主义甚至体验主义在中国人的哲学思维中占据主导地位，那种无拘无束的诗性思维备受推崇，而面对理性逻辑思维的方法约束心怀反感，其后果被认识中的"经验引力"② 所束缚而难以挥洒思维的自由神采，导致认识眼光不能超越古人，遂生崇古之情，放弃对前贤的反思和批判，接着又掉入"思想史引力"③ 之中。于是，不仅创新自难涌现，而且就连创新冲动也被压制，把哲学史研究误认作哲学研究本身，文本代替存在而统治哲学园地。世代相传的创新观念就是解释范畴下的"返本开新"，封闭了哲学飞跃和革命的可能性，缺乏思想创新中的原创和继发创新区别意识，有意在模糊中粉平与异国哲学创新的性质差异，以达到自我辩护并自欺式地实现心理平衡。中国要想争得世界的哲学话语权，就必须首先实现哲学研究观念的觉醒，认真面对本然的原创标准④，树立学术范式分化意识，创造导向原创的存在研究和传承文明的文本注释协同发展的学术生态。为策应和落实这种哲学战略，必须对能够刺激思想创新的认识方法进行启蒙，全面反思大到认识方法分野，比如经验主义与理性主义，小到具体思维方法之间本质差异的方法论问题，以开放的心态接受世界哲学的方法文明，引进和选用不同的认识方法。其实，方法仅仅是认识的工具而非目的，利用什么工具并不改变认识成就的主体归属，更不意味着投降和屈辱。大体可以确认，整个西方哲学史贯穿的是古希腊理性精神，西方哲学的发展也呈现出哲学智慧火炬从一国到另一国的历史漂移。试问，其中有哪个国家或民族不正是在这种哲学创造中确立了自己的哲学话语权呢？一个现象可以直接解除导致方法壁垒的心理魔咒，此即西方哲学认识圣果的命名："古希腊哲学"、"德国哲学"、"法国哲学"、"英国哲学"、"美国哲学"。中国要做哲学大国，就必须在自己的民族性格中多推崇大智慧，少残留小心眼。

---

① 参阅崔平《方法澄明与思维效率》，《东方丛刊》2003 年第 4 辑。
② 参阅崔平《原创理性：超越经验引力和思想史引力》，《江海学刊》2013 年第 1 期。
③ 同上。
④ 参阅崔平《与流行原创观念的对话》，《社会科学战线》2011 年第 1 期。

路漫漫：从中国哲学话语到中国哲学话语权

话语是单纯的思想事件，能够简单地被思想创新充分而独立地确立。但是，话语权是复杂的社会交往关系现象，从话语到话语权必须走过由知识社会学规律和社会心理习惯所构成的桥梁。作为一个社会关系，话语权直接表现为对话语主体的尊重和倾听态度，承认其话语权威，预设其认识真理的可能性。而这要靠对话者关于话语主体的以往经验性印象来确立，与心理习惯的形成相联系。因此，唯有在创新话语的不断喷涌所造成的思想冲击中才能获得话语权。如果把话语主体确定为"中国"，那么其对象就具体化为中国这个"群体灵魂"①。虽然知识社会学已经提示出话语的地位还与其他诸多社会因素相关，比如话语主体的政治、经济、文化等力量，但学者义不容辞的使命在于努力增强话语本身的影响度，不仅要有创新话语，而且要有更多的创新话语，更高的创新话语，在创新话语质量的持续积累中争取给世界留下更深的印象，展现出强大的群体灵魂。质言之，不能希望单靠一个创新话语就赢得话语权，而必须通过厚重积累那严格意义上的哲学史即由创新构成的哲学史②来争取话语权。考虑到中国哲学话语权记录的历史和现状所造成的不良话语地位本身就需要一定力量的创新话语来扭转，这种话语积累要求更加强烈，需要以更大的话语总体分量推动哲学世界形成尊重中国的习惯。

个别哲学天才的横空出世虽然可以设想，其智慧可以为话语权的奠基降落一块巨石，但形单影只也只能是旷野孤鸣，必然被归结为偶然事件，像流星一样挽不住一片明空而让黑幕重新垂下。群体灵魂的塑造尽管以大师为表征符号，但少不了众星的共同闪耀。能够确立哲学话语权的是作为社会现象的众多哲学创新活动，是连绵的创新哲学史。而要提升哲学创新到社会化水平，使之摆脱个体兴趣限制，从而具有一种精神必然性，就必须利用必要手段营造适宜的外部社会学术环境。按照知识社会学的理解，切入点就是普遍倡导哲学创新行动，调整学术评价标准，塑造学术交往关系的合目的模式。

提到哲学创新，中国所面对的最大障碍就是自卑乃至信心丧失殆尽。如果

---

① 马克斯·舍勒：《知识社会学问题》，艾彦译，华夏出版社 2000 年版，第 62 页。
② 参阅崔平《"历史"的本真含义与哲学史人物的选择》，《河北学刊》2013 年第 6 期。

说在"轴心时代"中国曾经有过原创哲学,那么也是后继乏力。屈指就是几千年,创新经验已经随时间之流远逝而变得依稀,几近遗忘。久违之后,中国已经对哲学创新产生莫名的文化陌生,不相信自己能够有所作为。坊间悲观地预言,二三百年之内中国都不会有哲学家出现,靠谱的做法就是进行文化积累即学习、消化和跟随哲学史。这种心态的谦虚外表容易赢得道德色彩的迎合,同时其简单理由也能引起一般人的直观认可。但问题恰恰在于,在这样一个事关国家学术前途和地位的重大决断的沉重分量与作出决断的理由的科学性要求之间相对不平衡,显得过于轻率。须知,一方面,思想创新具有极大的偶然性,既涉及个体精神个性,也涉及从思想材料到思想创新之间不可逻辑预断和把握的认识飞跃,因而怎样的思想史积累可以自然转化为思想创新不可判定,甚至缺乏思想史积累或充分的思想史积累是否就必然不能发生思想创新也不可断言。另一方面,从认识的逻辑规则看,归纳历史根本不能告知未来,绝不能把对中国人过去哲学创新纪录的失望情绪习惯性地延伸到未来几百年。如果科学地面对思想创新的偶然性,那么理性的慎重做法便是不作独断而开放思想创新的可能性,努力倡导哲学创新而以好奇之心翘首思想世界的地平线。十年,五十年,二百年皆戏言,贵在躬行。哲学创新的偶然性给予任何民族的创新信心以诚实的鼓励和对创新满怀希望的充分理由。在此,中国人可以分享一下德国哲学史,在康德之前,这个今天被我们称为善于思辨的民族有过真正的或者重要的哲学创新吗?当时有谁预言康德将登上哲学史的巅峰?细思量,唯有放弃无聊的揣测,勇敢地投入到哲学创新的社会化行动中而展开与偶然性的博弈,才能自我主宰哲学创新的命运,庶几捕捉到那美丽而不定飞舞的智慧萤火虫。

关于哲学创新的社会动员不能止于鼓励个体树立对民族创新能力的信心上,还要进一步利用学术评价诱导已经踏入哲学领域的学者坚定创新决心。如何分类学术成果,如何定位学术成果,如何对待学术成果,直接触及学术研究的社会生态环境问题,牵动激发还是冷淡乃至压制某种学术研究热情的社会刺激因素。

在一个学术成果分类意识黯弱的社会必然将不同类型的研究活动混为一谈,忽视对学术研究社会分化的提示。身处其中的学术研究个体由此就会缺乏方向感,不能根据自己的兴趣和志向正确选择所应从事的研究。发达的学术评价体系必须首先分离不同类型的学术研究,并认真反思它们各自的特点和认识要求,指明它们的不同研究条件,包括知识基础要求、智力类型要求等。此外,还要分析它们之间的关系,划定研究界限。学术研究分类向人们提供的是

"学术菜单"，每个人可以对照自己的才能从中选择对自己来说可承担、有前途的研究任务。对于中国来说，创新研究和文本解释就是要着力解决的学术分类问题。显然，二者具有根本不同的性质，但在文本解释传统长期支配下的中国，还缺乏积极对待和正视二者差别的认识论反思活动，以致至今分化意识模糊。这不利于把哲学创新提升为学术主题。混淆不同研究的智力类型会造成一个错误的社会期望，即认为哲学史研究可以自然通向哲学创新，从而把哲学创新的希望目光不知不觉地投向哲学史家。中国哲学创新成就的短缺就是对这种错觉的训示。

仅仅作出具体的学术研究分类，对于激发哲学创新以获得中国哲学话语权的运动来说远远不够，还必须针对不同研究类型进行认识论的、心理学的和劳动价值的理性分析，给予它们以科学的学术地位定位，清晰地描述各自的智力形式、心理过程及其心理品质、劳动强度及其风险。显然，创新研究与文本注释在这些方面都具有不同的特点。不区分各种不同性质研究之间的智力类型和劳动差别，从而也就无从有差别地科学肯定不同研究。其后果为，其中具有更大艰难性的研究就会遭到研究主体的有意回避，造成相关研究的社会性萧条。在中国，哲学创新研究在某种程度上就已经陷入这种社会处境。"创新难，有一点儿创新都难于上青天！"这是人们私底发出的带有望洋兴叹意味的感慨。但是，在学术评价活动中，在重视创新的口号下我们又没有真诚地认真展开对创新的鉴定，不分析创新的类别和层次而笼统地敷衍以创新之名。这种学术环境使学术群体或者眼朦胧，或者心灰冷，或者意慵懒。要竞争哲学话语权，就不能再吃这种"学术大锅饭"了。

根据对不同学术研究类型的认识评价，应该进一步作出相应的社会评价，制定差别对待的社会方式以便把社会激励落到社会现实层面。不同类型的学术研究各自具有对学术的特殊贡献，互相联系，原创性成果需要传播和继承，继发创新研究在发掘已有理论的知识潜力，文本研究在传承文明并进行文明的记忆。它们构成学术的有机生态，共同支撑起社会学术大厦。但是，这不意味着可以在社会评价上采取相对主义或者暧昧态度。相反，必须客观地分别给予它们不同的学术称号，赋予它们以不同的社会学术地位。三者之中，唯原创最为艰难，应该被推上学术评价制高点。要区分哲学家和哲学史家，而哲学家中之上乘者为原创大师。中国哀叹学术大师的缺位，其实首要的问题是先弄清什么样的人是真正的学术大师。在模糊的大师观念下，自然会使人或者不知所措而丢失奋斗目标，或者投机取巧而欺世盗名。不论如何，都将深深损害中国的哲学原创事业。要激励中国的原创学术，加速哲学话语权的竞争步伐，就必须正本清源，在清晰的学术地位内涵下构建健全的学术荣誉框架，用实取名，规范评价，创造科学有序的礼遇制度。名立而后求贤，实至而后名归，予取有度，智愚泾渭，偌大中国，何愁勇士，又何患圣人不再？

学术研究水平状况牵连学术交往关系的模式，思想生产与学术的社会环境密切相关。没有人否认学术思想需要交流，但交流模式的影响未必引起高度关注。按照柯林斯的学术仪式理论，交流什么（神圣客体）、怎样交流（交往规范和相互作用形式）、交流网络（参与互动者之间的关系和结构），直接决定着学术面貌和水平。特定的学术仪式激发特定的研究热情和研究效率。因此，要提高中国的哲学创新能力，就必须搭建专属于创新研究的学术仪式舞台，构造有利于学术创新的学术交流方式。简要地说，就是建立以原创大师为关注核心的学术交流网络，以存在问题为互动关切内容的交流主题，以自由辩论为形式的交流机制，以自由竞争学术网络地位为调整原则的动态的学术仪式管理规范。比照这样的学术生活社会关系模型，中国的学术交流传统存在许多有待改进之处。第一，在传统宗法社会关系影响下所建立的以师生关系链条为依托所建立的学术交往等级规范不再适用，在其中，占据交往网络核心的是自然形成的"宗师"，而在创新学术仪式中要随机地由做出最大创新学术成就的人所占据，而且其地位的保持承受着巨大的竞争压力。第二，交往主体的确定方式有所变化。在中国的传统学术交往中，由于社会名利的追逐挤压学术独立性，降低了纯粹的追求真理的热情，所以一个特定学术交往体系的关注主题被官僚式地由交往体系内占据话语权特殊地位的人所指定，难免要沾染主观随意性和个体兴趣的偶然性，并不一定能捕捉到现实存在。而在创新学术交往仪式中，问题在交往网络中是开放的，任何人都可以提出问题而与他人分享并受到平等对待，不同问题沿着交往网络扩散和竞争，被人们普遍感到具有更大重要性的问题自然占据交往主体地位。第三，交往关系的性质不同。在传统的中国学术交流模式中，参与交往的人互相之间要受到学术思想之外自然形成的学术辈分次第的约束，话语者的身份干扰话语本身的重要性的显现，因而在交流中潜在社会势力的压力和扭曲，包含真理认识的非纯粹性。而在创新学术仪式的交流过程中，要抛弃非思想因素而去压制化，实现纯粹的思想交往，话语的重要性听凭思想本身的分量和感染力来确定，可以说是一场假面舞会式的匿名对话，在其中，可以识别身份的肉体遭到隐性处理，所能感受到的只有表达真理的空灵的声音。第四，参与交往过程的思想的社会命运具有不同主宰机制。在传统的中国学术交流中，权威崇拜有余而挑战风气不足，一个思想的真理性确认受到社会外在因素很大影响，有时呈现权威或者说权力独语而万夫喑声的局面。而在创新学术仪式中，逻辑取代权威或权力而独立承担判定真理大任，人们必须凭借自己的理性而对一种思想作出逻辑审查，倾听内心的逻辑声音而投下神圣的选票。

总之，原创哲学成果的社会生产不简单的是天才们的个人壮举，相反紧密依赖特殊学术氛围的社会构建。一个为哲学创新而作出有效社会动员的民族，才能在创新思想的优质快速生产中逼近哲学话语权。因此，就中国哲学话语权是中国人大量原创哲学话语积累的世界效应而言，要实现从话语到话语权的过渡而最终成就中国的哲学大国梦想，必须有决心改造自己的社会学术环境，有毅力跋涉漫漫长路。而拥有话语权之后的中国哲学创新，必然更容易被实时关注并尊称为"中国哲学话语"。

（作者单位：西南政法大学马克思主义学院）

三　政统·文明

君子和而不同

——全球化时代多元文化间政治共识的可能性

王南湜

由于人类起源或发展路线的多样性，以及人类精神创造的不可限定性，人类文化的多元性便是一个不可避免的事实性存在。但这种多元性在以往诸文明相对封闭的时代，并未成为一个人们不得不认真对待的问题。如果这种多元性只存在于各个相对封闭的文化外部，那么，对一种文化来说，这种多元性就还只是潜在的，而非现实的。在一种文化内部，其实仍是一元的。而只有在全球化的今天，由于交往的普遍化，各种文化汇聚在了一起，其间的差异和冲突才凸显了出来，多元性才成为一个人们不得不正视的生死攸关的问题，即如何能够在多元文化条件下达成人们共同生存所不可少的合理秩序，以及支撑这种秩序的某种程度的文化共识。而对话无疑是达成共识之可能手段，这样，便有了多元文化条件下的对话之需求。尽管自 20 世纪中期以来，人们就不断地宣称，当今时代是交往与对话的时代，但这些吁求似乎并未收到预期的成效，进入 21 世纪以来，这个世界并未变得更秩序井然，更为和平稳定，而是仍然充满着骚乱与不安，尚未过去的全球性金融危机，更是给人们的希望投上了一层浓厚的阴影。因此，我们似乎应该检讨一下多元文化条件下通过对话达成政治共识的可能性。而为此目的，本文意欲避免以往有关讨论中过于笼统的文化概念，而将文化做某种层次性划分，以便能够恰切地描述不同层次文化的功能与性质，从而能够更好地描述对话可能达成的效果。

一

本文所说的文化是指狭义的精神文化，并将此种文化划分为理想性文化和实用性文化两个层面。这一划分方式源于李泽厚先生将道德划分为社会性道德和宗教性道德两个层面，笔者只是将这一划分略加扩展，推广到整个精神文化

— 115 —

而已。

一般认为，精神文化的核心是价值观念。而所谓价值，非指某种现成之物，而是一种被选择的可能性，即拥有自由选择能力的人为自己生活所确定的方向或目的，由此方向或目的，人的全部生活也就获得了一种意义。这样，人的生活也就获得了不同于其他动物的超越性维度。就此而言，我们可以把价值理解为生活的意义。人类生活大致可划分为经济、政治和精神文化三大活动领域，因而，生活的意义或价值也就有关于经济、关于政治和关于精神文化自身的三种。既然经济与政治生活是一种现实的生活，因而关于经济和政治的意义或价值便是现实生活层面上的意义，而关于精神文化自身的价值则是理想生活层面上的意义。生活的意义，不论是现实的还是理想的，都是属于精神文化领域的，因而，精神文化自身也便包含了两个层面：现实性文化和理想性文化。

人类创造出生活的意义，其根本目的并不是为了冥想或有趣好玩，而是为了规范自己的生活，使之提升到一个超越于其他存在物的层面。换言之，生活的意义或价值，无非就是人们规范自己行为的准则。人的活动不同于动物之处，在于人能够进行有意识的选择，肯定某些活动而排斥另一些活动，或者说认定某些活动为有价值的，而另一些活动为无价值甚至负价值的。人类对生活意义的需要首先是对于现实生活意义的需要。人类的生物性决定了人类生活首先只能是一种受外部环境和人自身条件制约的有限的现实生活。这种现实性不仅表现于人与自然的关系上，亦表现于人与人的关系上。在人与自然的关系上，人首先把物质交换关系视为首要的关系，把外部自然首先视为物质生活资料的来源。在人与人的关系上，为保证生物生命存在的社会秩序，亦成了首要的考虑。这意味着生产物质生活资料的经济活动和生产社会秩序的政治活动在人类生活中是在更大程度上受限定的。虽然经济活动与政治活动作为人类活动是人类自觉地进行的，是在某种可能性空间范围内可选择的，但是，这种选择是极大地被限定的。在经济和政治生活中，虽然人们可以作出抉择，但这种抉择却一般地不可能达致完美，而只能是在各种不完美的可能性之中的选择。这种不完美性既然是为人类生存的现实条件所决定，那么它便是人类所不得不接受的东西。但是，人类所拥有的语言符号能力使他又能够借助于象征作用而超越这种现实性限制，而指向一种完全自由的境界，不受任何现实条件限制的理想境界，并把这一理想境界作为其现实活动所指向的终极目标，从而使现实活动以由此获得一种超越了直接当下的意义。这样，人类生活对于意义的需要便有两个层面，一个是对于现实生活意义的需要，另一个则是对于理想生活意义的需要。生活意义的两个层面决定了人类价值亦有两个层面，前者可称为现实性或实用性价值，后者则可称为理想性价值。前者是一种有限的、相对的生活意义，后者则是一种无限的、超越的生活意义。换言之，前者是为人们的经济、政治等现实活动提供直接意义，是现实活动的意义，后者则是为这种意义提供意义，是意义的意义。

既然文化是分为两个层面的，且两个层面之间有着显著的不同，那么，当经济活动走向全球化之时，对于两个层面的文化的影响也就有可能是不同的。在这种情况下，我们便不能一般地、笼统地谈论经济全球化时代的文化，而是应当至少把两个文化层面分析开来，分别考察它们在经济全球化条件下的可能变化趋势，以及这种变化趋势对于通过对话达成文化共识以及政治共识的可能限制。

二

我们需要先行考虑经济全球化的发展到底给社会生活带来了什么样的后果。就其对国家与市场之间平衡的根本性影响而言，经济全球化造成了两个十分重要的后果。其中一个是由经济全球化的发展将导致逐步形成一个全球市民社会。此处"市民社会"一词取自洛克、黑格尔、马克思传统即泰勒所谓的"L流"的用法①，即指一个经济生活中互相依赖的"需要的体系"②，而不同于现时流行的源于孟德斯鸠传统即泰勒所谓的"M流"的用法③。就此而言，跨国公司的发展显然在经济全球化中有着特别重要的意义。正是这种产业资本的全球化，最终造成了一种不同于民族国家间之国际关系的直接的全球性市民联系或经济关系，而这对全球范围内政治秩序的形成不能不产生重要的影响。在不存在直接的市民联系或经济关系的情况下，全球社会秩序的形成便只能主要依赖政治活动的作用，特别是依赖国家力量的均衡乃至军事霸权等形式。如果我们比照民族国家内市场经济化的情况对此加以推论的话，可以得出如下结论：在经济全球化的条件下，由于全球范围内分工与交换的高度发展，原本相互分离的各个民族国家和地区的人们之间亦由此而建立起了一种互相依赖的经

---

① ［英］泰勒：《市民社会的模式》，《国外社会学》1994 年第 2 期。

② ［德］黑格尔：《法哲学原理》，商务印书馆 1961 年版，第 203 页。

③ 参见里斯本小组《竞争的极限——经济全球化与人类的未来》，中央编译出版社 2000 年版，第 26 页。

济纽带关系，市场这只"看不见的手"也将在全球范围内使经济活动直接构成一种保证社会秩序的整合力量。这样，就有可能在此基础上建立起一种不同于全然凭借力量均衡的"自然状态"的新的全球秩序来。当然，经济全球化反过来亦要求政治活动为其提供必要的保证和规范。

但经济全球化在通过全球市民社会提供一种建构秩序力量的同时，却也产生了另一个重要后果，即弱化了民族国家的再分配能力，"破坏了一度得以实现的社会福利国家妥协的历史局面。而社会福利国家妥协即使不是解决资本主义内在问题的理想方案，也能够把它所造成的社会代价维持在可以容忍的限度。"① 社会福利国家妥协涉及对于自发的资本逻辑的驯化，而其危机则使得政治的合法性成为可疑的。而对于这一问题的解决，显然需要一种新的跨民族国家的政治行动。但问题是这种新的跨民族国家的政治行动有可能出现吗？这是需要人们认真考察的。

如果我们回顾一下近代经济的发展过程，就会发现，从某种意义上说，经济全球化自市场经济登上历史舞台以来就已经开始了。资本主义，或者一般地说，市场经济，按其本性来说，就是一种趋于冲破任何地域限制而无限地扩张其领地的力量。一部市场经济史，也就是一部市场的扩张史，一部作为一种特殊的市场经济形式的资本主义的扩张史。但无论如何，这一全球化趋势在以往的经济生活中并未居于主导性地位，经济生活的重心，由于民族国家间的对立，一般而言，仍保留于民族国家的范围内。只是在近几十年以来，经济全球化才迅猛地发展起来并显示出其重大后果来，特别是最近十多年来金融危机的接连爆发，经济生活的全球化才真正显示出其对于社会生活的影响，特别是显示出了其所具有的巨大的破坏性力量的一面来。经济全球化所包含的破坏性力量的显露表明，当市场经济走向全球化之时，当人们之间的交往达到一种真正的"世界历史"尺度之时，人类的行为方式也就发生了一种根本性的变化。这种新的行为方式不可避免地要求一种与之相匹配的新的规范方式，而在步入经济全球化时代的今天，人们却还没有发明出一种与之适应的规范方式。诚然，迄今为止，人们已经建立了为数不少的国际组织与机构，以便协调跨越民族国家的交往行为。但是，由于这类组织或机构缺乏像民族国家那样的合法权力，因而实际上并不能起到有效的规范作用。这种情况表明，在交往范围极大扩张的今天，有效规范方式的短缺，已成了一个制约交往水平进一步发展的严

① ［德］哈贝马斯：《超越民族国家?》，参见贝克、哈贝马斯等《全球化与政治》，中央编译出版社2000年版，第77页。

重问题。

显然，现在关键的问题是，在经济全球化的条件下，政治生活的全球化是否可能如经济生活那样广泛地实现。如果简单地从经济决定政治的逻辑看，似乎是可能的。然而，从政治发展的历史来看，政治生活的全球化却存在着难以克服的障碍。政治生活的全球化意味着建立一种类似于民族国家那样的政治权力中心，否则，要想有效地协调全球性的经济生活就是不可能的。虽然从经济发展的需要看，建立这样一种全球性的政治权力中心是极其必要的，但若是从民族国家之得以成立的基础看，这种政治权力中心的建立即便不是不可能的，也是极其困难的。这是因为，政治生活并不具有完全的独立性，它不仅受制于经济状况，而且在很大程度上还依赖于精神文化的支持。这种支持在民族国家范围内是能够获得的，而全球化则破坏了这种可能性。这当中最重要的一点是，在民族国家范围内，统一的政治生活的合法性在很大程度上有赖于基于生活世界的民族文化传统的认同感。这种认同感的作用不仅在于在民族国家内将全体人民团结起来，而且更在于在与其他民族文化传统的对比中赋予民族国家以某种保持、护卫这种文化传统的合法权力。这样，在民族国家范围内，政治生活的场域与精神文化生活场域是相适应的或匹配的，从而后者能够支持前者。但经济全球化所要求的政治全球化却从根本上缺乏这种精神生活场域的支持。这样一来，经济全球化就对精神文化生活提出了新的要求，即要求人们建立一种能够支持全球性政治行动的精神文化生活样式。这就是人们之所以急切地吁求通过文化对话达成文化共识或一致性的现实前提。

但文化共识能在什么意义及程度上达成呢？由于文化的层次性，我们必须从实用性和理想性文化两个层面分别分析之。

三

在经济全球化条件下，政治生活也被要求能与之相匹配，即建立起与经济全球化相匹配的政治规范方式。但这种规范方式却并不只是政治生活之事。它不仅涉及体系的组织机构的建立，而且更为重要的是涉及新的文化或价值观念的形成。诚然，对于任何规范而言，有效的权力机构都是必不可少的，但是，如果缺乏一般民众对于其合法性的认同，单纯的强力便不可能起到有效的规范作用。而要获得这种合法性认同，一种规范方式便必须得到被广泛认同的价值准则或文化观念的支持。这种支持对于政治规范之合法性认同的文化观念即政治文化，便是一种实用性文化。

考诸历史，我们就会发现，与交往范围的决定性扩张相应的规范方式的转变，都是以政治文化或政治价值的相应转变为必要条件的。如从农业经济时代的地域性交往转变为工业经济时代的民族国家范围内的交往，便是以近代政治价值观念，特别是以关于法治社会、个人权利、民主政治等观念的确立为必要条件的。这一观念转变的实质是，人们在现实生活中的认同对象由血缘或地缘共同体扩展到了民族国家。在民族国家范围内每一个社会成员都有平等的权利，成了一种价值共识。

那么，这种转变是怎样可能的呢？一方面，这一转变无疑是为经济生活和政治生活的变迁所推动的；但另一方面，这一转变并非仅仅由经济生活发展推动，亦非政治生活的自身完成，而是充分借助了既有民族文化凝聚人心的作用。若无此种作用，新的政治生活规范便难以达成。近代开始的统一的市场以及统一的政治生活只限于民族国家范围内，便充分说明了这一点。

现在的问题是，这种只存在于各个民族国家范围内，能够支撑统一政治生活从而支撑统一市场的政治文化，能否在全球范围内形成？如果类比于民族国家内适应于统一市场和统一政治需要的新的政治文化的形成方式，这一问题也可以从经济政治生活实际需要和文化自身的有利资源两个方面去看。从前一个方面即经济政治生活需要方面看，全球化的经济活动及所带来的问题，本身就是极为强大的推动力。因为如果没有一致的经济及政治活动规范方式，没有一致的支持这些规范方式的文化或价值准则，人类将无法应付经济全球化交往所带来的困难与风险。近年来频繁发生的金融危机便是明证。因此，从这一方面看，21世纪的经济政治生活有此种需要，在其推动下，似乎前景比较乐观。但这只是一个方面。从后一个方面看，前景似乎却不乐观。这是因为，在民族国家内匹配于统一市场和统一政治的政治文化的形成所需要的共同的民族文化资源早已发展起来，而全球范围内共同的人类文化资源却并不存在，至少缺乏实质上的存在。当然，一个民族内的共同文化也是历史地形成的，而非先天存在的。因而，似亦可以断言，全球范围内的共同文化也能够逐渐地形成。但无论如何，这种共同的民族文化的形成，是经历了数百数千年的漫长过程的，而非能够一蹴而就，因而，就短时间来看，前景并不乐观。因此，综合以上两个方面看，能够支撑全球共同政治行动的共同文化的形成，就可能是一个长时期的过程。

这样一来，在全球范围内，人们为了一些急迫的共同事务，如气候、能源、污染、恐怖主义、核威胁、经济危机等问题，会形成一些政治共识，产生某些政治协议，但由于缺乏足够的共同的文化支持，人们对这些协议的理解与执行就可能缺乏一致性，往往会出现一种条款，各自理解和各自表述的局面。如果全球性的共同文化不能实质性形成，则结果便只能是，民族国家在一个相当长的时期内仍将是国际政治行动的基本单位。而且，即使建立了共同的政治价值规范，也并不意味着利益冲突的消失，而只是意味着冲突方式的改变，即由规范框架外转移到了框架内。因此，在经济全球化和全球政治行动需求的推动下，走向这样一种全球化的政治价值共识，即达成一种全球性共同的实用性文化，是可能的，但同时，这一道路将会是极其曲折而漫长的，甚至还会伴随着新形式的暴力。

四

但实用性文化并非人类文化的全部，甚至也不是最为重要、最为核心的部分。实用性文化或价值由于是为了应付现实经济、政治生活中的问题而创设的，是受到种种既定的外部条件的制约的，因而便往往不能充分地表达一个民族的最为深层的价值趋向。而理想性文化或价值则由于并非为了现实生活而设，它便能够更为充分地表达人们的文化趣味和精神理想。人类学亲属关系研究表明，即便是像性禁忌这样普遍存在而又直接相关于人类生物性的社会规范，其文化表达或解释却是多样性的，即不同文化的性禁忌的理由是各不相同的。而这种多样性，根据蔡华教授的研究，则是根源于信仰的多样性，而信仰正是不同民族的自由创造①。就此而言，可以说精神文化价值构成了人类价值最为核心的部分，对于一个民族而言，亦构成了该民族文化的核心部分。现在，我们要问，这种理想性文化或价值在全球化条件下的趋向如何呢？它亦像实用性价值那样将有可能趋于一致或"同"吗？前面我们考察实用性的经济和政治价值在经济全球化时代走向某种齐一化或"同"的可能性的时候，所特别强调的是实用性价值与人们的现实生活的直接相关性或关联方式。同理，精神文化价值或理想性价值的可能趋向，亦在于它与人们的现实活动的关联是

---

① 参见蔡华《人思之人——文化科学和自然科学的统一性》，云南人民出版社 2009 年版，第 24—34 页、第 94—106 页。

否有异于实用性价值。

事实上，两个层面的文化或价值与人们的现实生活之间的关联是极为不同的。可以说，文化或价值的实质就是划界，划分人与其他存在物的界限。所谓赋予生活以意义，也正是通过划界，确定一种范围内的活动为有意义的，而在这一范围之外的活动则为负面意义的。生活意义也就是如此这般生活的理由。在此意义上，实用性文化或价值是一种有限的理由，而理想性价值则是一种终极的理由。在一种抽象的意义上，我们可以说精神生活价值作为一种理想性的东西，它并不直接规范人们的现实生活，而只能给现实生活的有限意义间接地提供一种终极意义上的规范理由或目标。通过这种终极目标，而将现实生活的有限意义搭接到理想的终极意义上去，使得现实生活亦由之能具有某种超越性意义。在这种抽象的意义上，两个层面上的生活意义与现实生活的关联方式亦是非常不同的。

在实用性价值层面上，生活意义直接就是对于现实生活的肯定或否定，是直接关联着现实生活的规范的东西，是直接以经济、政治等现实活动为内容的。而在理想性价值层面上，生活意义作为一种终极性的理想目标，则只是间接地相关于现实生活。如果说实用性价值层面上的生活意义是与现实生活或经济、政治活动直接捆绑在一起或直接结合在一起的，理想性价值层面的生活意义则由于其超越性而只是虚拟地与现实生活连接在一起的。一种理想性价值，对于现实生活中的人们来说，它永远只是一个理念性的"应当"，而非现实性的"必须"；它只是对于人们形而上的追问的一种满足，而非对于现实生活问题的解决。人类之所以需要一个生活理想并不是要在现实生活中按照理想的规范去行动，而只是要使自身的生活具有一种超越的意义，即通过将现实生活虚拟地搭挂于终极理想之上，以获得超越于现实的恒久意义。这样，人们在生活中也就能将这种理想性价值的目标与实用性价值的目标分别开来，不要求终极理想具有可实现性。这正如一位法学家在谈到自然法时所说的那样，自然法之对于人类，有如北极星之对于航海家，航海家之需要北极星，并非要把船开到上面去，而是要用它来引导航向。

这样，既然理想性价值与现实生活之间在这种条件下只有一种虚拟的搭挂关系，那么，一种不可避免的结论就是，当现实生活发生转变时，并不必然地要求或导致理想性价值实质性的相应变化，而只是要求一种虚拟的搭挂方式的变化，即由一种搭挂方式变为另一种方式。这就有如北极星虽然恒定，但对于处于不同方位的船只都能提供导航作用，或者说，船只方位的变化并不会导致北极星的变化。终极理想的超越性以及与现实生活搭挂的虚拟性，能够有效地防止现实生活层面的变化传递到理想生活层面。这也就是说，当人们的现实生活趋于全球化之时，虽然在实用性文化层面上可能会形成某种程度的共同性，但理想性文化或价值却不必然要发生同样的变化；对于一个民族而言，作为其文化之核心的理想性价值是有可能保留其传统特征的。

当然，理想性文化不必然发生实质性变化，不等于不发生任何变化，至少虚拟搭挂方式的变化是必要的。因为既然理想性价值的功能是为现实生活的意义或实用性价值提供终极意义，那么，在迈入经济全球化时代的时候，一个民族的理想性价值亦必须与转变了的实用性的经济、政治价值搭接起来，能够为新的实用性价值提供终极的意义支持。而这就需要对传统的理想性价值进行一种再解释工作。这样一种再解释也就是文化的"返本开新"。所谓"返本"，就是剥除一切由于种种历史的、偶然的原因而附加于文化理想之上的东西，回归到文化理想本身；而所谓"开新"，则是依据变化了现实重新创建文化理想与实用性价值之间的虚拟性的搭接、关联。这种"返本开新"之所以可能，正是由于理想性价值与现实生活搭挂的虚拟性。由于这种搭挂是非实在的、非硬性的，从而使得这种再解释的空间也是极其巨大的，巨大到既足以给予新的实用性价值以终极意义上的支持，又能够保留传统的文化理想。通过这种改变虚拟搭挂方式的"返本开新"，作为一种民族文化之核心的理想性价值或文化理想便能够适应现实生活的变化而得到保留。

各个民族精神文化或理想性价值的保留，不仅在客观上是可能的，而且在主观上有其必然性或强制性。一种理想性价值或作为其表现的精神文化，是人们为自己所建立的作为安身立命之本的精神家园。既然是自己的精神家园，那就必须具有使居于其中的人有回家的亲切感。否则，便不称其为家园。就一个民族的传统精神文化而言，它表达了该民族传统的终极生活理想。一般说来，这种文化理想形成于雅斯贝尔斯所说的"轴心时代"。这是人类历史上的特定时期，在这一时期里，各传统文化的特质基本上定型。在西方，这一历史时期即苏格拉底、柏拉图、亚里士多德和耶稣基督的时代；在中国，则是孔、老、孟、庄的时代。正是他们这样一大批"同时代人"的文化创造活动，奠定了中西方民族传统文化的理想原型。这样一种生活理想一经形成，便深深地积淀于各民族文化之中，构成该民族深层的"文化—心理结构"，具有极强的稳定性。造成这种稳定性的原因在于一个民族的精神文化只是该民族的生活理想，而不是现实的生活规范，因而它便能够超越受特定历史情境规定而不断变化的现实生活，具有一种真正的形而上的特征。这样一种经历了数千百年而绵延下来的生活理想，在人们心中的根植之深入、之牢固，是超乎寻常的，因而它就必定具有一种近乎自然的强制性的吸引力量，使得人们难以轻易将其割舍。既然数千百年来这样一种生活理想为人们提供了生活的终极意义；既然由于数千百年的长存而使人们感到它亲切得如同自身的一部分；既然任何一种可能的替代品都不能使人们感到它的亲切性，感到它是自己难分难舍的精神家园，那么，这样一种民族传统文化理想的力量便是难以抵抗的。近代以来中国文化史上的一种可称为"精神还乡"的令人困惑不解的现象，就是因为有许多思想大师在早年不遗余力地鼓吹反传统，而在晚年却一百八十度大转弯，变成了传统文化的衷心拥护者，如梁启超、严复、李泽厚等人。如果从亲切的精神家园对于一个人，尤其对于一个敏感的文化人的意义上来看，就不难体悟到他们那种想回家的心情。早年对传统的反叛是为了保种图存，而并非对文化理想的抛弃。及至晚年，遍历寰宇，见无一处能安顿自家心灵，自然倦游思乡。这种对亲切的精神家园的留恋，在每一个人那里或强或弱都是难以避免的。就此而言，一个民族文化理想的保留，在某种意义上就是必然的或强制性的。

总之，无论从客观可能性看，还是从主观强制性看，在理想性的精神文化层面，经济全球化并不必然导致各个民族理想性价值的趋向一致或"同"，而是有可能将各个民族的理想性价值保留下来。这种保留的结果便是全球化时代全球范围内各种理想性价值的并存。由于在各个理想性价值与现实生活中存在着巨大的再解释空间，这些并存的理想性价值就可能以某种方式为趋于一致的实用性价值提供各自的终极意义的支持，使得人们可能在实用性价值层面上达成一种罗尔斯意义上的"重叠共识"（overlapping consensus）①，从而发挥理想性文化的积极意义，不至于使其成为文化"木乃伊"。

五

但这样一来，就提出了一个问题，人们现今所吁求的对话到底是要达到什么目的呢？是要实现一种全球性的同一文化，以为一种全球性的统一政治提供文化支撑吗？上面的考察表明，在理想性文化层面，这种统一文化既是无必要的，也是不可能的。那么，在这种情况下，多元文化间的对话还有什么必要吗？是否有必要性，这取决于如何理解多元文化的并存，以及达成"重叠共

---

① ［美］罗尔斯：《政治自由主义》，译林出版社2000年版，第152页以下。

识"所需要的条件。

在全球化条件下，多元文化之并存并非各文化之互不相干的并存，而是以"重叠共识"之存在为条件。但要能达成一种"重叠共识"，一个必不可少的条件是各文化之间的彼此平等尊重。试想，如果一种文化自认为它高于其他文化，把其他文化都当作不发达的落后文化甚至原始文化，那么，它首先想到的便是对落后文化的"启蒙"与提升，又如何能够与之形成平等的"共识"？而要能够彼此平等尊重，一个最起码的前提便是互相理解，至少有一定程度的互相理解，以及在此基础上的互相宽容。因此，多元文化对话的目的，并非要达成不可能达成的全球性的共同文化，而是诸多元文化的一定程度的互相理解，以及在此基础上的互相宽容。这样，各个并存的民族理想性价值之间，便能够在相互宽容的基础上和平共处，甚至一定程度上的相互理解。这种和平共处以及一定程度的互相理解，不是文化间的"同"，而是文化间的"和"的状态。"和"当然不排除各文化之间互相欣赏，互相吸收之某种意义上的"同"，但不能把"同"当作强制性的目标，以发达文化自居，将其他被视为落后或原始的文化同化。就此而言，当今时代应该是求"和"，而不是求"同"，应是"君子和而不同"。因此，文化间的对话不同于科学之追求某种有效验的普世的理论。这里重要的是一种宽容，包容，而不是真假对错。

进而，君子和而不同，不仅是一种可能的现实，而且应该成为多元文化和多元价值时代对话的前提性态度，这就要求人们改变其基本的世界观，从一种普世的一元论走向一种和而不同的哲学立场。这立场要求人们至少在实践上抛弃本质主义的世界观，而取一种中国式的"准唯名论"的世界观，即把自己的文化只看成诸多生活样态中的一种，而不是视作唯一正确之真理。

（作者单位：南开大学哲学院）

现代性的构架：世界性与民族性的双重审视*

仰海峰

内容摘要： 资本逻辑、形而上学、民族—国家是西方发达国家现代性建构中的三个普遍要素，也是现代性构架的基本维度。但在每个具体国家的现代性建构中，这三个要素的轻重缓急却又有所不同。这体现了现代性建构中的普遍性与民族性的特征。中国现代性的建构，既不能无视上述三个要素，又要走出一条"中国特色"的道路。要成功地做到这一点，就要在哲学形而上的层面，实现对中国社会发展的"总体性"规划。这也是中国学术需要深入探讨的问题。

关键词： 现代性构架　民族—国家

一　现代性：概念的界定

"现代性"是当下学术中出现频率极高的词，也是有着不同界定的词，有些界定甚至是相互对立的。因此，在展开论述之前，有必要先对本文中的"现代性"概念做一个简要的界定，以便讨论的顺利展开。

根据卡林内斯库的考察，现代性是从现代一词中发展而来的。"兼做名词和形容词的'modernus'（现代）是中世纪根据'modo'（意思是'最近、刚才'）一词创造出来的……指的是'我们时代的、新的、当前的……'"[①]从而与过去对立。自文艺复兴到启蒙运动，现代开始与中世纪分离开来，对古代

---

　*　本文为 2012 年度国家社会科学基金重大项目"当今时代文化发展的新特点新趋势研究"（项目批准号：12&ZD009）的阶段性成果。

　①　[美] 卡林内斯库：《现代性的五副面孔》，商务印书馆 2002 年版，顾爱彬、李瑞华译，第18—19 页。

的、中世纪的和现代的历史时段的区分，使人们将现代生活与传统区别开来，与现代技术相匹配的、线性的、转瞬即逝的时间成为人们感知自身生活的标尺，应该说，这是一种新的时间意识，线性时间观取代了传统的循环时间观。"只有在一种特定时间意识，即线性不可逆的、无法阻止的历史性时间意识的框架中，现代性这个概念才能被构想出来。"①

在这种时间意识中，"现代性"最初的含义是对现代社会转瞬即逝的特性的感知。最著名的界定就是波德莱尔在1863年《现代生活的画家》中的定义："现代性就是过渡、短暂、偶然，就是艺术的一半，另一半是永恒和不变。"② 在这里，现代生活的眩晕感成为现代艺术的一个重要主题，并由此产生了对现代社会的激进批判，这是审美现代性的一个重要主题。与此相对应，对现代时间的感知还产生了另一种现代性的界定，即从社会进步论出发来理解现代性，把现代社会看作是一种合理性的结构，承认技术带来的社会进步。这构成了近代以来理性主义的主题，也是对当下社会合法性的认可。在哈贝马斯看来，这种意义上的现代性，在黑格尔那里第一次得到了清晰的界定③。韦伯虽然对这种理性现代性恨之痛之，但他意识到这种理性是无法阻挡的，著名的"铁笼"之说，就体现了这种无奈感。在这种理解中，现代性更多等同于以工业化为基础的现代社会。吉登斯后来在描述现代性时，就直接指出："'现代性'大略地等同于'工业化的世界'，只要我们认识到工业主义并非仅仅是在其制度维度上。"④ 他认为这种现代性有三个维度：一是指工业主义，即指蕴含于生产过程中物质力和机械的广泛应用所体现出的社会；二是指资本主义，即包含竞争性的产品市场和劳动力商品化过程中的商品生产体系；三是指监控制度。这里的监控制度，主要指在现代民族—国家出现后，通过财政和其他手段对人的控制。在吉登斯看来，这三个层面共同支撑着现代性。这也是对现代性较为全面的正面表述。

上述的两种现代性，表面看来相互对立、难以融合，但如果从现代社会结构入手，那么，这种浪漫主义的现代性，恰好构成了理性现代性的对立面，它们共同构成了现代社会的整体。恩格斯关于"诗歌和散文中的德国社会主义"

---

① ［美］卡林内斯库：《现代性的五副面孔》，商务印书馆2002年版，顾爱彬、李瑞华译，第18页。

② ［法］波德莱尔：《波德莱尔美学论文选》，郭宏安译，人民文学出版社1987年版，第485页。

③ Jürgen Habermas, *The Philosophy Discourse of Modernity*, trans. By Frederick Lawrence, Polity Press, 1987, p. 16.

④ ［英］吉登斯：《现代性与自我认同》，赵旭东、方文译，生活·读书·新知三联书店1998年版，第16页。

的批判、马克思关于"青年黑格尔派"的批判就揭示出这一问题：那些具有浪漫主义思想的社会主义者，虽然对资本主义社会提出了激烈的批判，但这种批判只是用另一种方式解释了这个社会。可以说，两种对立的现代性意识，为现代社会的发展保留了一种观念上的张力，正是这种张力，保证了现代社会的延续性，同时也为现代社会的发展提供了内在的空间。

根据上述的讨论，本文将现代性看作现代社会的指称。这种现代性是在西方发达国家率先生成的，它体现了社会结构的全面转型和思维方式的根本变更。要理解这种现代性，就需要揭示其生成条件和内在要素，并在结构化的总体中揭示这些要素的内在关系，以便把握现代性的构架。对西方发达国家所开创的现代性的理解，是我们理解后发展国家的重要参照系。

二　现代性的构架

就西方发达国家的发展进程来看，我认为，现代性大致有三个维度：即资本逻辑、形而上学与民族—国家。它们之间的相互作用以及在此基础上的整合所形成的构架，不仅为现代社会提供了坚实的经济基础，而且为之提供了合法性证明。

资本逻辑指的是资本在生产、交换、分配、流通过程中展现出来的运行过程及其社会效应。这意味着资本逻辑不仅对经济生活发生影响，而且对社会生活的各个层面产生影响。现代性的转型，首先体现为资本逻辑统治地位的确立，它标志着社会经济生活的全面转型，即现代商品经济开始取代传统的自然经济，在马克思看来，这是一种"断裂"式的结构转型。虽然在前资本主义社会也存在着商品生产与交换，但这种生产是获得使用价值，不具有社会存在意义上的普遍性；到了资本主义社会之后，生产的目的是获得商品的交换价值，满足人类基本需要的物质生产过程被为了获取剩余价值的资本生产过程所统摄，资本逻辑获得了统治地位。

在历史唯物主义的传统研究中，人们关注的是满足人类需要的物质生产逻辑，并认为将这种逻辑应用到经济生活，就可以得出资本主义的经济运行规律，或者说资本逻辑。我在《历史唯物主义的双重逻辑》（载《哲学研究》2010 年第 11 期）一文中，已经论证：这一逻辑推论并不能成立。将生产逻辑运用于资本主义社会，将会得出李嘉图社会主义者的结论，即资本不可缺，问题在于资本家。这一结论恰恰是马克思要批判的。实际上，资本家只是资本的人格化存在，是资本自我增值的工具。因此，资本主义生产过程是资本逻辑对生产逻辑的统摄过程，当资本逻辑获得统治性地位之后，就会从生产层面向日常生活、社会意识、社会结构以及理性观念层面拓展，形成了以货币为中介的全面的物化结构，这正是《资本论》中"商品拜物教"批判所要勾画的图景。这时，传统的生产方式与社会结构瓦解了，资本逻辑将以结构化的方式来建构出新的社会。正如马克思在《共产党宣言》中所描述的："资产阶级除非对生产工具，从而对生产关系，从而对全部社会关系不断地进行革命，否则就不能生存下去。……生产的不断变革，一切社会状况不停的动荡，永远的不安定和变动，这就是资产阶级时代不同于过去一切时代的地方。一切固定的僵化的关系以及与之相适应的素被尊崇的观念和见解都被消除了，一切新形成的关系等不到固定下来就陈旧了。一切等级的和固定的东西都烟消云散了，一切神圣的东西都被亵渎了。"① 现代性的转瞬即逝的"时间"意识，只有在这个基础上才能得到理解。

在吉登斯关于现代社会经济活动的分析中，他曾区分出工业主义与资本主义，并将两者看作现代性的两个不同的层面。对工业主义的强调，当然并不是吉登斯的发明，涂尔干就将工业主义看作现代社会的发展动力，而将马克思所强调的资本主义看作是一种边缘性的和暂时性的现象。即使是在运用"资本主义"这个概念的韦伯那里，这个词也是指在工业生产合理化时所体现出来的特征。吉登斯将这两个层面区分开来，体现了并不想以非此即彼的方式来回答问题，而是要揭示现代性的不同维度。② 不从单一要素来讨论现代性的构架，这是我所认可的。但就现代性的经济结构来说，将工业主义与资本主义区分开来，恰恰不能抓住现代经济生活的特征。从哲学上来说，这种区分类似于将对象化与异化区分开来，但在资本主义社会，对象化与异化恰恰是无法区分的。这并不是意味着，当资本逻辑统摄生产逻辑时，它们之间的关系就是和谐一致的，但这种矛盾是资本主义生产内部的矛盾，而不是两种不同的经济活动方式之间的矛盾。因此，工业主义与资本主义实际上统一于资本逻辑中，资本逻辑构成了现代性的一个重要维度。

如果说资本逻辑开启了一个全新的社会，那么这个社会需要证明自身存在的合法性，以及自身存在的根据。在中世纪，人类社会存在的根据是上帝，宗

---

① 《马克思恩格斯选集》第 1 卷，人民出版社 1995 年版，第 275 页。
② 参阅吉登斯《现代性的后果》，田禾译，译林出版社 2000 年版，第 10 页。

教为人之存在提供了形而上的保证，虽然这种保证是以信仰的方式呈现出来的。商品经济的普遍化使资本主义社会与传统社会发生断裂，这也意味着传统的信仰与理念已经不再能够为新社会提供证明，而这种证明恰恰是新社会实现自我确证、自我统一的基础。

根据韦伯在《新教伦理与资本主义精神》中的讨论，资本主义的产生有其特定的伦理精神，即他所谓的"新教伦理"。在能否被上帝拯救已先天预定的情况下，人要想消解心中的压力与紧张，最好的方法就是为了上帝的荣耀努力工作，增加资本，理性安排经济生活，这就形成了努力、节俭、上进的伦理精神。这种伦理不再是个人的道德嗜好，而是一种普遍性的伦理规范。正是这种精神为资本主义的产生和发展提供了文化上的推动力。① 实际上，从人的理性、伦理层面来讨论现代性的推动力，并不是韦伯的独创。在此之前，黑格尔在《精神现象学》中就指出：基督教形成了一种平等意识，即在上帝之下，人人平等。资本主义社会只是将这种天国的平等在人间实现出来。在这些讨论中，都涉及一个问题：即在传统的宗教瓦解之后，资本主义的发生需要有相应的精神支撑，它不仅为现代性的发生提供了精神动力。当人们全面认可了这种精神，认识到增加资本是自己的责任时，这种理性就为现代性提供了合法性的证明。近代以来的理性形而上学，是现代性无法分割的组成部分。

从思想史的视角来看，传统宗教的瓦解与现代科学的兴起密不可分。按照托勒密的学说，地球是宇宙的中心，这意味着我们所生活的这片土地是坚实的。哥白尼的"太阳中心说"打破了这一梦想，他让人看到，地球只是茫茫宇宙中飘浮不定的点，人被一个对他的宗教情感和他最深沉的道德要求缄默不语的世界所包围，人陷入到一种无家可归的感受中。"这些无限空间的永恒沉默使我恐惧。"② 人不再是地球的"次主人"，上帝也不再居住在宇宙的中心，以致蒙田发出这样的感叹："这个不仅不能掌握自己，而且遭受万物的摆弄的可怜而渺小的尤物，自称是宇宙的主人和至尊，难道能想象出比这个更可笑的事吗？其实，人连宇宙的分毫也不能认识，更谈不上指挥和控制宇宙了。"③

为了消解哥白尼革命带来的人类生存处境的恐惧感，布鲁诺提出，这种无

---

① 参阅韦伯《新教伦理与资本主义精神》第二章"资本主义精神"，于晓、陈维纲译，生活·读书·新知三联书店1987年版。

② ［法］帕斯卡尔：《思想录》，何兆武译，商务印书馆1985年版，第101页。

③ ［瑞典］卡西尔：《人论》，甘阳译，上海译文出版社1985年版，第20页。

限的宇宙是由人发现的，这表明人类具有认识和把握无限的能力。伽利略进一步指出，只要我们能够用数学语言来表达所观察到的自然过程，就能更好地理解自然。牛顿三定律的提出，不仅证明了上述的思想，使数学成为理性建构的模型，并直接影响到后来理性的建构。比如在斯宾诺莎那里，数学证明的三段论就成为哲学建构的模型。虽然黑格尔对以数学为基础的模型进行了批评，但其形而上学的建构恰恰是在批判前有的理性基础上才是可能的。理性形而上学的建构过程，就是人在摆脱上帝之后确证自己就是"上帝"的过程，人开始取代上帝，具有了洞察和把握无限世界的能力，并能够依据理性原则建构出一个合理的世界。当费尔巴哈指出上帝是人的创造物时，不过是将这一思想史的过程清晰地揭示出来了。

从上面的描述中可以看出，在中世纪的宗教瓦解之时，现代人必须重新确立一套合乎当下社会的思想观念与价值体系，而理性形而上学的建构，恰好解决了这一思想意识上的难题。如果说商品经济开创了世界历史和全球化的进程，那么近代以来的形而上学则为这一进程提供了思想上的动力。这正是形而上学的意义所在，也是其构成现代性的重要维度的原因。

推动现代社会发展的另一个重要因素就是民族—国家。吉登斯把现代国家建构划分为两个阶段：即绝对主义国家时期与民族—国家时期。绝对主义国家时期主要指 15 世纪之后到 18 世纪的西方国家体系的转变阶段。绝对主义国家虽然还具有传统国家的特征，如君权神授等，但它已经具有现代特征：这包括主权的确立，这种主权观成为行政体系或政府的原则；反思性的监控与行政力量的集中与扩张；新的法律机构的发展；财政管理的初步理性化；现代军事的产生与发展；等等。主权的独立，这是形成统一市场的条件，现代军事发展所造成的行政组织方式的变革，成为后来西方企业和行政组织的重要参照，而国家对货币的控制权是现代交换的重要条件。"资本主义的成熟过程，一方面包括土地和产品的商品化；另一方面包括劳动力的商品化。尽管这两方面在发展过程中彼此并不是完全独立的，但第一方面主要与绝对主义国家的发展交织在一起，而第二方面的大规模发展依赖于民族—国家的形成"。① 就第一方面而言，绝对主义国家在以下方面推动着商品化的发展："第一，受到保障的、中央集权的法律秩序的产生——这允许并保障着处于发展过程中的一系列契约性权利和义务。第二，国家权力所调控和认可的货币制度的发展。第三，中央集

---

① ［英］吉登斯：《民族—国家与暴力》，胡宗泽、赵力涛译，生活·读书·新知三联书店 1998 年版，第 185 页。

权的税制的形成。"① 现代法律是产权的保障，国家权力的集中是商品货币得以产生的条件，而这些只有对主权国家而言才能存在。绝对主义国家税收的货币化，不仅使现代行政体系与人们的日常生活的整合联系起来，而且推动了商品化的发展。可以说，在现代资本主义的发生中，国家起到了重要的作用。斯密所谓的自由市场的理念，只有在资本主义得到发展时才是可能的。但当他提出这一问题时，就把国家曾经起到的作用遮蔽了。这也是李斯特后来批判斯密的重要原因。

从绝对主义国家向民族—国家的转变的重要标志是工业资本主义制度的形成，对应的正是劳动力商品化的阶段。劳动力的商品化产生了现代意义上的工厂，这使得资本主义经济与现代工业组织形式结合起来，传统的暴力控制开始转变为一种组织形式的监控，从而形成了资本主义、工业主义和政府的行政机构的联合。在这个过程中，通过信息对工作过程进行监控从工厂延伸到国家控制层面，这构成了现代国家的内部绥靖过程，这正是民族—国家对资本主义经济活动过程产生作用的途径。在我看来，虽然吉登斯关于绝对主义国家与民族—国家的区分还不是特别的明确，但他关于现代国家对资本主义经济活动的影响的分析，是值得我们关注的。在传统的研究中，我们只是从定性的角度来讨论国家的阶级属性，而对于国家是如何促进资本主义经济发展的研究却讨论得不多。实际上，如果没有现代意义上的民族—国家，资本主义就不可能得到长足发展。

通过上述的讨论，我想说明的是：现代性有其内在的"结构丛"：即资本逻辑、形而上学和民族—国家的一体化。这三个方面是无法简单化约的，它们有其内在的逻辑运行方式，同时又相互作用，共同塑造着现代社会形态。

三 现代性、中国特色与中国学术的"总问题"

上述所及的三个维度，虽然体现了西方发达国家现代性建构的总体构架，但这并不意味着，每一个国家都遵从同样的现代性模式。在西方发达国家的现代性进程中，不同的国家实际上都面临着选择合乎自己的发展道路问题。这在

① 同上书，第185、186页。

德国体现得较为明显，而德国的哲学家对此有着自觉的意识。我们不妨以黑格尔为例来加以分析。

在黑格尔生活的时代，英国经过工业革命、法国经过政治革命已经走上了资本主义发展道路。在生产方式上，当时先行发展的资本主义国家正经历着从工场手工业到机器大工业的过渡；在经济制度上，自由贸易被当作自然法则；在政治制度上，统一的民族—国家已经形成，并为资本主义发展提供了保证。当英国、法国等资本主义先发国家以民族国家的方式进入到快速发展轨道时，德国还处于一盘散沙状态。没有现代意义上的民族—国家，德国就无法建构出统一的商品市场，更谈不上追赶已经发展了的英国与法国。但这种追赶是否可以通过复制英国、法国的方式就可以实现？这些都构成了黑格尔在历史哲学及法哲学领域中加以思考的问题。

现代民族国家的建立包括民族的解放、民族的统一和民权的建立。在英、法等国的资本主义经济兴起时期，它们都通过政治变革确立了合乎现代社会的政治制度原则，建立了统一的民族国家，这是资本主义自由市场得以发展的外部保障。市场经济发展最早的意大利，并没有成为资本主义的强国，一个重要的原因就是当时的意大利并没能形成现代意义上的民族—国家。正是意识到这一问题，马基雅维里才写作了《君主论》。黑格尔后来在评论《君主论》时这样写道："这本书时常被人认为是满纸胡说，徒然替虐政张目，所以厌弃不读；而不知道这位作者实在深刻地意识到了当时有成立一个'国家'的必要，因此才提出在当时环境下非得这样就不能成立国家的各种原则。"[①] 意大利的这种情境与黑格尔时代的德国相似。当哈布斯堡皇朝无力克服分散的诸侯势力时，普鲁士邦的兴起，一方面对前者构成了挑战，另一方面为德意志的统一创造了条件，而这种统一正是德意志发展的前提。理解了这一点，我们就能理解在《法哲学原理》中，黑格尔为什么抬高普鲁士国王的地位了。

如果说民族—国家的建构是现代资本主义发展的条件，这一点具有一定的普遍性的话，那么黑格尔及当时一些德国知识分子的思考却又体现了"德国特色"，这种具有特色的思考，在黑格尔那里是以哲学的方式表达出来的。早年的黑格尔非常憧憬古希腊城邦的政治与文化生活，认为这是个人与共同体同时自由发展的生活。但当他研究了法国大革命和英国的工业革命之后，他意识到资本主义的脚步是无法阻挡的，这使他深入研究了法国的启蒙哲学和英国的古典政治经济学以及英国的资本主义发展现状，这些研究成果最初体现在

---

① ［德］黑格尔：《历史哲学》，上海书店出版社1999年版，第416页。

《耶拿时期的实证手稿》中，后来在《法哲学原理》中得到了精练的表达。在黑格尔看来，现代资本主义劳动体系和自由市场的发展，使市民社会得以发展起来，市民社会的发展使国家与家庭生活得以分离开来，自由意志与理性得以摆脱直接伦理阶段，这正是现代社会超越古希腊城邦的地方。① 但这并不意味着黑格尔无条件地认同了以英国为代表的自由市场理念。在黑格尔看来，以劳动分工体系为基础的现代社会，在促进人的能力发展的同时，又会导致劳动的异化，使人成为技术的附庸。② 另外，以利己个体为主体的自由市场，并不能真正有效地推动社会共同体的发展，这需要有体现普遍性的国家理性来调控。因此，国家并不是自由市场的"守夜人"，而是理性真正实现自己的场所。这就意味着，德国固然需要引进现代劳动体系和自由市场经济，但德国又不能直接照搬英国的制度。同样，当黑格尔强调国家理性的重要性时，他又没有简单地援引卢梭的"契约论"，因为这种"契约论"的基础恰恰是个体的理性，而不是体现了共同体的绝对理性。黑格尔理想中的国家，是能够体现个体与共同体同时发展的国家，这种国家是绝对观念的现代载体。黑格尔洞察到了现代性建构的主要构架，意识到需要充分吸收英、法等现代性的成果，但这种吸收却是以德国情境为基础的批判与整合，以形成合乎本民族的发展之路。

可以说，作为后发展国家，中国遇到了与德国同样的问题。中国现代性的建构，要在特定的空间中浓缩西方发达国家在不同时空中的发展历程，这种"时空压缩"的特性使中国社会的发展比西方更为艰难。在这种情境中，真正需要关注的是中国的独特性问题，在我看来，这是当前学术需要关注的核心问题。但这并不意味着只需要将现成的理论直接套用到中国现实，或者是简单地复兴传统文化。我们需要的是对这一问题的透视并在此基础上实现真正的理论创造。

在这一理论创造过程中，我们需要一种现代性的"总体性"眼光，把现代性看作是资本逻辑、民族—国家、形而上学的有机整体。加之中国现代性建构中的"时空压缩"特征，这更需要将现代与前现代、现代与后现代的复杂关系看作一个整体，在发展市场的同时，实现国家调控与市场逻辑的有机结合，既不简单地依赖市场，又不简单地依赖于政府管制。在这个基础上，我们更要关注合乎中国社会的"形而上"的理性建构。这种形而上既是对当下社会发展逻辑的思想规划，又是对社会发展的反思和批判。实际上，市场逻辑与

①　参阅黑格尔《法哲学原理》，商务印书馆 1961 年版，第 279 节。
②　同上书，第 198 节。

政治治理中的难题，很多都源自于形而上层面的思想力缺乏。

当西方发达国家实现了从总体上规划现代性的时候，他们的学术研究则走向了专业化和实证化，并将之看作是学术研究的世界标准。中国要走向世界，当然需要吸收西方现代学术的长处，遵从学术的普遍标准。但在这样做的同时，我们更需要追问：我们在何种意义上去遵从"世界"标准？对于中国当下的学术研究来说，相比于这种实证化的、专业化的标准，我们更需要能够从总体上透视当下社会、为人的存在提供安身立命的哲学形而上学。只有到这个层面，我们才能真正地抓住中国现代性中的"总问题"，在跨学科整合中，建构出本土学术话语。在这个层面，中国的学术研究还未真正展开。

（作者单位：北京大学哲学系）

政治文化空间的变革与中国意识的重构

——兼论中国民族自信、文化自信、价值自信的重建

漆 思

内容摘要：近代以来西方资本主义扩张引发了中国传统政治文化空间的剧变，不仅导致了中华民族的深重危机，而且瓦解了中国的文化自信与价值自信，中国意识出现了空前的危机。中国现代化在不同政治文化空间的抉择中经历了西方化、苏联化、中国化的艰辛探索，开辟了根基于中华传统并创新的中国道路，极大地增强了中国意识的自觉和自信。在世界政治文化的激荡中，要以反思批判的眼光审视政治文化空间重组背后的实质，以清醒的历史观、文化观与价值观重构中国意识，增强中国的民族自信、文化自信、价值自信，重建中华民族的主体自我意识。

关键词：政治文化空间　中国意识　民族自信　文化自信　价值自信

一　政治文化空间的剧变与中国意识的危机

近代以来，随着西学东渐、西政东渐的迅猛发展，中国传统政治文化体系逐步解体，出现了"三千年未有之大变局"。这一大变局是遭到西方现代资本主义扩张所导致的，带来了中国传统政治文化空间的萎缩与混乱，整合世道人心的中国政治文化也出现了传统的断裂。从此之后，中国的民族自信、文化自信、价值自信不断消解，中国意识出现了前所未有的危机。

（一）西方资本主义扩张与中国民族危机

西方资本主义向东方世界的扩张，是借助经济市场占领而展开的，在此过程中相伴随的是武力入侵和政治殖民。为了掠夺世界市场，西方资本主义对东

方世界的殖民，将西方资本主义不断输入到中国，从鸦片战争到洋务运动，从维新变法到辛亥革命，西方的现代政治因素不断渗透到中国的政治体系之中，使得中国传统政治秩序遭遇到了解体，以朝贡贸易为主导的中国天下体系被西方列强以商品贸易和坚船利炮打开，被迫纳入资本主义世界政治经济体系。马克思指出："掠夺是一切资产阶级的生存原则。"①"英国人在为鸦片走私的利益发动了第一次对华战争。"② 马克思在《共产党宣言》中指出："资产阶级，由于一切生产工具的迅速改进，由于交通的极其便利，把一切民族甚至是最野蛮的民族都卷到文明中来了。……它迫使一切民族——如果它们不想灭亡的话——采用资产阶级的生产方式；它迫使它们在自己那里推行所谓的文明，即变成资产者。一句话，它按照自己的面貌为自己创造出一个世界。""资产阶级使乡村屈服于城市的统治。它创立了巨大的城市，使城市人口比农村人口大大增加起来，因而使很大一部分居民脱离了农村生活的愚昧状态。正像它使乡村从属于城市一样，它使未开化和半开化的国家从属于文明的国家，使农民的民族从属于资产阶级的民族，使东方从属于西方。"③马克思的分析中有两点值得注意：一是将资本主义文明的发展视为具有世界历史性的社会变革运动，走向资本主义现代化似乎应为社会发展的必经阶段，但考虑到马克思晚期对东方社会发展道路的思考，实际上并非历史的必然；二是在资本主义政治经济向全球扩张的过程中，迫使非西方国家和地区遭遇到了经济掠夺与政治殖民，资本主义主导的现代世界秩序必然是一个政治经济权力压迫的不平等的世界。显然马克思的分析包含了"世界历史性"与"世界体系性"的两个维度，深刻揭示了西方资本主义扩张所带来的殖民主义后果。在这种情势下，中国的政治体系受到了西方列强代表的资本主义的巨大冲击，中国传统的治理秩序及政治合法性走向了逐步消解的过程，中国政治意识的危机开始弥漫，中国政治的自信开始荡然无存，救亡图存成为当时中国最强烈的民族呼声。这种空间政治学意义上的剧变打破了中国传统政治秩序的自发演进，建立在农业文明基础上的中国政治体系开始出现了巨大的社会变革，先后发生了资本主义君主立宪制的维新变法和资本主义民主共和制的辛亥革命。

（二）西方文化输入与中国文化危机

西方资本主义的扩张不光是政治经济的入侵，也同时伴随着文化的入侵。

---

① 《马克思恩格斯文集》第 10 卷，人民出版社 2009 年版，第 347 页。
② 《马克思恩格斯选集》第 1 卷，人民出版社 1995 年版，第 754 页。
③ 同上书，第 276 - 277 页。

由于西方在现代化进程中率先发展，便将自身的文化当成了普世标准，不断推进其文化入侵与殖民，使得中国的传统文化遭受到了空前的冲击。中国应对策略从开始采取"中学西体"的调和逐渐走上了对传统文化的不信任而趋向"革命"。其间，尽管有一些新儒家为代表的文化保守主义悲壮地守护着民族文化传统，但新文化运动以来，文化激进主义遂成为时代的风潮。新文化运动以"新学"取代"旧学"，正是空间文化意义上的文化占领，以所谓代表"先进"文明的西方文化来取代"落后"的中国传统文化。当时新文化旗手陈独秀激进地反叛传统，揭露中国政治文化的阴暗面，主张要对传统进行彻底决裂以达到根本革新："要拥护那德先生，便不得不反对孔教、礼法、贞节、旧伦理、旧政治；要拥护那赛先生，便不得不反对旧艺术、旧宗教；要拥护德先生又要拥护赛先生，便不得不反对国粹和旧文学。"陈独秀认为"欧洲输人之文化与吾华固有之文化，其根本性质极端相反"，"吾人倘以新输人之欧化为是，则不得不以旧有之孔教为非。倘以旧有之孔教为是，则不得不以新输人之欧化为非。新旧之间，绝无调和两存之余地"①，激进地主张中国文化现代化的出路在于西方化。在激进主义西化思潮中，代表性的是陈序经的"全盘西化论"、胡适的"充分西化论"或"充分世界化论"，其中，最激进的莫过于钱玄同的"废孔学"、"废汉字"和吴稚晖的"打倒孔家店"的主张，主张西化是其基本的文化选择。激进主义西化派以时代性来立论，实乃以西方为衡量标准来选择民族文化的道路。胡适认为："新文化运动的根本意义是承认中国旧文化不适宜于现代的环境，而提倡充分接受世界的新文明。"② 他在文化论战中指出："我说抵抗西化在今日已成为过去，没有人主张了。但所谓'选择折中'的议论，看上去非常有理，其实骨子里只是一种变相的保守论。所以我主张全盘西化，一心一意地走上世界化的路。"③陈序经认为中国必须"全盘西化"的理由是："（1）欧洲近代文化的确比我们进步多。（2）西洋的现代文化，无论我们喜欢不喜欢，它是现世的趋势。"④因此，他认为文化只有时代性的不同而无民族性之别，他主张西洋文化在今日就是世界文化，中国的出路只

---

① 陈独秀：《答佩剑青年》，载罗荣渠主编《从"西化"到现代化》，北京大学出版社1990年版，第5页。

② 胡适：《新文化运动与国民党》，载罗荣渠主编《从"西化"到现代化》，北京大学出版社1990年版，第13页。

③ 胡适：《充分世界化与全盘西化》，载罗荣渠主编《从"西化"到现代化》，北京大学出版社1990年版，第543页。

④ 陈序经：《全盘西化的理由》，载罗荣渠主编《从"西化"到现代化》，北京大学出版社1990年版，第379页。

能是"全盘西化"。激进主义西化派认为，国可以不同，粹只有一个；民族可以不同，现代化只有一个。显然，这是以西方现代性为唯一尺度的文化选择。这种极端化的文化选择实际上忽略了文化的民族性与时代性的统一关系，文化的现代化正是立足于自身的民族文化传统根基所实现的现代化转化，一味地抛弃了自身的文化传统，则不可能有文化现代化的新生。不仅如此，用西方的文化标准来重新定义中国文化，将中国文化定性为"专制"与"迷信"，将中国定义为"愚昧落后"，成为需要被西方先进文明来启蒙和拯救的落后文化。从此以后，西方的文化标准就成为世界的文化标准，正常的文化交流与融合变成了单向度的文化入侵和扩张，造成了西方文化的霸权。如果说西方文化对中国文化的现代化客观上起到了某种变革的意义，但通过不平等的文化渗透和文化殖民的方式客观上也带来了中国传统文化的断裂，使中国人也觉得自身的文化不值得尊重，把落后挨打的命运完全归结到传统文化的头上，以为只有摧毁了中国传统文化，才能为现代化去掉"阻力"。这种全盘西化的文化激进主义及文化虚无主义，割断了民族文化传承的根基。尽管中国传统文化中有着与现代化不相适应的文化因子，但同时也包含着现代化的促进因素，需要对传统文化保持同情的敬意。文化自信实乃民族自信的源泉，背弃了民族传统文化的现代化就成了无源之水。在传承民族文化传统的基础上实现创造性的转化，这才是中国传统文化现代化的历史任务。近现代以来，随着西方文化的输入，对自己的传统文化批判走过了头，造成了自毁长城、自挖墙脚的自戕，引发了民族文化自信的丧失，这种影响至今尚未完全消除。

（三）西方价值渗透与中国价值危机

在政治经济与文化的背后隐藏着深层次的价值问题，价值作为是非、善恶、文明与落后等的判定标准，在社会中起着引导和选择的功能。随着西方价值观念的渗透，特别是西方列强依据自身的政治经济实力和文化强势所推行的资本主义价值理念，如主张弱肉强食的社会达尔文主义，其实鼓吹了一种忽视社会道义的强权逻辑和"丛林法则"，而与中国传统的德性政治完全背离；西方资本主义的个人主义、功利主义、拜金主义与中国传统的集体主义与道义精神无法融合；西方鼓吹的实用主义与工具理性也与中国传统的道德主义与价值理性难以调和。这显然需要立足中国自身的现代化实践，加以借鉴和取舍，绝不能将西方的价值体系及价值标准强加于中国，否则就会造成中国价值体系的混乱和价值标准的丧失。实际上在近现代进程中，中国出现了价值的迷失与信仰的缺失，安身立命的传统价值体系不再受到信奉而被弃之不顾，在价值信仰上出现了茫然失措的混乱状态。我们并非将中国近代以来的文化断裂与价值失序完全归结于西方文化及其价值体系的冲击，但必须深思的是由于未能处理好民族传统价值体系和外来价值体系的关系，丢弃了自己的价值立场，一味盲目追逐外来价值观念，已经造成了延续至今的价值虚无主义，引发了极为严重的价值信念危机。

总之，正是在西方资本主义政治经济与文化价值的全球扩张中，中国传统政治秩序与文化价值体系遭到了严重的创伤。在两种政治文化空间的碰撞与重组过程中，由于没有处理好"古今中外"的辩证关系，在政治文化战略选择上出现了激进主义和虚无主义的立场，中华民族的自主性和自信心遭到了前所未有的冲击，在民族自信、文化自信、价值自信等方面都出现了中国意识的深重危机，这是我们在反思中国现代化进程中不得不正视的沉痛教训。西方政治文化空间的全球扩张，本质上是西方资本主义生产关系、政治权力、文化价值和意识形态在全球范围内再生产自身的空间体系，激烈地激发了国际政治文化空间的剧变与冲突，给受入侵的殖民地带来了深重的灾难，造成了中国政治文化生态的严重失衡，其真实的目的并非要帮助中国等非西方世界走向现代化，而是企图纳入西方资本主义世界体系之中，造成东方对西方的依附。毛泽东曾对当时时局有过清醒的认识：西方这位老师怎么总是打学生？值得深思的是，本来也遭到西方入侵的日本，在实现"脱亚入欧"的华丽蜕变后也开始以西化文明自居，开始把包括中国在内的大东亚纳入自己拯救和解放的势力范围，这正是资本主义、帝国主义的本性决定的。西方资本主义政治文化空间的全球扩张与重组，实际上是资本主义现代文明支配下的生产关系和国际关系的再生产，隐藏着资本扩张、政治统治和文化霸权的逻辑，这是我们今天在反思现代化政治文化空间剧变时所必须具有的自觉意识。

二　政治文化空间的变换与中国道路的抉择

随着西方政治文化空间的扩张与挤压所引发的现代化剧变，中国如何转换自己的政治文化空间？这是 20 世纪中国现代化的战略抉择，主要经历了西方化、苏联化与中国化的三个阶段的探索。

（一）西方化的政治文化抉择

为了挽救民族的危亡与文化的危机，在第一代"开眼看世界"的林则徐与魏源的痛感"技不如人"的忧思中，中国传统文明的危机意识才开始进入到少数国人的自觉意识。这种危机促进了中国传统革新的步伐，中国人开始以世界为背景，来反思中国传统文明的现代性命运。稍后的洋务运动是中国传统社会现代化进程中的重要阶段，开始从器物层面进行现代化变革，在思想领域以冯桂芬、曾国藩、李鸿章、张之洞为代表提出了"中体西用"的主张，企图在保持中国传统文明之"体"的基础上，采用西方现代的科学技术来救亡图存。这种主张仍然是传统与现代、中国与西方二元对立的思维模式，未能立足于中国传统文明形态本身进行现代化的革新，虽然是中国走向现代的重要一步，但没有实现文明形态的转换与创新，结果导致了失败。甲午战争的失败击破了"中体西用"论的迷梦，以康有为、梁启超、谭嗣同、严复等为代表的制度改良派，认识到洋务派的"变器不变道，无以自强保种"，主张从制度层面进行维新变法，通过"托古改制"，实行君主立宪。由于传统文明的危机进一步暴露，要求革命的呼声成为时代的主流，然而由于忽视了中国传统社会复杂性、矛盾性的特点，片面地模仿日本模式，维新变法也未能成功。维新变法失败后的20世纪初，内忧外患，民族的危亡与文化的危机交织在一起，使一部分知识分子采取了革命的激进立场，不想走改良模式，而想直接采用革命道路，资产阶级革命思潮取代改良思潮成为时代的潮流，一方面反抗传统政治文化体系，另一方面把新的出路寄托在西方模式上，不仅使传统与现代，而且使东方与西方彻底二元对立起来，由此引发了政治与思想的激进反传统运动。在政治方面主要是以孙中山为代表，他提出"三民主义"，即通过"民族主义"达到民族国家的独立自主，摆脱列强侵略；通过"民主主义"达到人人平等自由，推翻封建专制；通过"民生主义"改变贫穷落后的面貌，实现富强。孙中山领导的辛亥革命推翻了封建君主专制，引入了资产阶级民主共和政体。但是，由于现代性的变革未能触及当时占绝大多数国民的思想文化观念，资产阶级民主革命缺乏广泛的社会动员和深层的文化基础。

　　1915年开始的新文化运动，深入到思想文化观念层面进行现代性的变革。1915年《青年杂志》（即《新青年》）创刊，反传统的急先锋陈独秀在创刊号上大声疾呼"德"、"赛"二先生，倡导"自主的而非奴化的"、"科学的而非想象的"等多项主张，呼吁"吾人之最后觉悟"。紧接着激进反传统的又一主将胡适留美归来，树起了"文学改良"和"道德改良"的旗帜，用实证科学方法与自由民主精神改造中国传统社会与文化，喊出了"重新估定一切价值"的口号。被毛泽东誉为"中国新文化运动的旗手"的鲁迅发动了文学革命与思想革命，抨击旧文学与旧道德，把中国传统定性为"吃人"的历史，提出"文化偏执论"，呼唤改造国民性，企图与传统实现最彻底的决裂。激进反传统主义本来想以西方现代文明为参照来校正和改造中国传统政治文化体系，但与孙中山发动的民主政治革命一样，未能立足于中国的历史文化传承和复杂的现实国情，未能从传统社会政治文化结构的深层进行现代化转型。由于将自身的传统与现代化割裂，最后的结果是使中国更深地纳入到西方资本主义世界体系，陷入了殖民地与半殖民地的状况。

（二）苏联化的政治文化抉择

五四运动后，马克思列宁主义传入中国，同中国革命实践及文化传统相结合，形成了毛泽东思想。毛泽东领导的中国共产党将民族性与现代性结合起来进行探索，提出了新民主主义社会及其文化理想。毛泽东提出了"民族的、科学的、大众的"新民主主义文化主张，主张对待传统与现代、中国与西方的关系，应该本着"古为今用，洋为中用"的原则，对中国传统社会进行批判性的改造和创造性的建设。他明确指出："五四以后，中国的新文化，却是新民主主义性质的文化。"[①]"中国文化应有自己的形式，这就是民族形式。民族的形式，新民主主义的内容——这就是我们今天的新文化。"[②]中国共产党在新民主主义历史阶段的任务就是："不但要把一个政治上受压迫、经济受剥削的中国，变为一个政治上自由和经济上繁荣的中国，而且要把一个被旧文化统治因而愚昧落后的中国，变为一个被新文化统治因而文明先进的中国。"[③]新民主主义是中国现代化转型历程中富有探索意义的过渡形态，其倡导的许多原则，对于探索中国现代化道路具有承前启后的意义。

新中国成立以后，在新民主主义社会基础上向社会主义过渡，开始探索中国传统与社会主义相结合的现代化道路。但由于种种原因，当时的社会主义现代化探索主要是学习和模仿苏联，形成了高度集中的计划经济、高度集权的政治体制与大一统的意识形态。应当说，当时学习苏联模式的探索为中国社会主义现代化积累了一定的经验，但由于脱离了国情，特别是由于未能重视发展社会生产力，一味地以阶级斗争为纲，频繁地发动社会运动来变革社会关系，未能将革命时期的思维方式及时地转变到社会经济和文化建设上来，直至发生"文化大革命"这样一种既否定传统又否定现代的极"左"后果，彻底批判，盲目否定。这使中国的现代化事业遭受了巨大的损失，给人们留下了值得反思的沉痛教训：一是极"左"的现代化理想是无法兑现的

① 《毛泽东选集》第2卷，人民出版社1991年版，第698页。
② 同上书，第707页。
③ 同上书，第663页。

乌托邦，现代化是一项理性的事业；二是在传统与现代性的关系上犯了截然对立的错误，既否弃了传统又拒斥了现代性，这就离开了人类文明发展的大道；三是在处理中国与世界的关系上走向了封闭僵化的错误，任何孤立封闭和拒绝学习都不利于现代化的探索，成功的现代化恰恰是古今中外因素的创造性转化与创新性发展。

（三）中国化的政治文化抉择

邓小平深刻总结了中国现代化的历史教训，主张既不照搬苏联模式，也不照搬西方模式，解放思想，实事求是，走自己的路，建设有中国特色的社会主义。邓小平开启的改革开放新时代，中国才真正开始探索中国道路，从乌托邦的空想中转向了具体的现实生活，使封闭的中国走向了开放的世界，使传统社会主义计划经济模式转变到当代社会主义市场经济模式，这就为探索当代中国现代化开辟了真实的道路。随着市场化改革的深入，市场经济、民主政治、和谐社会与多元文化构成了中国特色社会主义现代化的现实目标，整个社会生活表现出了理性化、多元化的趋势，现代化事业有了更为广泛的文化认同与社会基础。应当说，这种中国化的道路探索是立足中国国情、尊重中国传统、结合时代潮流的创新实践，正在拓展着体现民族特色又具有世界意义的中国道路。"中国'化'为'现代'的道路并没有任意或太多选择的余地，但却绝不是没有创造的空间"。中国人在现代化的进程中，"应该自觉地调整并扩大现代化的'目标的视域'，在模仿或借鉴西方的现代模式的同时，不应不加批判地以西方现代模式作为新文明的标准。中国建构新的现代文明秩序的过程，一方面，应该不只是拥抱西方启蒙的价值，也应该是对它的批判；另一方面，应该不只是中国旧的传统文明秩序的解构，也应该是它的重构。中国的新文明是'现代的'，也是'中国的'"。①

新中国成立以来，中国一直在艰辛地探索中国特色的发展道路，直到改革开放以来中国才真正走上了"创造性地探索具有中国特色的自主型发展模式"②的现代化道路。邓小平指出："为什么说我们是独立自主的？就是因为我们坚持有中国特色的社会主义道路。否则，只能看着美国人的脸色行事，看着发达国家的脸色行事……那还有什么独立性啊！"③中国从自身国情与战略需要出发，坚定不移地探索中国特色社会主义道路，既保持了与全球化发展的同

① 金耀基：《金耀基自选集》，上海教育出版社 2002 年版，第 89 页。
② 罗荣渠：《现代化新论续篇》，北京大学出版社 1997 年版，第 113 页。
③ 《邓小平文选》第三卷，人民出版社 1993 年版，第 311 页。

步，又避免了陷入资本主义世界体系的依附，实现了现代化的稳健改革，创造现代化的中国奇迹。回顾现代化的艰辛探索历程，中国化的道路探索意义深远：坚持解放思想、实事求是、与时俱进、开拓创新的精神，不再照搬西方模式和苏联模式，不再迷信各种教条，传承中华优秀传统，坚定不移地坚持和发展中国道路，弘扬中国精神，凝聚中国力量，提炼中国价值，提升中国信仰，实现中华民族伟大复兴的中国梦。

三　政治文化空间的创新与中国自信的重建

改革开放以来，随着中国特色社会主义道路的探索和发展，使得中国的政治文化空间得到了空前的拓展与创新，逐步化解了背离中华传统的中国意识危机，中国的民族自信、文化自信与价值自信得到了空前的提升。

（一）重建中国的民族自信

改革开放与中国特色社会主义道路的探索，使得中华民族的伟大复兴展现出了光明的前景，这是近代以来中华民族探索现代化历程的伟大转折。如果说20世纪是中国在与西方交锋中实现自我反思和重新确立中国道路的世纪，那么21世纪将是中国重构自己的政治文化空间谋求复兴和创新的世纪。随着中国的和平崛起，西方主导的资本主义世界体系正在得到重组，甚至可以说中国的和平崛起正在刷新世界政治文化空间。国际社会把关注的目光转向迅猛崛起的中国，普遍关注中国道路、中国模式与中国话语，近现代以来久违了的中国民族自信也得到了空前的提升。"中国传统帝国在西方现代帝国主义的挑战下崩溃之后，'中国话语'就长期处于低迷状态，主要由反思、自责、悲愤和救亡的呼声构成，一直到毛泽东带领中国人民'站起来'了，中国话语才重新开始了自豪振奋的表述，战无不胜的毛泽东思想创造了中国的现代自尊。不过，历史原因所导致的长期经济落后再次打击了中国话语，一个过分贫穷的国家很难坚持一种过硬的话语，以至于到了改革初期时，仍然非常贫穷的人们甚至在担心中国会被'开除球籍'，这类极其夸张的奇谈怪论表现了中国话语的又一次低潮。中国的改革在90年代终于获得巨大成功，于是从90年代中期开始，中国话语有了明显的变化，从声称中国可以说'不'到谈论中国的'崛起'，可以看出人们激动或者过于激动的心情。同时，人们开始研究使世界吃惊的'中国经验'和'中国道路'。"①

不忘本来才能开辟未来，善于继承才能更好地创新。习近平指出，要"引导我国人民树立和坚持正确的历史观、民族观、国家观、文化观，增强做中国人的骨气和底气"。②真正的民族自信并不是妄自尊大，也不是狭隘偏执，而是建立在尊重自身历史基础上的清醒的民族自信。"我们的民族是伟大的民族。在五千多年的文明发展历程中，中华民族为人类的文明进步作出了不可磨灭的贡献。"③中华民族是具有非凡创造力的民族，创造了博大精深的优秀文明，深深影响了包括西方在内的世界文明，还将永久持续地为人类的和谐发展贡献东方智慧，这是我们树立民族自信的坚实的历史根基。近现代以来，由于中华民族受到列强侵略的悲惨命运，曾使一些人对中华民族的历史出现了丑化和妖魔化的错误认识，现在需要我们正视并尊重历史，树立正确的历史观与民族观，不能对我们民族的历史任意涂黑和随意涂改，而是要弘扬以爱国主义为核心的民族精神。历史是最好的教科书，在对历史的深入思考中才能更好地走向未来。"要讲清楚中华优秀传统文化的历史渊源、发展脉络、基本走向，讲清楚中华文化的独特创造、价值理念、鲜明特色，增强文化自信和价值观自信。"④特别是随着"中国梦"的提出，在坚持中国道路、弘扬中国精神、凝聚中国力量方面，空前激发了中华民族为实现国家富强、民族振兴和人民幸福的共同梦想，一个饱受苦难而自强不息的东方文明古国将在中国梦的感召下正在致力于实现民族的伟大复兴。

（二）重建中国的文化自信

民族自信深层的渊源是文化自信。中华文化不仅有着源远流长的过去，而且至今仍然以其独特的文化深深影响着中国和世界。中华优秀文化，成为实现民族复兴的文化源泉。近代以来，我们曾把现代化的失误归结到民族文化的头上，这是需要重新反省的。中华优秀传统文化不仅帮助中国成就了世界文明大国，而且也助推了中国社会的现代化。实际上，现代化的曲折和坎坷大都与盲目的全盘西化、割断民族的精神命脉相关。"中国人在最后 100 多年的文化困惑归根结底是一个如何处理好接受外来先进文化与保持自己民族文化独立性的

---

① 赵汀阳：《如何想象中国》，为漆思《中国共识》写的序言，中国社会科学出版社 2008 年版，第 1 页。

② 习近平：《建设社会主义文化强国 着力提高国家文化软实力》，《人民日报》2014 年 1 月 1 日。

③ 习近平：《在十八届中共中央政治局常委同中外记者见面时的讲话》，《人民日报》2012 年 11 月 16 日。

④ 习近平：《在中共中央政治局第十三次集体学习时的讲话》，《人民日报》2014 年 2 月 26 日。

关系问题。在这个问题上，能否弘扬我们民族的主体精神，实在是症结所在。"①正是在这个意义上，习近平深刻指出："抛弃传统、丢掉根本，就等于割断了自己的精神命脉。博大精深的中华优秀传统文化是我们在世界文化激荡中站稳脚跟的根基。"②因此，我们要在传承中华优秀传统文化的基础上守正创新，秉承中华文化所具有的兼容并蓄、博采众长的文化特性，不断学习和借鉴世界先进文明，立足中国特色社会主义实践进行当代创新。中华优秀传统文化不仅属于中国，而且也属于世界。我们有责任守护并传承好这一世界文化财富，以中华文化身份参与全球化时代世界新文化的创造。

近代以来，中华文化传统的断裂事实上也造成了中国文化认同的危机和文化合法性的丧失。文化的身份是一个民族最根本的身份，文化的认同也是一个民族最深层的认同。赵汀阳认为："国家和文化层面上的 identity 问题（自身认同）也自古有之。从古代的'异教徒'、'正统和异端'、'华夷之辨'到现代的'阶级意识'、'东方和西方'、'资本主义和社会主义'诸如此类，人们自己按照偏好和想象划分着各种集体，论证各自的精神优越性和利益根据。与对属于社会等级制度身份的'身份解构'运动不同，现代社会并没有准备解构文化身份，相反，文化身份正在得到强化。""文化自身认同在全球化和后殖民状态下变成一个时代的核心问题，其中一个原因就是文化自身认同变得含糊不清。它不仅产生实践冲突，而且导致思想混乱，有时各方似乎不知道为何而冲突，也不知道为了获得什么。在今天，文化自身认同就好像是一面没有标志的旗帜，却在指引着人们进行各种斗争。"③针对现代化的中西比较语境，中国总在把西方作为"他者"进行比较中来认识自己，然而问题在于："当他者非常强大并且被解释为理想榜样时，就非常可能出现对他者的过分美化，同时也会对自己进行过度反思，从而形成一种爱恨交加的自身认同。例如，中国在20世纪初的五四运动和新文化运动以及在后来的80年代，曾经两度出现后来被戏称为'逆向民族主义'的自身认同，即通过'自由的和奴隶的'、'进步的和保守的'、'蓝色文明和黄色文明'、'洋和土'、'现代化和传统'等比较，把各种积极的、成功的、深刻的文化性质都归属给西方文化，而把所有丑陋的性质留给自己，从而形成一种自我折磨的自身认同。"④文化认同的危机，曾造成民族文化虚无主义的抬头。在今天重建中华民族的文化自信，就是要在

---

① 张岱年、程宜山：《中国文化与文化论争》，中国人民大学出版社1990年版，第408页。
② 习近平：《在中共中央政治局第十三次集体学习时的讲话》，《人民日报》2014年2月26日。
③ 赵汀阳：《认同与文化自身认同》，《哲学研究》2003年第7期。
④ 同上。

文化自觉和文化认同的基础上重建中华民族的文化身份，增进对民族文化的自信。

（三）重建中国的价值自信

价值自信是民族自信与文化自信的灵魂，作为精神信仰对民族自信与文化认同发挥着最深层的支撑作用。在历史上，中华传统价值观曾作为中华民族精神的核心，起到了团结凝聚民族、整合世道人心、维护长治久安的重要作用。在今天，中华传统价值观依然是维系祖国统一和民族团结的精神力量。回顾历史上大国兴衰的经验和教训，我们发现硬实力虽然是一个国家兴起的重要基础和保障条件，但对无形的软实力的重视和开发程度也极大地决定着一个国家在世界上的地位、影响及其文明的未来走向。在软实力中，由核心价值体系、思想意识形态等形成的话语权始终处于核心的地位，因为这种话语权不仅作为一种持久的影响力和感召力在社会中发挥着示范和引领的作用，而且它作为灵魂从根本上规范着一个国家综合实力提升的方向，为国家的发展进行战略定位，从而决定该文明发展的未来命运。

当前，我们正在构建社会主义核心价值观，其深层的根基也正在于中华传统价值观。如果背离了中华传统价值观，社会主义核心价值观的构建就缺乏深厚的民族价值根基。习近平指出："要认真汲取中华优秀传统文化的思想精华和道德精髓，大力弘扬以爱国主义为核心的民族精神和以改革创新为核心的时代精神，深入挖掘和阐发中华优秀传统文化讲仁爱、重民本、守诚信、崇正义、尚和合、求大同的时代价值，使中华优秀传统文化成为涵养社会主义核心价值观的重要源泉。"[①]在世界价值格局中，中华传统价值体系一直倡导和谐的、和平的、道德的生活理念，为人类文明的和谐发展提供了深刻的道德启示和精神感召，具有强大的生命力和创造力，应当成为人类性价值的重要组成部分。因此，我们不能盲目地推崇西方鼓吹的"普世价值"，而是要让中华价值体系在参与全球价值对话中为世界创造新的价值观念和价值理想。当前"中国梦"的提出，深层次体现为将中华传统价值体系与现代社会主义价值体系进行有效的结合和联结，从而为当代中国人寻求安身立命的精神信仰。为此，我们要努力实现中华传统美德的创造性转化与创新性发展，引导当代中国人坚守中华民族自古以来崇德尚善的价值追求，进一步凝练和弘扬中华价值观，促进当代中国价值信仰的建设，并造福于人类。

"中国经验将是世界文化体系的一个关键性的变量，中国问题将是世界问

---

① 习近平：《在中共中央政治局第十三次集体学习时的讲话》，《人民日报》2014 年 2 月 26 日。

题的一个核心问题。……我们希望能够通过对有着思想学术深度的中国经验思考——中国对自身问题的理解以及中国对世界问题的理解——去重新形成缺货已久的中国理念，即一种源于中国经验的、包含着值得不断展开的思想问题的关于人类生活的基本想象。"①这是近现代100多年来逐步摆脱中国意识危机之后"重构中国"的理性自觉。尽管近现代以来中国意识处于持续不断的危机和紧张之中，但中国话语的自主性意识不断提升，正在重构着中华民族的民族自信、文化自信和价值自信。

在政治文化空间转换的视域中，审视中西政治文化的碰撞，反思中国意识的重构，使我们深深认识到：一是要有清醒的历史观，正确看待中华民族的历史，坚持中国的民族自信，高扬中华民族精神，绝不能在现代化进程中迷失民族的主体性。没有自信的民族绝不可能屹立于世界民族之林，也绝不可能实现自己民族的伟大复兴。二是要有清醒的文化观，要确立民族文化的自觉意识，尊重并弘扬自己的民族文化传统，否则将会在世界文化激荡中丧失根基。没有文化自信的民族，不可能正确认识自己的历史，也不可能看清现实并开创未来。三是要有清醒的价值观，确立高度的价值自觉，传承我们的传统价值观并实现与时俱进的创新。对民族传统价值的虚无主义不仅极易被其他价值所同化，还会带来深层次的精神信仰困惑。一个在价值上不能站立起来的民族，不仅没有自尊，而且也不会被世界尊重。在当前世界政治文化的激荡中，要以反思批判的眼光审视政治文化空间碰撞与重组背后的实质，以清醒的历史观、文化观与价值观重构中国意识，增强当代中国的民族自信、文化自信、价值自信，建构中华民族的主体自我意识，通过中国话语的创建与政治文化实力的提升从深层次推进中华民族的伟大复兴。

（作者单位：西安电子科技大学人文学院，吉林大学哲学基础理论研究中心）

---

① 赵汀阳主编：《现代性与中国》，广东教育出版社2000年版，第3页。

国家不是艺术品？

——中西国家学的一个比较

陈迎年

内容摘要： 国家学是政治哲学的拱心石。本文深入分析了黑格尔"国家不是艺术品"命题的内在层次，并据之把黑格尔的国家学与儒家的国家学进行了比较：两者都强调国家具有超出个人的任性之上的神性部分，都坚持美真的分别与同一；但儒家国家学的艺术纯度更高，更容易以高涨的浪漫主义"道统纪"来实现对黑格尔"神统纪"国家学的批判和超越。由此本文强调：（1）简单地给某种国家学标上"极权主义"、"保守主义"等标签以了事非常容易，但却可能因此而错失很多东西；（2）中国国家治理体系和治理能力现代化，是儒家国家学现代化的前提条件；（3）现代化的儒家国家学，有助于中华民族的伟大复兴。

关键词： 国家　艺术品　国家学　黑格尔　牟宗三　马克思

对于今天的政治哲学来说，尽管流行"共同体"概念，或者直接试图避开"国家"一词，但实际上，国家学仍然占据着确定无疑的核心位置。相应地，儒学或者被诠释为专制意识形态，或者被解释为原始自由主义，或者被导向超越了个人与极权两极对立的社群主义等，争论的焦点仍然在国家学。

对于今天的中国来说，中华文化的发展繁荣是中华民族伟大复兴的条件，而发展繁荣中华文化则必须直面儒家的国家学。不过，由于并不存在集中、现成的儒家国家学，问题便转化为：儒家的国家学基因如何能够与当代国家学相适应、与现代社会相协调？这是一个古为今用、洋为中用，去粗取精、去伪存真，经过扬弃后使之为我所用的思索过程。

本文以黑格尔"国家不是艺术品"命题为基本问题来展开。之所以如此，除了把复杂问题具体化以逐步扎实推进的考虑外，至少还有如下三方面的原因：首先，虽然马尔库塞、卢卡奇等人对黑格尔的"国家理想主义"进行了辩护，但人们还是易于如罗素那样把这种国家至上说跟极权主义联系起来，这与儒学的境域极其相似;① 其次,现代新儒家如牟宗三常喜借黑格尔的国家学来讨论儒学的"外王"问题,以期有所"共喻",来展示儒学的现代性,但同样引起了人们的广泛争论;最后,马克思、恩格斯批判了黑格尔国家学中的庸人气味及露骨的、非批判的神秘主义,但却并非置之不理,而是通过"扬弃"让其获得了新内容从而"完成"了它,因此,深入剖析黑格尔的国家学,不仅有助于理解马克思主义的国家学,也有利于完善和发展中国特色社会主义制度、推进国家治理体系和治理能力现代化。

一 神圣国家:专制还是自由?

黑格尔国家学的突出特征,就是强调国家具有超出个人的任性之上的神性部分,且把这种神性部分的顶峰和起点具体地规定为君主。在黑格尔看来,这种神性并非源自国家的"应然",而是出于对国家的"认识"。

按黑格尔的逻辑,既然国家学在于说明如何"认识"国家,那么这"神性"便以"理性"的自足面目出现,除考察"必然性"之外,别无他求。"它就是把国家作为其自身是一种理性的东西来理解和叙述的尝试。除此以外,它什么也不是。"② "国家必须被看作一个建筑学上的大建筑物,被看作显现在现实性中的理性的象形文字。因此,一切关于纯粹功利的东西、外部的事物等,都应该被排除在哲学探讨之外。国家是自我规定的和完全主权的意志,是自己的最后决断。"③ 由此,"君主"与"国家"同一了:一方面,黑格尔强调,"'国家'是存在于'地球'上的'神圣观念'。"④ "国家是神的意志,也就是当前的、开展成为世界的现实形态和组织的地上的精神。""神自身在地上行进,这就是国家。国家的根据就是作为意志而实现自己的理性的力量。"⑤ 另一方面,道成肉身,黑格尔把君主也看成是"以神的权威为基础的东西",即一种从心所欲不逾矩的"任性"或普遍理智最难理解的"神物"。⑥

① 参阅郁建兴《黑格尔的国家观》,《政治学研究》1999年第3期。
② [德]黑格尔:《法哲学原理》,商务印书馆2007年版,第13页。
③ 同上书,第300页。
④ [德]黑格尔:《历史哲学》,上海书店出版社2001年版,第41页。
⑤ [德]黑格尔:《法哲学原理》,商务印书馆2007年版,第271、259页。
⑥ 同上书,第301、297页。

　　既然国家学在于"认识"国家而非只想象国家的"应然"，那么，显现在现实性中的"非理性"的东西，那些关于纯粹功利的东西、外部的事物，怎能轻易就被排除在外呢？此种"排除"工作之后，难道不是只余留下国家的"应然"了吗？这个问题是"国家不是艺术品"命题的核心问题，我们留等下节再论。这里要强调的是，黑格尔国家学中的这种透过现象看本质，让黑格尔以普鲁士国家的卫道士形象示人，长期背负"极权主义"的恶名。

　　无独有偶，在《正论》篇中，荀子曾这样描写"天子"："势位至尊，无敌于天下……道德纯备，智慧甚明，南面而听天下"，而且"势至重而形至佚，心至愉而志无所屈，而形不劳，尊无上矣"，很懂得服饰饮食、行居坐卧等全方位的安乐恬愉，以至"居如大神，动如天帝"。① 荀子的描述并非空穴来风，而是讲明了儒家的一个常识，或者说一个早在儒家之前就已经存在了的奠基性神话。比如《尚书》一开篇，帝尧便以这种大神天帝形象出现："曰若稽古帝尧，曰放勋，钦明文思安安，允恭克让，光被四表，格于上下。克明俊德，以亲九族，九族既睦。平章百姓，百姓昭明。协和万邦，黎民于变时雍。"② 再比如《诗经·大雅·文王》，同样塑造了那种美德光芒四射、泽及天下百姓、受天命而王天下的"神物"。也因此，有人倾向于认定，儒家将社会导向极端的王权专制，对今日之中国罪莫大焉。

　　非常有意味的是，黑格尔也根据中国大神天帝的"天子"而判定"中华帝国""只知道一个人是自由的"，"是君主的专制政体"，因而虽然是"最古老的国家"，但却很不成熟，还处于国家发展的最初阶段（起点）。③ 相反，他却认为自己道成肉身的国家学代表着国家的高级阶段（终点）。据说，这种国家学知道人类之为人类都绝对是自由的，而要真正实现这种自由，每个人必须自在自为地将自己交给"神物"。个人如果脱离国家，不接受国家的统治和管理，他就丧失了自由和作为人的种种权利。黑格尔说"成为国家成员是单个人的最高义务"，"个人本身只有成为国家成员才具有客观性、真理性和伦理性"。④

　　值得关注的是，现代新儒家中以中国文化为本位者如牟宗三，对黑格尔的这种国家学推崇备至，也基本同意黑格尔对中国之为君主专制政体、个体自由缺乏等批评。其所争者，只在东方这个起点，也即是决定的终点：各民族国家

---

① 王先谦：《荀子集解》，中华书局 2008 年版，第 331—336 页。
② 孙星衍：《尚书今古文注疏》，中华书局 1986 年版，第 2—9 页。
③ ［德］黑格尔：《历史哲学》，上海书店出版社 2001 年版，第 19、123 页。
④ ［德］黑格尔：《法哲学原理》，商务印书馆 2007 年版，第 253—254 页。

的发展有其自身起伏隐显的节律，空间不能取代时间，过去的发展程度不代表未来的发展前景，因而过去中国的发展虽伏而不显，但却并非如黑格尔所论仅仅只是"起点"，随着中国对世界知识的学习，随着东方的觉醒和发展等，世界历史最终必然回到这片"故土"上来。①

现在的问题是：同为圣王国家、同样强调个人之于集团的本分义务，是什么让黑格尔判定中国的王权成就的是专制，而日耳曼的王权却是自由的绝对保障？是什么让黑格尔敢于一方面宣称东方各国是专制的，只知道一个人的自由，希腊和罗马世界是贵族的，只知道一部分人的自由，而日耳曼是民主的，知道一切人的自由；另一方面又在讨论日耳曼的王权时把君主制、贵族制与民主制的古代区分看成是"一种外在的差别"、"纯粹数量上的差别"，认为其"完全是肤浅的"？② 是什么让牟宗三相信"黑氏讲国家，是从精神表现价值实现上讲，是一个道德理性上的概念，文化上的概念"，③ 而非极权独裁的国家学？是什么让牟宗三敢于借助黑格尔的国家学，走出中国道德理性表现上的专制主义传统？

二 国家与艺术品：美真的分别与同一

上述系列问题涉及黑格尔辩证法的左右逢源。正如马克思所指出的那样："黑格尔的深刻之处在于他处处都从各种规定的对立出发，并把这种对立加以强调。"④ 即无论是黑格尔把精神现象学分为三大部门，第一是有灵魂、意识、心灵三环节的主观精神；第二是有法、道德、伦理三环节的客观精神（法哲学即在此层面上讲）；第三是有艺术、宗教、哲学三环节的绝对精神，从而构筑了一个大环套小环环环紧相连的因陀罗网迷宫；抑或把合理性与现实性等同起来以构筑必然性，宣称凡是合乎理性的东西都是现实的，凡是现实的东西都是合乎理性的；抑或处处强调国家是一个包含着各种差别的发展的有机生命整体：凡此种种，都是两头通的。这里我们借"国家不是艺术品"这一命题来

---

① 牟宗三：《历史哲学》，台湾学生书局 1988 年版，第 65 页。
② ［德］黑格尔：《法哲学原理》，商务印书馆 2007 年版，第 287 页。
③ 牟宗三：《生命的学问》，广西师范大学出版社 2005 年版，第 138—139 页。
④ 马克思：《黑格尔法哲学批判》，《马克思恩格斯全集》第一卷，人民出版社 1956 年版，第 312 页。

展开讨论。

一方面，美真分属，国家不是艺术品。黑格尔说："国家本质上是尘世的和有限的，它具有特殊目的和特殊权力。"① "国家不是艺术品；它立足于地上，从而立足在任性、偶然事件和错误等的领域中，恶劣的行为可以在许多方面破损国家的形象。但是最丑恶的人，如罪犯、病人、残废者，毕竟是个活人。"② 这里的尘世、有限、地上等，都是指国家是一种独立自主性的客观存在，因而是真的，也就是特殊的和不完美的，甚至丑恶的。相反，艺术品却是美的，也就是普遍的、无限的和自由的。这是因为，"美就是理念"，"美就是理念的感性显现。"③ 艺术品中的感性的客观因素虽然还是客观存在，但其存在的直接性已经被取消了，因而才能够作为理念的感性统一物，才是美的。比如画家所画的马，不是活的真马，只取了真马所现的现象，所以虽然还是一种客观存在，但真实的存在本身的纷繁杂芜已经被取消了，真实存在所特有的规律已经被否定了，从而概念才得以在其中安身，"像在自己家里一样"。④

要言之，在黑格尔那里，"真的东西"或者属于观念和感情（宗教中的上帝），或者属于直觉（艺术中的图画和观察），或者属于被认识和了解的思想（哲学中的概念），因为三者都实现了主观与客观的结合；但国家却是精神"在有限生存中完全实现它自己时所取的形态"，因而是所有那些主观与客观结合的"基础和中心"。作为基础和中心，国家把自己与艺术品区分了开来。⑤

另一方面，美真合一，国家也是艺术品。既然国家与宗教、艺术、哲学都实现了主观与客观的结合，都是"真"的，那么也可以说这四者有"同一的地位"⑥。在这个意义上，国家也是艺术品，每一个具体的国家都是国家概念的感性显现。黑格尔说："国家具有一个生动活泼的灵魂，使一切振奋的这个灵魂就是主观性，它制造差别，但又把它们结合在统一中。"⑦ "根据某些原则，每个国家都可被指出是不好的，都可被找到有这种或那种缺陷，但是国家，尤其现代发达的国家，在自身中总含有它存在的本质的环节。"⑧

在这里，黑格尔强调的是必然性，是绝对精神本身，因而要求排除掉一切

① ［德］黑格尔：《法哲学原理》，商务印书馆 2007 年版，第 281 页。
② 同上书，第 259 页。
③ ［德］黑格尔：《美学》第一卷，商务印书馆 1997 年版，第 142 页。
④ 同上书，第 143 页。
⑤ ［德］黑格尔：《历史哲学》，上海书店出版社 2001 年版，第 51、55—56 页。
⑥ 同上书，第 52 页。
⑦ ［德］黑格尔：《法哲学原理》，商务印书馆 2007 年版，第 281 页。
⑧ 同上书，第 259 页。

关于纯粹功利的东西、外部的事物等。把这些感性的东西排除掉了，剩下的就只有绝对精神本身了，国家与艺术品的区别当然随之亦无。如果再考虑到黑格尔视"社会和国家的目的在于使一切人类的潜能以及一切人的能力在一切方面和一切方向都可以得到发展的表现"，① 以及后来的海德格尔把诗的吟咏、思的谋划、翻耕的塑造、创建国邦的行动等，或者说艺术、建国、牺牲、思想和生产等，都归结为本源的艺术作品，② 国家与艺术品的这种同一也就更清楚了。

如此既分属又合一，黑格尔实际上是把"时间"自由开启和闭合了。③ 时间开启了，精神在时间里发展了，美真便不同，则国家不是艺术品；时间闭合了，精神回到了自身，美真便处于同一地位，则国家就是艺术品。这样，时间的自由开启和闭合，也就意味着时间的某个横截面的展现或时间的当下圆顿完成，以及两者之间的自由变通。由此，巨大的辩证法生成了。

人们往往把目光更多地投向黑格尔的这个巨大辩证法，但这里要强调的是，能够保证辩证法生天生地巨大功能的现实环节，唯有知解力。"知解力活动是有限的，不自由的，因为它把看到的事物都假定为独立自在的"，根据这种抽象的假定，感觉对象都是实在的，人们只有克服主体作用，即首先适应、被动授受、正确了解它们，然后才能"认识"真理，然后才谈得上利用知解力工具展开"实践"，实现主体的自由。④ 这种工具而非目的性质的知解力，即一般所谓的知性、思辨理性或工具理性等，表现在国家形态中，便是客观精神，便是法。也就是说，知解力假定建立起了客体，并帮助主体通过实践克服客体以实现自由。这意味着，知解力是自我牺牲的化身，它"知道"自己是抽象的、不自由的和有限的，同时必然也能够在"时间"中"自由"地取消掉自己的种种片面性，而回归到绝对精神的无限之中。

这样看来，正是因为发展和成就了知解力这种"假定"，有"客观精神"以为基础，黑格尔才有底气把自己的神圣王国与中国的专制王国区别开了，牟宗三才乐于在《历史哲学》、《荀学大略》等著作中借助黑格尔的国家学来重建中国道德的神圣王国。⑤ 应该说，知解力的假定和取消，它在时间中的自由

① ［德］黑格尔：《美学》第一卷，商务印书馆1997年版，第59页。
② ［德］海德格尔：《形而上学导论》，商务印书馆1996年版，第158页；《林中路》，上海译文出版社1997年版，第45—46页。
③ ［德］黑格尔：《历史哲学》，上海书店出版社2001年版，第75页。
④ ［德］黑格尔：《美学》第一卷，商务印书馆1997年版，第144—145页。
⑤ 参见陈迎年《认识论·意识形态·存在论——牟宗三的荀子阐释批判》，《人文杂志》2013年第10期。

开启和闭合，在黑格尔是"精神现象学"，在牟宗三是"良知坎陷"。牟宗三的"智的直觉"，也可以看成是黑格尔的"绝对精神"。

三　国家艺术品的纯度：神统纪与道统纪

把牟宗三的"良知坎陷"等同于黑格尔的"精神现象学"，关注的重点是两者之"同"。两人都把"真正的国家"视为灌注了生气的有机体，它圆满自足，是绝对的真实、实体性的真实、最高的真实、本然的真实，"就是最高的对立与矛盾的解决。在最高的真实里，自由与必然，心灵与自然，知识与对象，规律与动机等的对立都不存在了。总之，一切对立与矛盾，不管它们采取什么形式，都失其为对立与矛盾了"。①

这种境界，牟宗三在《圆善论》中名之曰"圆善"。不过，牟宗三又强调说，自己的圆善"直接从孟子讲起"，"是孟子的智慧"，而"必须顺王学之致良知教而发展至王龙溪之'四无'，再由此而回归于明道之'一本'与胡五峰之'天理人欲同体异用'，始正式显出"。②

众所周知，对立与矛盾并非什么新生事物，自古以来一直都在搅扰着人类，如中国古代的性与情，或者见闻之知与德性之知的对立与矛盾等。但是同样不可否认，"只有近代文化教养才把它们推演成为最尖锐最剧烈的矛盾。偏重知解力的文化教养。或者说，近代的知解力，在人心中造成了这种对立，使人成为两栖动物"。于是，"动物彼此之间以及与周围事物都和平相处，而人的心灵性却酿成两面性和分裂，他就围困在这种矛盾中。"③ 质言之，因为知解力的近代扩张，已经让它取代了道德之"觉"而成为人禽之辨的关节点。于是，"人类的第一天性便是他直接的、单纯的、动物的存在"，作为"第二天性"的道德或自由绝不是什么原始的和天然的东西，恰恰相反，它是知解力的后果，"要靠知识和意志无穷的训练，才可以找出和获得"。④ 因此，国家学首要的东西便不是"道德"，而是"抽象法"。

---

① ［德］黑格尔：《美学》第一卷，商务印书馆1997年版，第127页。同时参见陈迎年《牟宗三的善美学》，《文艺研究》2010年第5期。

② 牟宗三：《圆善论》，（台北）学生书局1985年版，第Ⅹ页。

③ ［德］黑格尔：《美学》第一卷，商务印书馆1997年版，第66、125页。

④ ［德］黑格尔：《历史哲学》，上海书店出版社2001年版，第43—43页。

在已经确知并认同这种古今变化的情况下，① 牟宗三仍然要把真实的国家首先安放于孟子学，则牟宗三与黑格尔之"同"马上便表明了两人之"异"。

一方面，由于知解力"假定"在辩证法中的基础性地位，黑格尔的国家学必然强调事物各自的独立自在性，而表现为众多独立自在者之间，如市民社会与国家、抽象法与伦理、私利与公益、手段与目的、自由与法律、现象与本质、自由与必然、认识的心灵与实践的心灵等的普遍对立和矛盾。对立和矛盾是如此普遍和尖锐剧烈，以至于马克思多次强调黑格尔的国家学"有意识地坚持二元论"，因而总陷入"二律背反"之中，最终成了"木质的铁"、"雅努斯的两面头"，或者说"布利丹的驴子"。②

马克思本人对这种二元论国家学虽有所批判，但却比黑格尔更加重视和坚持了知解力假定的基础性地位，强调"对现代国家制度的真正哲学的批判，不仅要揭露这种制度中实际存在的矛盾，而且要解释这些矛盾；真正哲学的批判要理解这些矛盾的根源和必然性，从它们的特殊意义上来把握它们"。③

沿这条线发展下去，政治科学从政治哲学中渐渐分离了出来，迅速壮大，最终甚至"自视为获得政治事务真正知识的唯一方式"。④

另一方面，由于缺乏知解力"假定"以为基础，牟宗三才需要借助黑格尔的国家学来重建中国道德的神圣王国的国家学，把"坎陷"出科学和民主之"新外王"当作其国家学的首要任务。培养生成知解力，开出对列格局，实现中国道德神圣王国的客观化，成为牟宗三国家学的焦点。这是《历史哲学》、《政道与治道》、《道德的理想主义》等书所反复申说的，而为大家所熟知，这里不再赘述。

唯牟宗三还要把黑格尔国家学的"神统纪"向前再推进一步，以再造一个更加质实、现成、神圣、道德的"道统纪"。⑤ "道统纪"的国家学先跟"神统纪"的国家学一样，强调表面上的历史曲折宛转的发展不过是绝对精神、精神实体在背后荡漾的结果，然后又转进一步，把精神实体推出去，理解为个人可以当下显现的"道德的心"，或者说"现成良知"。而之所以要这样，是因为在牟宗三看来，西方人（包括康德、黑格尔、马克思、海德格尔等）

---

① 牟宗三：《生命的学问》，广西师范大学出版社 2005 年版，第 140 页。

② ［德］马克思：《黑格尔法哲学批判》，《马克思恩格斯全集》第 1 卷，人民出版社 1956 年版，第 313、314、350、354、360 等页。

③ 同上书，第 359 页。

④ ［美］列奥·施特劳斯：《什么是政治哲学?》，华夏出版社 2011 年版，第 5 页。

⑤ 牟宗三：《生命的学问》，广西师范大学出版社 2005 年版，第 147 页。

的辩证法实际上都接触不到"真实"，都是现象层面的滚雪球，都是横冲直撞的毁灭之道，而需要让它停下来，需要有一个凝然坚住的道德心灵实体作为"起头处"而对其进行自如的收放。这便是"辩证法的辩证"，它指望和依靠中国文化特别是其中的儒家、孟子心性之学一系，要把上帝、实体等从现象之流中拉出来，与之打成两截，超然为之基地。①

众所周知，黑格尔"神统纪"国家学的那个客观而绝对必然的上帝，开始时只是空洞无物，需要在辩证发展中来充实和厘定，然后才能获得其内容和特性，所以它必须以知解力为基础。但是，当牟宗三"道统纪"国家学在开始的时候，让人人具有凝然坚住的现成良知，本性圆满自足，则人人都已经是上帝了，根本无须知解力来充实和厘定自己。于是，牟宗三"道统纪"国家学的焦点虽在知解力，但那却是假象，其中心只能是道德神心的自由呈现。所以牟宗三才敢说，自己的国家学纯是孟子的智慧。

按牟宗三的理解，哲学本质上就是政治的，政治附属于道德，政治科学仅仅只是大海中的一朵浪花、平地上的一个土堆，只有极其短暂、有限的意义。于是，儒家的神圣国家成为唯一的真正艺术品，即真即美即善；而一般所谓的艺术品，包括黑格尔作为艺术品的国家，美则美矣，却都处于现象层，既不真也不善。这样，牟宗三的国家学就要比黑格尔的国家学更少杂质，美真合一的纯度更高。

四　人性问题：两头凑泊还是本体下贯？

马克思和恩格斯把黑格尔的国家学一分为二，即作为"体系"的国家学和作为"方法"的国家学。作为体系，黑格尔的国家学受到了无情的批判，它首先是"露骨的神秘主义"的产物，因为神圣观念既是国家的"终点"也是国家的"起点"，它使自己外化为国家，然后又在思维中和在国家的历史发展中，再返回到自身。因此，神秘的实体成了国家的主体，而国家的主体则成了某种其他的东西，成了神秘的实体的一个环节。② 正如黑格尔所说的，"上

---

① 参见陈迎年《智的直觉与审美直觉——牟宗三美学批判》，上海人民出版社 2012 年版，第 95—112 页。

② ［德］马克思：《黑格尔法哲学批判》，《马克思恩格斯全集》第 1 卷，人民出版社 1956 年版，第 259、273 页。

帝统治着世界，而'世界历史'便是上帝的实际行政，便是上帝计划的见诸实行。"① 其次，这种国家学"拖着一根庸人的辫子"，是极其温和保守的，"几乎达到奴颜婢膝的地步"，它让人们看到完美的国家是只有在幻想中才能存在的东西，并承认一切现实的国家都有其存在的合理性和必然性，因此"不必向自己的同时代人提出太高的实践的政治要求"。②

作为方法，黑格尔的国家学却得到很高的赞誉。马克思指出，黑格尔的深刻之处在于他处处都从各种规定的对立出发，并把这种对立加以强调，因此"德国的国家哲学和法哲学在黑格尔的著作中得到了最系统、最丰富和最完整的阐述"。③ 马克思和恩格斯的国家学中关于共产主义社会的天才论述，都可以被看成是黑格尔国家学的某种延续，"他的革命方面，即辩证方法，是被当作出发点的"。④

按照这种"体系"与"方法"的区分，既然牟宗三的国家学已经让黑格尔的辩证方法停了下来，而且还标示出一个凝然坚住、本性圆满自足的现成良知，那么它只能作为一种体系，比黑格尔的国家学更为神秘和保守。牟宗三本人也的确常常需要为其浓厚的神秘主义和保守主义色彩而辩护。⑤

这特别涉及对人性的理解。恩格斯曾经表彰黑格尔的深刻："人们以为，当他们说人本性是善的这句话时，他们就说出了一种很伟大的思想；但是他们忘记了，当人们说人本性是恶的这句话时，是说出了一种更伟大的思想。"⑥所以，黑格尔一方面视国家为艺术品，强调"'国家'是存在于'地球'上的'神圣观念'"，"国家乃是'自由'的实现"，赋予国家以先天的永久性和神圣性，视其为道德、伦常、宗教虔敬、美等之类东西的完成"。⑦ 另一方面，

① ［德］黑格尔：《历史哲学》，上海书店出版社2001年版，第38页。

② ［德］恩格斯：《路德维希·费尔巴哈和德国古典哲学的终结》，《马克思恩格斯选集》第四卷，人民出版社1972年版，第214页；［德］马克思：《黑格尔法哲学批判》，《马克思恩格斯全集》第1卷，人民出版社1956年版，第401页。

③ ［德］马克思：《黑格尔法哲学批判导言》，《马克思恩格斯全集》第1卷，人民出版社1956年版，第459页。

④ ［德］恩格斯：《路德维希·费尔巴哈和德国古典哲学的终结》，《马克思恩格斯选集》第四卷，人民出版社1972年版，第238页。

⑤ 牟宗三：《心体与性体》上册，上海古籍出版社1999年版，第147页；《中国哲学十九讲》，上海古籍出版社1998年版，第417页；《中国文化的省察——牟宗三讲演录》，台湾联合报社1983年版，第20页。

⑥ 恩格斯：《路德维希·费尔巴哈和德国古典哲学的终结》，《马克思恩格斯选集》第四卷，人民出版社1972年版，第233页。

⑦ ［德］黑格尔：《历史哲学》，上海书店出版社2001年版，第41页。

黑格尔却也看到了国家这种艺术品与一般所谓美的艺术的差别，即在于前者之真是赤裸裸的，有丑在焉，有恶在焉：德性和那些先天的永久性和神圣性的东西"同'世界'和世界的创作之间就没有什么主要的关系了"，现实世界是"德性横遭宰割的屠场"，人类"个别兴趣和自私欲望"引发种种"暴行"和"腐败的常例"，绘出"一幅最为可怖的图画"，"只要一想起来，就得使我们忍受内心的苦刑，无可辩护，无可逃避"。①

无论人们称这种既是艺术品又不是艺术品的国家源于"人类的非社会和社会性"②，抑或"理性的狡计"③、"存在游戏"④、"天道之权变"⑤ 等，有一点是明确的：传统儒家对此并不陌生。这里无须指出孟子性善论与荀子性恶论的对反，亦无须述说宋儒天地之性与气质之性的对列等，只需听一听朱夫子的感叹即可："千五百年之间，正坐为此，所以只是架漏牵补过了时日。其间虽或不无小康，而尧、舜、三王、周公、孔子所传之道，未尝一日得行于天地之间也。"⑥

出于对孔孟之道"未尝一日得行于天地之间"及"儒门淡泊"等的焦虑，牟宗三的国家学最终明确放弃了黑格尔国家学中众多独立自在者之间的游斗凑泊，停止了善与恶、心与物的辩证法，而改为直觉之理的直接下贯和现成良知的自我坎陷。所谓"自我坎陷"严格说来并不是一般人所谓的辩证法，而只是一种绝对的唯心论，因为它以"心"这个绝对而岿然不动的形上实体、道德本体作为起头，本身只可以流射、放射而无所谓辩证。⑦

本体下贯的国家学美则美矣，然而却是不真的艺术品。正如黑格尔所指出的那样，"好的最大敌人是最好"，"纯粹的光明就是纯粹的黑暗"，⑧ 这种国家学以高涨的浪漫主义完成了对黑格尔的批判，但却因此比黑格尔更加发展了国家的形式主义，是一种更加可怕的首尾一贯和同义反复；因为缺乏对立面，在实践中它更有利于一个人独断独行的政治国家的形成，更易于把政治国家和物质国家都变身为奴隶。

不过也需看到，浪漫主义的国家学并不足以为中国的政治国家负责，亦不

① ［德］黑格尔：《历史哲学》，上海书店出版社 2001 年版，第 21—22 页。

② ［德］康德：《历史理性批判文集》，商务印书馆 1997 年版，第 6 页。

③ ［德］黑格尔：《历史哲学》，上海书店出版社 2001 年版，第 34 页。

④ ［德］海德格尔：《同一与差异》，商务印书馆 2011 年版，第 69 页。

⑤ 牟宗三：《生命的学问》，广西师范大学出版社 2005 年版，第 159 页。

⑥ 朱熹：《朱子全书》第 21 册，上海古籍出版社、安徽教育出版社 2002 年版，第 1583 页。

⑦ 陈迎年：《智的直觉与审美直觉——牟宗三美学批判》，上海人民出版社 2012 年版，第 20 页。

⑧ ［德］黑格尔：《法哲学批判》，第 226 页；《小逻辑》，商务印书馆 1997 年版，第 108 页。

意味着儒家国家学的一无是处和全面衰落。正如恩格斯所言，"德国的工人运动是德国古典哲学的继承者"。① 哲学已经终结了，学术已经终结了，问题只在于改变世界，只在于政治。套用马克思的话来说，"哲学不消灭无产阶级，就不能成为现实；无产阶级不把哲学变成现实，就不可能消灭自己"。对于儒家国家学的批判一定不能只讨论其本身，而应该"集中于只用一个办法即通过实践才能解决的那些课题上去"，因为"批判的武器当然不能代替武器的批判，物质力量只能用物质力量来摧毁"。② 就此而言，中国国家治理体系和治理能力现代化，是儒家国家学现代化的前提条件。

（作者单位：华东理工大学哲学研究所）

---

① ［德］恩格斯：《路德维希·费尔巴哈和德国古典哲学的终结》，《马克思恩格斯选集》第四卷，人民出版社1972年版，第254页。

② ［德］马克思：《黑格尔法哲学批判导言》，《马克思恩格斯全集》第1卷，人民出版社1956年版，第467、460页。

四　文学、艺术与跨文化对话

海德格尔的四方(Geviert)与老子思想

——跨文化沟通视点下之生态诗学

赖贤宗

内容摘要： "生态诗学"（ecopoetics）是美国生态文学批评潮流之中的新近的脉动，然而德语地区的大哲海德格尔早在 20 世纪的 30 年代以降的许多文章就涉及"生态诗学"。本文讨论海德格尔的诗学与生态哲学，主要讨论的文本是海德格尔《荷尔德林诗的阐释》、《艺术作品的本源》、《建筑 居住 思想》等文。

本文首先探讨"生态诗学"（ecopoetics）、"生态文学批评"（ecocriticism）在欧美的研究史。然后，本文集中于海德格尔的"科技批判"、"四方"、"自然"三个观念，以此来探讨海德格尔生态诗学的基本内容。同时，本文也探讨老子与庄子的"抱朴守真"、"四方"、"自然"三个观念，来和海德格尔的生态哲学进行对话，进入海德格尔与道家生态哲学的跨文化沟通。

关键词： 海德格尔 比较诗学 深层生态学 生态诗学

导 论

本文由海德格尔（Martin Heidegger, 1889—1976）诗学出发，探讨"艺术的本性是诗"，聚焦于"四方"一说，讨论海德格尔哲学之中的生态诗学，从而由本体诠释学的观点，阐明海德格尔存在观中的生态诗学。海德格尔诗学包含着一种深层生态学与存在美学，这是笔者所说的海德格尔的"生态诗学"。此一"生态诗学"以诗意的唤醒来重建新时代，也就是在海德格尔所说的"四方"的重新建立之中，唤回诗境，让人可以安居在"存在"（Sein）之中。

"生态诗学"（ecopoetics）是美国生态文学批评潮流之中的新近的脉动，然而德语地区的大哲海德格尔写于1935/36年的《艺术作品的根源》（*Der Urspruch des Kunstwerkes*, *The Origin of the Work of Art*）一文就已经包含了"生态诗学"的基本构想。本文讨论海德格尔的诗学与生态哲学，主要讨论的文本是海德格尔《荷尔德林诗的阐释》、《语言》、《……人诗意地栖居……》、《艺术作品的本源》、《诗人何为》、《建筑　居住　思想》、《物》等文。笔者另文是海德格尔生态诗学的上篇，集中于海德格尔的"科技批判"，本文是下篇。本文阐明"四方"、"自然"两个观念。笔者以"科技批判"、"四方"、"自然"这三个观念探讨海德格尔生态诗学的基本内容，而平行于老子庄子的"抱朴守真"、"四方"、"自然"三个观念。如此，老子庄子和海德格尔二者的生态美学可以进行对话，海德格尔与道家的生态哲学在此一平台进行跨文化沟通。

一　从生态诗学来考察海德格尔诗学

环保运动与生态理论致力于生态环保政策的改善，维护自然。但是对于环保生态的终极价值的维护并未提出强而有力的理论基础。反而是当代社会学理论与哲学学界从不同的角度提供了"与自然和解"的深度理论剖析。

首先是法兰克福学派的霍克海默（M. Horkheimer）和阿多诺（T. Adorno）在对于工具理性的批判中，指出人类在近现代之中希望透过对于自然的开发与控制来追求主体的解放，但是却在此一种片面褊狭的理性启蒙中迷失了自己，由于环境的问题导源于"现代化"的过程，因而人只有进行自我批判，才能进一步追寻与自然的和解共生。但是，法兰克福学派的理论过于抽象，对于环保实践的具体问题未提供实际的助力。

又，贝克（U. Beck）在《风险社会》一书之中指出我们首先要面对的问题不是自然的问题，而是科技经济所带来的问题。"自然"不再是主体的对立面，因为纯粹的自然已经不存在，生态威胁是来自"人造的自然"、"社会化的自然"。风险社会的特征是被大型灾难威胁的社会，这些现代社会的风险是跨国界与跨世代的，其影响超越"人/自然"，而已经到达"物种/星球"。相对于传统生态主义者强调"生态为中心"的世界观，霍克海默和阿多诺或贝克都强调一种"人类中心主义"（anthropocentrism）的生态观察，将生态与环境视为人与社会的副产品。从海德格尔对于"人类中心主义"的批评看来，霍克海默和阿多诺或贝克所强调的"人类中心主义"的生态观察是"遗忘了存在"，必然无法克服自身内在的困难。① 本文阐明海德格尔的存在思想与诗学具有深层生态学的意义，是一种生态哲学；海德格尔以诗学来显示存在思想（das Denken des Seins）也因此是一种"生态诗学"。

"生态文学批评"（ecocriticism）将以地球为中心的思想运用到文学研究之中，探讨文学与自然环境之关系。"生态诗学"（ecopoetics）是美国生态文学批评潮流之中的新近的脉动，然而德语地区的大哲海德格尔写于1935/36年的《艺术作品的根源》（*Der Urspruch des Kunstwerkes*，*The Origin of the Work of Art*）一文就已经包含了"生态诗学"的基本构想。在美国文学界，"生态文学批评"这一概念可以追溯到约瑟夫·米克（Joseph W. Meeker）在《生存的喜剧：文学生态学之研究》（*The Comedy of Survival：Studies in Literary Ecology*，1972）中提出"文学生态学"（Literary Ecology）一词。此后，陆续有人提出"生态诗学"（ecopoetics）、"生态文学批评"（ecocriticism）、"环境文学批评"（environmental literary criticism）、"绿色研究"（greenstudies）等其他相关术语。在我国台湾地区关于文学生态学、生态文学批评的研究中，除了个别的生态文学作家与理论家之外，主要有杨铭涂教授（曾任淡江大学英文学系主任）等人曾在淡江大学英文学系长期主办相关的学术研讨活动，例如笔者曾经发表论文的"生态哲学与生态论述未来方向"工作坊（Eco - Philosophy and Future Direction for Ecocriticism），已经在台北成立了文学与环境研究学会的台湾分会。另外在台湾中部则有静宜大学人文暨社会科学院设立生态学系，并长期主办"人文、社会、自然与艺术"跨领域整合系列研讨会。

"生态诗学"是西方生态文学批评之中的当前的重要脉动。到目前为止，美国生态文学批评经历了与欧洲哲学界的互动，已然经历了三个阶段的发展。第一阶段的美国生态文学主要研究在文学作品中如何表现自然与环境，第二阶段的重点则放在促进大家重视描写自然的文学作品。例如，它认为卡森的《寂静的春天》（*Silent Spring*，1963）一书可以说是一座里程碑，标志着西方世界的生态环保意识的觉醒。

生态文学批评的第三阶段试图创建一种"生态诗学"，强调生态系统的重要性，对于生态伦理学与深层生态学强调的生态终极价值进行哲学论述。"生

---

① 参见陈世荣《生态主义的终结或转型·评介贝克、鲁曼与普鲁东》，收于《思与言：人文与社会科学杂志》第46卷第4期（台北，2008年12月）。

态诗学"将"艺术的美"回到它的根源，也就是回到深层生态学的观点，或是以海德格尔的话语是从"存在真理的创化"来考察。所以，必须从"艺术"与"真理"的关系来重新探讨"诗学"的本意，从而加强生态文学批评的理论基础。

"环境伦理学"（environmental ethics）与"生态哲学"（ecological philosophy）对人与自然环境之间的伦理关系进行探讨，主张非人类中心说，认为物种与生态系统等具有和人类存在同样的伦理价值。例如，德文世界的史怀哲（Albert Schweitzer）在许多著作中提倡"生命教育"，并将伦理关怀扩展到整个生命界，以"尊重自然"为终极伦理理念。而奈斯等（Arne Naess）提出的"深层生态学"（deep ecology）阐明万物一体的灵性深度，是当代生态文学批评的重要理论基础。①

其实，比起美国文学界于20世纪90年代开始注意"生态诗学"的课题更提前约六十年，海德格尔写于1935/36年的《艺术作品的根源》一文就已具备"生态诗学"的基本构想。海德格尔早在1951年就已经发表《建筑 居住 思想》（Bauen Wohnen Denken）一文②，这是一篇建筑哲学、生态哲学与生态诗学的重要文献。对于海德格尔而言，"居住"是一项任务，人必须体认到人所处的无所寄托的情境是必须改变的事实，从而要学习如何定居，安身立命。此中，造型艺术的议题被整体的、综合的、生产的感知所取代，建筑是一种文化景观，其他造型艺术一样也是如此。"建筑、居住"对于海德格尔而言不只是盖了多少房子的问题，而且是提供一个场所让生命存在得以安居其中，在天、地、诸神、有死者的"四方"之中微妙共振。这里所说的居住与存在的关系对于当代生态哲学具有很大的启发，本文即由海德格尔诗学出发，讨论生态哲学之中的与之存在相关的问题，阐明海德格尔存在观中的生态诗学（Eco‐Poetics）。

受到海德格尔和梅洛·庞蒂思想的影响，美国的生态批评学者西格杰（Leonard D. Scigaj）在《永续经营的诗：四位美国生态诗人》（Sustainable Poetry: Four American Ecopoets, 1999）中，批判了后结构主义和后现代主义的语言学转向对当代诗歌和文学批评的影响，认为后结构主义和后现代主义把讨论范围局限在语文和话语上，似乎文本（Text）以外就没有自然环境等其他存

---

① 参见《美国生态文学批评述略》，来源：778论文在线；发布时间：2006‐10‐315：12：47，http：//www.qiqi8.cn/article/24/25/2006/200610039186_3.html。
② ［德］海德格尔：《建筑居住思想》（Bauen Wohnen Denken）一文，1951年发表，收入海德格尔《演讲与论文》（Vortr. ge und Aufs. tze），Verlag Guenther Neske，1994年第7版，第139—156页。

在。西格杰批评了西方哲学中普遍存在的二元论，转而强调生态诗学的理论构建应以海德格尔的存在思想和梅洛·庞蒂的知觉现象学之身体思想为基础。

海德格尔的《艺术作品的本源》一文说"诗意"是"真理光明投射的一种方式，是在广义上的诗意创造的一种方式"。① "诗意"是存在真理的光明投射的一种存在方式。用海德格尔的话来说："诗意是存在敞开的言说。真正的语言在任何给予的时间均是这种言说的发生。"② 所以，海德格尔的"诗学"探讨的是"存在真理的设入于作品之中的动作"，"诗学"探讨的不是"诗"作为一种文学作品的"种类"（如诗、小说和散文）的研究课题，而是揭示"真理光明投射的一种方式，诗意创造的一种方式"。诗（Poesis）就其本性而言是一种存在的发生，是自然的造化，"人诗意地居住"，此时的"诗意"意味着一种本性的存在体验的生产方式。海德格尔《……人诗意地居住……》一文中说："人类居住如何能理解为建基于诗意呢？""人诗意地居住"的短语，的确也只是源于一个诗人……用古希腊语来说，制作即 poesis。而人的居住能设定为诗歌和诗意吗？……当荷尔德林言说居住时，他在他眼前拥有人类生存的基本特性。他从与那种从本质上来理解的居住的关系中看见了"诗意"。③

海德格尔的学生与重要的诠释者波格勒（Otto P. ggeler）著有 "West - stliches Gespr. ch: Heidegger und Lao Tse"（《东西方的对话：海德格尔与老子》）一文，也注意到了海德格尔的存在诗学（本体诗学）与谢林哲学、老子思想的关联。波格勒说：海德格尔在"诗意"中发现了思、诗和艺术之本源，他也似乎想从诗歌写作中构思一种本源性的 Poiesis（诗学）。谢林（Friedrich Wilhelm Joseph von Schelling，1775—1854）于《先验唯心论体系》结论部分试图将所有知识、行为和生产的模式，通过一种"新的神话学"，带回到"诗的海洋"，这乃是海德格尔的存在诗学的前驱。④ 晚年的谢林的艺术哲学与神话哲学更加突出了存在诗学（本体诗学）。另外，弗里德里希·施莱格尔（Friedrich Schlegel，1772—1829），是德国早期浪漫派最重要的文学家，他的诗学乃是生命存在本体论的诗学并强调艺术的"审美救赎"作用。海德格尔、

① Heidegger, Holzweg（《林中路》）第 60 页。《艺术作品的本源》，此处引文参见彭富春译《诗·语言·思》（文化艺术出版社 1990 年版），第 68 页。

② 同上书，第 69 页。

③ 海德格尔：《……人诗意地栖居……》，收于彭富春译《诗·语言·思》（第 185—201 页）（文化艺术出版社 1990 年版）。

④ ［德］莱因哈德·梅依：《海德格尔与东亚思想》。Otto P. ggeler 的 "West -. stliches Gespr. ch: Heidegger und Lao Tse" 一文收入此书之中。相关讨论，参见第 232 页。

谢林的存在诗学（本体诗学）和施莱格尔是不同的。施莱格尔所说乃是建立在主体上的情感性表现；而海德格尔、谢林则是建立在对于西方传统形上学传统的深刻批评之上，他们脱离了主体性的哲学，首出的是存在（存有）、自然。

深层生态学涉及新的自然观、新的存在观，涉及人的实存对于自然的整体性的照顾与献身，是一种 das ganzheitliche Denken（整体性的思考）。深层生态学的自然观是一种本体诠释学（Onto – Hermeneutic）的观点。因此，深层生态学涉及新的自然观、新的存在观，可以说是一种存在的诗学。吾人可以称海德格尔的诗学是一种本体诗学（存在诗学），也是一种生态诗学。换句话说，海德格尔诗学包含着一种深层生态学与存在美学，这是笔者所说的海德格尔的"生态诗学"。

海德格尔认为，世界是存在意义开显的界域，存在自身即开显即遮蔽。因此，海氏对科技理性的过分膨胀加以批判。海德格尔此一思想不仅具有生态哲学的意义，也是一种生态诗学，具有本体诠释学的深度。海德格尔认为，艺术的本性是存在的真理的发生，这种发生是世界和大地之间冲突的抗争，作品的独立或者自我镇静在此处得到奠基。"生态诗学"以诗意的唤醒来重建新时代，也就是在海德格尔所说的"四方"的重新建立之中，唤回诗境，让人可以安居在存在之中。这里所说的"生态诗学"是结合深层生态学与海德格尔诗学及科技批判，它以诗意的唤醒来重建新时代，也就是在海德格尔所说的"四方"（Geviert）的重新建立之中，唤回诗境，让人可以安居在存在之中。

一般的生态文学批评的讨论忽略了德语地区的观点和研究成果。其实，从生态学（Ecology, ökologie）的词源学来考察，此词一开始就具有哲学与神学的向度。生态学（Ecology, ökologie）一词最早由德国的生物学家赫克尔（E. Haeckel）于1866年在他的 Generellen Morphologie der Organismen 一书中提出。"生态学"一词在西方是以德文 .kologie 首次出现，ökologie 由希腊文 oikos 和 logos 两个词根所构成。oikos 意为住所、住所的照顾（Haus, Wohnhaus, Haushalten），logos 意为研究或讨论。当时赫克尔对生态学所下的定义为："生态学是研究动物对有机和无机环境的全部关系的学问。"此后，许多学者对生态学作过不同解释，现在，生态学为大部分人所采取的简要的定义则为："研究生物与其周围环境之间互相关系的科学。"①

德语地区的米纳瑞克（Hubertus Mynarek）的研究指出：Ecology

---

① 参见诸葛阳编著《生态平衡与自然保护》，（台北）淑馨出版社1991年版，第4页。

(ökologie) 在字源上，一开始就和宗教（Religion）有关，因为西方语言中的"宗教" Religion 的字根 Religio，意为 Rück – Bindung an das Ganze（回顾并结合于整体），而生态学（Ecology, ökologie）在字源上的意思是 Oeconomie des Natur – Ganzen（自然整体的照顾经营）。① 简言之，生态学（Ecology, ökologie）涉及新的自然观、新的存在观，涉及人的实存对于自然的整体性的照顾与献身，是一种 das ganzheitliche Denken（整体性的思考）② 的新的存在观。涉及新的自然观、新的存在观的生态学并不停留于生态物种与自然环境的保护的环保政策的主张，而是深入到生态学的灵性基础，所以被称为"深度生态学"。这种作为后来西方生态学的思想渊源的"整体性的思考"在西方思想史上也有很多人提倡：西方文化史在传统哲学的二元对立的分析理性影响下，本来并不被重视"整体性思考"，但是到了 20 世纪，整体性思考开始复兴，渐渐兴盛，也成为西方生态学的思想来源之一。"整体性的思考"是一种本体诠释学的思考，这种思考模式在亚洲是传统哲学的主流，如此处所说它具有生态哲学的含义。通过东西方的跨文化沟通，亚洲的哲学也刺激了当代西方生态学的勃兴。③

川村永子在《禅と宗教哲学》中对于京都学派哲学家西谷启治（K. Nishitani）的研究指出，受到海德格尔的科技批判与虚无主义研究的影响，西谷哲学认为西方世界的虚无主义（Nihinismus）的起源主要是传统哲学受困于人类中心、自然中心以及超越者中心，在疏离的现代社会中，人类、自然和超越者三种领域之其中一者与其他两者失去了内在的关联，只封闭地探讨自己的孤立领域，所以导致了当代文化的危机。人类、自然、超越者三种领域的互相孤立与封闭所带来的当代社会最大的危险，是自然科学技术的唯我独尊和工具理性的宰制。这导致"单面向的"人类对于生态自然的宰制剥削，从而使得人文价值标准沦丧，价值超越根基崩溃。这是西谷启治对于"现代文化"的诊断，也是对于"现代性"（modernity）的批评，同时也显示了生态问题与环境危机在西方世界的思想根源。

---

① Hubertus Mynarek, ökologische Religion. Ein neues Verst. ndnis der Natur.（生态宗教：对于自然的新理解，München，1986，第 14 页。）

② Das ganzheitliche Denken（整体性的思考）在西方的渊源，请参见 Karen Gloy 的 Das Verst. ndnis der Natur. ä II Die Geschichte des ganzheitlichen Denkens，München，1996。

③ 关于中国哲学的生态环保思想的介绍，可参见下列三本专书：庄庆信：《中西环境哲学——一个整合的进路》，（台北）五南图书出版有限公司 2002 年版。庄庆信：《中国哲学家的大地观》，（台北）师大书苑出版社 1995 年版。冯沪祥：《环境伦理学》，（台北）学生书局 1991 年版。

二　海德格尔的"无"与"万物辉映"的思想

海德格尔在《流传的语言和技术的语言》中也讨论了庄子的"无用之树"的寓言，并批判了技术的语言①。《道德经》第十一章所说的"有之以为利，无之以为用"是从利益与妙用的观点来讨论有无，这是说：从有的观点来发挥万事万物的相对条件与利益，从无的观点来妙用万物的存在。其实这里的实践论已经隐含了老子第一章的有无玄同的道论形上学。《道德经》第一章已经讲了"无名天地之始，有名万物之母。故常无欲以观其妙，常有欲以观其徼。此两者同出而异名，同谓之玄，玄之又玄，众妙之门"，所以讨论有无之利益与妙用，是不能脱离有无玄同的道论的思想架构的。这和海德格尔在"四方"的思想架构之中讨论无的做法有着异曲同工之妙。

下文中，笔者将探讨海德格尔由无进而探讨"四方"，和老子所论的四大有其思想上的亲缘性，并指出此中蕴含了生态诗学的跨文化沟通。

在 1949 年 12 月的不来梅演讲《物》（Das Ding）②，海德格尔举"壶"（Krug）当例子来解释"无"的重要性，"作为容纳的器皿的壶的物性绝不在于它由以构成的材料，而是在于具有容纳作用的虚空"。③ 波格勒认为这里的思想正和《道德经》第十一章的"埏埴以为器……有之以为利，无之以为用"是一致的。④ 随后海德格尔在此文中讨论了"天、地、神、有死者"（Erde, Himmel, G. ttlichen und die Sterblichen）的"四方"（Geviert）的思想，十分类似于老子所说的"四大"，海德格尔的《物》说：

> 地、天、神和有死者，从其自身而有的互相隶属，从统一的四方的纯真之中而有共同隶属……这种失去小我的转让（dieses enteignende Vereignen）就是四方的映射—游戏（Spiegel–Spiel），由之而来，四方的纯

---

① ［德］海德格尔：《流传的语言和技术的语言》（überlieferte Sprache und Technische Sprache），Erker: Herausgegeben von Hermann Heidegger, 1989, 第 5—8 页。此小册子出自海德格尔于 1960 年 7 月 18 日在国家教师进修科学院为职业学校的理科教师举办的培训班上发表的演说手稿。

② ［德］海德格尔：《物》（Das Ding），1950 年 6 月，讲于慕尼黑的巴伐利亚艺术学院，收于《演讲与论文》（Verlage Guenther Neske，第 7 版，1994），第 157—180 页。

③ ［德］海德格尔：《演讲与论文》（Verlage Guenther Neske，第 7 版，1994），第 161 页。

④ 相关讨论见波格勒《海德格尔新的道路》（Neue Wege mit Heidegger），第 406 页。

真才得到信赖。地、天、神和有死者的纯真的生成的映射—游戏，我们称之为世界。世界在世界化中存在。①

壶中空（Leere）所以能容纳水及酒，壶之所以为壶的存在，并非因其确定性，也就是说并不是它因具备了某种形式之规定性而拒绝另一些形式，而是说壶是空的，因此所有的形式是被需要的。因为"空"（Leere），所以才能容纳水及酒等。波格勒认为海德格尔这里的思想正和《道德经》第十一章的"埏埴以为器……有之以为利，无之以为用"是一致的。②"壶"就是"埏埴以为器"当中的一种，埏埴之器"有之以为利，无之以为用"，"利"是各种具体的条件，"用"则是发挥灵妙的作用，各种具体的条件要能够发挥灵妙的作用必须具有"无"。

于1958年，海德格尔与京都学派的禅哲学家久松真一（Hisamatsu Shin'ichi，1889—1980）关于东西艺术的一次对话，久松真一也是重要的日本当代的禅美学家，在艺术创作上对于禅书法与茶禅有相当高的水平。久松真一与海德格尔在弗莱堡大学面对面进行过对谈，对谈的题目是《艺术と思索》。③ 海德格尔与久松真一讨论存在思想、空间观与造型艺术，这是海德格尔与禅艺术的一次重要的直接对谈。海德格尔如此说到了无、空，他说："所谓无、空，绝不是否定的无。如果我们将这个空理解为空间概念的话，我们必须要这样说。也就是说，这个空间的空才正是作为空间根源性地空却空间，以各得其所的方式，聚集一切物。"④ 这是一条很少被注意到的海德格尔的晚期存在思想的材料，这里的禅道本体美学（Onto‐aesthetics）以及东西跨文化美学对话的背景是很值得注意的。

又，海德格尔的《语言的本性》（Das Wesen der Sprache）说到世界四方：

道说（Die Sage）是一切世界四方（Weltgevierte）的运动者，无声地

---

① ［德］海德格尔：《物》（Das Ding），此处的讨论参见《演讲与论文》第172页，后半部分的德文原文："Erde und Himmel, die G. ttlichen und die Sterblichen geh. ren, von sich her zueinander einig, aus der Einfalt des einigen Gevierts zusammen… Wir nennen das ereignende Spiegel‐Spiel der Einfalt von Erde und Himmel, G. ttlichen und Sterblichen die Welt. Welt west, indem sie weltet."

② 相关讨论见波格勒：《和海德格尔一起走新的道路》，第406页。

③ 茅野良男：《ハイデガ详细年谱》，收入《现代思想临时增刊总特集：ハイデガ》，此处讨论参见第346页。

④ 海德格尔与久松真一关于东西艺术的一次对话，潘燔曾经加以翻译。这一次历史性的座谈会举行的时间是1959年5月18日，地点为德国的弗莱堡大学。收于久松真一全集。

聚集着相对者的近处，如此宁静，一如时间的时间化，空间的空间化，如此的宁静，一如时间—游戏—空间的游戏。我们称无声呼唤的聚集为宁静的排钟。作为聚集，道说推动了世界关系（die Sage das Welt - Verh. ltnis bew. gt）。此为本性的语言。①

《物》提到"地、天、神和有死者，从其自身而有的互相隶属，从统一的四方的纯真之中而有共同隶属"，《语言的本性》则说"道说（Die Sage）是一切世界四方（Weltgevierte）的运动者"，可以说是和《道德经》第二十五章所说的"道大，天大，地大，人亦大，域中有四大"的思想有着高度的类似性，都彰显了透过无、空而达到万物的浑成、周行不殆，道法自然，物物映照，相互和谐。此处所说的"世界世界化"（Die Welt weltet），是一种存在思想的空间观，让吾人想到《艺术与空间》所说的空间观，这样的"世界世界化"是域中四大浑成的世界，而不是科技态度所面对的手前的世界，甚至海德格尔《存在与时间》的存在意义的实存性也还并不足够到达此一"世界世界化"。

此一"世界世界化"（Die Welt weltet. ）是《物》一开始所说的存在于远方的近处（die N. he），道在目前，本来现成。在映射—游戏（Spiegel - Spiel）之中，四方的四者游戏着，且互相映射传递着游戏，为了互相的交互生成，四方互相隶属，海德格尔以此"万物辉映"的思想来对抗科技的"框架"（Das Gestell）对于自然的压迫。海德格尔此一"万物辉映"不仅是近似于老子的四大浑成的思想，也是颇类似于庄子所说的"天籁"、"天钧"、"化声之相待，若其不相待。和之以天倪，因之以蔓衍"。

又，海德格尔的"无"是要通过无来更深入于存在，所以在此要掌握海德格尔论在场和不在场的二重性，以及此与老子思想所说的道的二重性（有无玄同）互相参照，这样才不至于误解海德格尔的"无"是一种单方面的虚无主义。关于这一点，笔者在另文已多所阐明，就不在此讨论。就海德格尔的存在思想的生态诗学而说，也要就"在场和不在场的二重性"，与老子的"反"的思想，例如"相反相成"、"物极必反"、"反虚入浑"，从事比较研究。

海德格尔在《语言的本性》中说："道说（Die Sage）是一切世界四方（Weltgevierte）的运动者，无声地聚集着相对者的近处，如此宁静，一如时间

---

① ［德］海德格尔：《在通往语言之路上》，第215页。

的时间化，空间的空间化，如此的宁静，一如时间—游戏—空间的游戏。我们称无声呼唤的聚集为宁静的排钟。作为聚集，道说推动了世界关系。此为本性的语言。"①

以"宁静的排钟"为喻，此一宁静就是无，是充满存在的力量的无，就像是"宁静的排钟"所形成的泛音（Overtone），海德格尔说此一宁静的力量是"时间的时间化，空间的空间化"，是"时间—游戏—空间的游戏"。作为聚集，生命之道是大化流行，推动了世界关系。在《语言》（Sprache）中，海德格尔更进一步深入于"让其存在"（Seinlassen）来探讨，所以现在的二重性有和无的二重性，是让其存在的有和无的二重性，区分二重性地使宁静，存在和存在者的区分不再是以基本存在学的方式，若是如此海德格尔认为还是落入于存在遗忘，现在是区分二重性地使得宁静发生、本成。

三 "自然"观念的跨文化沟通：海德格尔
与老子的生态诗学，诗性安居于四方

人在诗中被聚集到他的此在的根基上，人在其中达到无限的安宁，在这种安宁中，一切力量和关联都是活跃的。关于这种意义深刻的"自然观"，海德格尔在《荷尔德林和诗的本性》一文中说：

> 诗是"最清白无邪的事业"。荷尔德林在一封信中这样写道，不光是为了顾惜母亲，而是因为他知道，这一无害的外观属于诗的本性，就像山谷属于山脉。……诗看起来就像一种游戏，实则不然。游戏虽然把人们带到一起，但在其中，每个人恰恰都把自身忘记了。相反地，在诗中，人被聚集到他的此在的根基上。人在其中达乎安宁；当然不是达乎无所作为、空无心思的假宁静，而是达乎那种无限的安宁，在这种安宁中，一切力量和关联都是活跃的。②

海德格尔此处所说的"在诗中，人被聚集到他的此在的根基上。人在其

---

① 海德格尔：《语言的本性》，收于《在通往语言之路上》，此处见第 215 页。
② 参见荷尔德林 1799 年 1 月 1 日《致兄长的信》第三卷，第 368—369 页。

中达乎安宁；当然不是达乎无所作为、空无心思的假宁静，而是达乎那种无限的安宁"让我们想到老子所说的"致虚极，守静笃"。海德格尔此处所说的"在这种安宁中，一切力量和关联都是活跃的"让我们想到老子所说的"无为而无不为"。重点是此处的前导语是"在诗中，人被聚集到他的此在的根基上"，可以说，这里说的主要是生态美学，是建立在此在的根基上的生态美学。此在的根基乃是一种"无住本"（Ur – grund），以无住为本，是在诗意与诗境之中，人被聚集到他的此在的"无住本"（Ur – grund）上。

　　道家与禅宗的艺术最符合这里的特质，在禅道的艺术之中，作者与鉴赏者的自我产生回归根源性自我的动作。在海德格尔与久松真一关于东西艺术的一次对话中，海德格尔说："在东方艺术之中，对观赏者发挥作用的艺术作品，并没有制造出任何事物。形态绝不是象征，也不是表示意味的形象。因此，我觉得无疑是说，在从事书写、绘画上，自我产生回归根源性自我的动作。"[①]

　　底下，笔者从"四方"的本体诠释学（Onto – Hermeneutik）的角度来继续展开海德格尔的存在诗学与生态诗学。

　　海德格尔的《艺术作品的根源》（*Der Urspruch des Kunstwerkes*）一文阐明"艺术是真理的生成与发生"，此一说法与当代造型艺术与表演艺术的许多说法互相共鸣。[②] 海德格尔《艺术作品的根源》认为，艺术作为一种真理事件的发生（happening, Ereignis），艺术要回到天、地、有死者、神（Erde, Himmel, die G. ttlichen und die Sterblichen）的四方（Geviert）界域，[③] 这些说法对于当代重新定义艺术，从"生态诗学"来重新理解艺术，具有很大的启示。当代艺术离弃 fine art（纯艺术）的文化精英主义和形式主义美学，转而强调艺术表现存在的真理，艺术使生活世界得以再魅力化。可以说，海德格尔的存在观底下的美学采取了"本体诠释学"的观点，当代艺术从 fine art（纯艺术）的形式观照转而强调艺术表现存在的真理，这是一种本体诠释学的转向。

　　海德格尔的《语言》（*Die Sprache*）阐述物的物化和世界的世界化，这些

　　① 海德格尔与久松真一关于东西艺术的一次对话，潘燔曾经加以翻译。这一次历史性的座谈会举行的时间是 1959 年 5 月 18 日，地点为德国的弗莱堡大学。收于久松真一全集。

　　② 《艺术作品的根源》（Der Urspruch des Kunstwerkes, The Origin of the Work of Art）写于 1935/36 年，收于海德格尔的 Holzwege（《林中路》）一书，也收入 Martin Heidegger 的 Poetry. Language. Thought 一书，Trans. Albert Hofstadter. New York, Harper and Row Publishers, 1971。又，参见 Barend Kiefte, Art lets truth originate: dadaism, surrealism, and Heidegger.

　　③ 海德格尔的四方的思想：人是居住于天、地、短暂者（人）、神圣者的四方（Geviert）：Himmel（天）、Erde（土地）、G. ttliche（神明、神性存在者）、Sterbliche（短暂者、会死者）之中。海德格尔的《物》、《人诗意地栖居》等文曾就此加以阐明。

都是晚期海德格尔的重要思想，也就是他所说的 Ereignis（本成、发生）。"物的物化"、"世界的世界化"是《存在与时间》之外的海德格尔代表著作《哲学献集》的主要课题之一。海德格尔的 Ereignis（本成、发生）被认为和当代观念艺术、前卫艺术、行动艺术的兴起有异曲同工之处，而他说的"艺术是真理的生成与发生"，强调艺术与真理的关系、艺术与存在的关系以及艺术作品是一种发生的观点，这些都是当代艺术与艺术哲学的重要因素。

海德格尔的《语言》阐释了特拉克（G. Trakl）的诗作《冬夜》（Ein Winterabend），此诗分为三节，① 海德格尔说《冬夜》诗的第一节呼唤物进入物化，承受世界；第二节呼唤世界出现世界化，允诺物；第三节呼唤世界和物的中间物出现和亲密的实现。因此，《冬夜》第三节的开始是一个强调的呼唤："漫游者静静地跨进。"诗人和这个时代究竟要去何处？诗人没有说。代替的是，它呼唤跨入的漫游者进入宁静。这种宁静照顾着门口，突然和惊异地发出呼唤："痛苦已把门槛变成石头。"

此行全部由自身在全部诗中所言说的来言说。它命名痛苦。这是什么样的痛苦？诗行只是说："痛苦已把门槛变成石头。"由何处和以何种方式，痛苦是其本真的如何所是，就足以将门槛变成石头，跨过门槛就从结束流浪而回到安居。

此时，在安居的家中，存在真理的发生事件主要是倾注、给予、容纳和聚集。海德格尔以"陶壶"为例子，来阐述存在真理的发生事件主要是倾泻、给予、容纳和聚集，这被认为来自老子《道德经》第十一章所说的"埏埴以为器，当其无有器之用"，最后所说的"聚集"并导引向"四方"（Gevirt）的说明，"聚集"是"四方"的聚集，这则被认为是受到老子第二十五章所说的"道大，天大，地大，人亦大。域中有四大，而人居其一焉。人法地，地法天，天法道，道法自然。"

海德格尔的《语言》一文说陶壶的倾泻是给予，器皿的包容发生于倾泻的给予。包容需要作为包容的虚空。包容的虚空的本性在给予中聚集。在给予中陶壶是陶壶，在倾泻的给予中聚集。聚集作为在一起，首先完成了给予的全面现身：倾泻的赠礼。陶壶的陶壶特性，存在并活动于流注的赠礼中。甚至一空无的陶壶，凭借这种赠礼而保其本性，尽管空无的陶壶不允许外泄。空无的

① 底下的讨论参见 Heidegger, Die Sprache，收于 Unterwegs zur Sprache（《到语言之道上》），Verlag Günther Neske，1997 年新版，全诗见第 17 页，此处的讨论参见第 26—30 页。海德格尔：《语言》，载海德格尔《诗·语言·思》，文化艺术出版社，此处的讨论参见第 177 页。

陶壶使倾泻的发生可能。倾泻表现了陶壶的本性，这是老子所说的"有之以为利"，倾泻需要器皿的空无而得以包容与聚集，这是老子所说的"无之以为用"。

海德格尔的《语言》进一步阐明，将"倾泻、给予、容纳和聚集"的存在真理的发生事件导引向"四方"（大地、天空、短暂者、诸神）。海德格尔说，陶壶倾泻的给予是一种饮用。陶壶倾泻给予了水，给予了饮用的酒。井泉以水为赠礼，馈赠给陶壶。在大地的井泉之中，石头居留，而在石头中，居留着黑暗沉睡的泥土，它接受天空的雨露。在井泉之水中，居留着天空和大地的信赖。葡萄果实所酿造的美酒，在这种果实中，大地的抚养和天空的太阳相互信赖。在水的赠礼中，在酒的赠礼中，天空和大地居住于陶壶。正是倾泻的赠礼使陶壶成为陶壶，使得陶壶物化而为一物，为存在真理的发生。在陶壶的陶壶性中，天空和大地居住着。又，倾泻的赠礼是为了短暂者（有死者）能够举杯。倾泻的赠礼解除了他们的饥渴，它恢复了他们的闲暇，它活跃了他们的欢乐。但陶壶赠礼时也给予了奉献（奉献给诸神）。如果倾泻是为了奉献，那么，它不仅是平息饥渴，而且是满足了盛大节日的庆祝，是为了奉献给节日降临的诸神。此时，倾注是为了永恒的诸神倾注的奠酒。此处所说的短暂者（有死者）就是海德格尔《存在与时间》所说的"此有"（Dasein），但是已经摆脱了《存在与时间》之隐然的人类学中心主义。

倾注的赠礼作为奉献给诸神的奠酒是本真的赠礼。在给予奉献的奠酒时，倾注的陶壶便作为给予的赠礼而存在并活动。

奉献的奠酒是"倾注"一词的真正意义，当"倾注"到达其本性时，它是捐献、牺牲并因此是给予。如此的作为奉献的奠酒之喷出的倾注，一旦其本性（神圣性，捐献、牺牲并因此是给予）消亡，便能变成单纯倾入和倾出，直到它在酒店中消失于酒的分配中。喷出的倾注不只是倾注和倾出，这让我们想到老子、庄子对于"道"的原始体验，将之表达为"浑"、"沌"、"冲"，这也是作为奉献的奠酒之喷出的倾注。

在倾注那饮用的赠礼中，短暂者以自己的方式居留着。在倾注那奠酒的赠礼中，神圣者以自己的方式居留着，它接受给予的赠礼作为奉献的赠礼。在以上两种倾注的赠礼的不同方式中，短暂者和神圣者以它们各不相同的方式居住着。大地、天空、诸神（神圣者）和短暂者（有死者）四者同时聚集在一起。这四者聚集在一起，由于它们自身互相隶属。先于现身的万物，这四者聚集在一起并且进入了单一的四方。这里所说的互相隶属、聚集让我们想到老子《道德经》第一章所说的"玄同"。海德格尔的晚期存在思想所说的"共同隶属"（geh. ren zusammen）①岂不正是老子所说的有无相生，或是有无两者同出而异名的玄同。而玄同的思想结构上的共通性，却未被重视与展开。

海德格尔的《语言》进一步阐明：在倾注的赠礼中，居住着四者单纯的一。倾注的赠礼是赠礼，居留于大地、天空、短暂者和神圣者。但是，"居留"现在不只是此处某物的保持，居留是"转让"。这里出现了"转让"此一重要的主题，"转让"是老子、庄子所说的"道通为一"。转让导致（大地、天空、短暂者、诸神）四者进入它们自身独具的光亮之中，也就是海德格尔所说的"澄明"（Lichtung）。从居留的单纯的一，四者相互交涉。在这种相互交涉、共同隶属（Zusammengeh. rung）之中，物显露了自己，倾注的赠礼居留于四者的四方的合一之中，物物化。在倾注的赠礼之中，陶壶现身为陶壶。赠礼聚集了所属给予的东西，在陶壶的例子中，陶壶包含了有和无的双重的包容，也就是容器虚空和作为捐赠的倾出。

在赠礼中，聚集者在转化地居留于四方中聚集了自身。这种多重单一的聚集乃是陶壶的现身、存在真理的发生。德语由古代语词指明什么是聚集之所是，此词乃是物（Ding）。陶壶的现身是单一的四元在当下瞬间中的赠送的聚集。陶壶现身为一物，陶壶是作为一物现生的陶壶。但是，物是如何现身的？物物化。物聚集。通过转让四方，它聚集了四方的居留，使之进入任何一个片刻居留的某物，进入此物、彼物。我们将如此把握并思考的陶壶的现身作为事物。我们现在思考"物"这个名字，从事物的现身的思索出发，从作为四方聚集——转化的停留的事物出发。

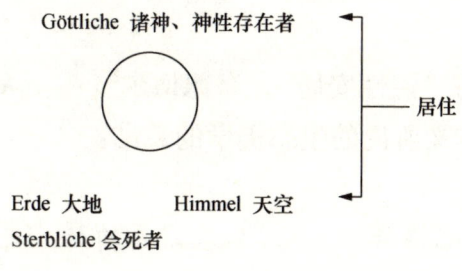

图1　四方（Geviert）与居住（Whohnen）

海德格尔《物》中关于四大（das Geviert, Fourfold）的说法，陈荣灼等认为这受到《道德经》第二十五章"道大、天大、地大、人亦大，域中有四

---

①　参见《什么是形上学》，收于海德格尔 Wegmarken《路标》（Frankfurt, Vittorio Klostermann），此处的讨论参见第 120 页。

大"之说的影响。①

唐君毅的《老子之人法地，法天、法道、更法自然之道》② 阐明老子哲学，甚为精当，以"地法天，天法道，道法自然"贯穿整个老子哲学。"人法地，地法天，天法道，道法自然"是一层层升进的心性功夫的历程，具有四个层次，并有其通贯义，阐明人的生命如何安居在天地人神的四大之自然之中。可以说，是一篇本体诠释学的道家功夫论的名篇，因为篇幅的关系，就不在此处展开海德格尔 das Geviert 与《道德经》第二十五章的本体诠释学的道家功夫论之比较研究。而只以图示来表达如下。

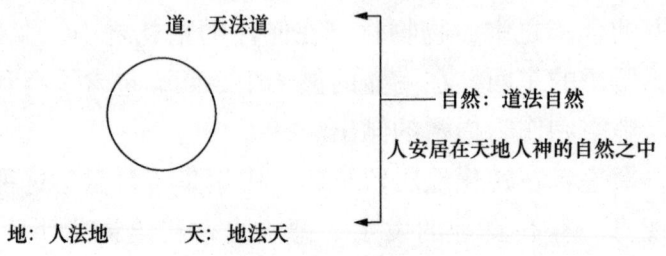

图 2　四大与安居

结　论

关于在四方之中的"诗性安居"，海德格尔《……人诗意地栖居……》的下列说法，可以作为本文所说的生态美学的总结：

> "……人诗意地栖居……"，如果需要的话，我们可以想象诗人有时诗意地居住。但是，"人"——这意味着每人和永恒——如何被看作诗意地居住呢？难道所有的居住不是和诗意不一致吗？我们的居住因为住房短缺而受到折磨。

---

① 参考 Wing – cheuk Chan, "Phenomenology of technology：East and West", Journal of Chinese Philosophy, 30：1（March 2003），5。

② 唐君毅的《老子之法地、法天、法道、更法自然之道》，载唐君毅《中国哲学原论——原道篇（卷一）》，（香港）新亚书院研究所 1983 年版。

　　但是，如果一开始诗歌存在的唯一形式是在文学中的话，那么，人类居住如何能理解为建基于诗意呢？"人诗意地居住"的短语，的确也只是源于一个诗人，而且事实上源于我们所知的不能应付生活的一个人——荷尔德林。这是诗人对现实闭上其双眼的方式。代替活动，他们沉入梦境。他们所为只是想象。想象之物仅仅只是"自己生产"。用古希腊语来说，"自己生产"即 poiesis。而人的居住能设定为诗歌和诗意吗？这只能够假设，当然，这只能靠那种人，他们远离现实，而不希望看到人们现在的历史——社会生活的存在状态——即社会学家所称为的集体。

　　当荷尔德林言说居住时，他在他眼前拥有人类生存的基本特性。他从与那种从本质上来理解的居住的关系中看见了诗意。①

　　"人法地，地法天，天法道，道法自然"的"诗性安居"就是海德格尔与老子的生态诗学最终所指向的人类未来的生态思想与实践之道路、存在之道路。

　　深层生态学是一种 das ganzheitliche Denken（整体性的思考）。涉及新的自然观、新的存在观，涉及人的实存对于自然的整体性的照顾与献身，深层生态学的自然观是一种本体诠释学（Onto－Hermeneutic）的观点。因此，深层生态学涉及新的自然观、新的存在观，是一种存在的诗学。称海德格尔的诗学是一种本体诗学（存在诗学），是一种生态诗学，乃是说，海德格尔诗学包含着一种深层生态学与存在美学，这是笔者所说的海德格尔的"生态诗学"。

　　从精神深度而言，生态思想指引的是生生不息的永续经营，同时也是透过无、空而得以复见天地之心，统整天地人神四者，对于人的存在有着整体把握。而海德格尔所说的在四方之中的"诗性安居"，以及老子的"四大"的本体诠释学的功夫论，对当代所需要的生态美学以及跨文化对话的诗学，已经成为不可或缺的源头活水。

　　（作者单位：台北大学中文系暨人文学院东西哲学与诠释学研究中心）

---

　　① 海德格尔：《……人诗意地栖居……》，载海德格尔《诗·语言·思》，彭富春译，文化艺术出版社 1990 年版，第 185—201 页。

明清关中文学的地域性特征及其风格

常 新

内容摘要： 明清关中文学史的一个特征就是地域性明显。这一特征在理论上表现为关中士人对乡贤所代表的地域文学传统的理解和尊崇，创作上体现为对乡里先辈作家的接受和模仿，在批评上呈现为对地域文学特征的自觉意识和强调。他们继承和维护了先秦以来所形成的"雍言"和"秦风"。关中雄厚伟拔、风俗勇而尚朴反映在关中士人性格、气质、兴趣、才能与习惯等方面，形成关中文学中特有的"秦风"。

关键词： 明清 关中文学 地域意识 文学风格

唐宋之后，随着地域意识的强化和深入，文学的地域性特征也逐渐彰显出来，宋元以后出现诸多以地域命名的文学流派，文人的诗文集也多有以地域命名者，这说明这一时期作为文学创作者主体的士人地域意识更加明显，他们都充分认识到地域文化与文学之间的内在关联。地域文学研究或者文学的地域性研究，其根本目的是要从地域的角度来讨论文学，研究地域及地域文化对文学的影响，研究在地域及地域文化的影响下文学的发展规律，从而丰富、深化文学和文学史的研究。明清以来，伴随着全国经济整体发展和繁荣，地域文化获得了更为强劲的发展。同时伴随地区之间的交通和交流，为士人的空间流动和不同地域文学之间的交流提供了便利，士人的文学接受和文学的创作更为多元，成为明清文学有别于中古时期的一大亮点，促进了明清以来文学的繁荣和发展。

一 文学地域性的考察

区域地理赋予地域文学以乡土感，地域文学伴随着地域文化的观念会积淀下来，借助传统力量延续和传递下来存在于一定的时空之中，它主要从地理空间、区域景观、环境系统方面来研究文学的发生和发展。中国古人也认为人们的风俗习惯乃至性格品质都与其所处的自然环境有着密切的关系，《礼记·王制》云："凡居民材，必因天地寒暖燥湿，广谷大川异制，民生其间者异俗。"① 这就把各地风俗之异与其自然地理风貌和气候联系起来。《礼记·中庸》中关于"南方之强"与"北方之强"时说："南方谓荆扬之南，其地多阳，阳气舒散，人情宽缓和柔"；"北方沙漠之地，其间多阴，阴气坚急，故人情刚猛，恒好斗争"②。宋代庄绰则云："大抵人性类其土风。西北多山，故其人厚重朴鲁。荆扬多水，其人亦明慧文巧，而患在轻浅。"③ 李淦《燕翼篇·气性》则将天下分为三大区域：

> 地气风土异宜，人性亦因而迥异。以大概论之，天下分三道焉：北直、山东、山西、河南、陕西为一道，通谓之北人；江南、浙江、江西、福建、湖广为一道，谓之东南人；四川、广东、广西、云南、贵州为一道，谓之西南人。北地多陆少水，人性质直，气强壮，习于骑射，惮于乘舟，其俗俭朴而近于好义，其失也鄙，或愚蠢而暴悍。东南多水少陆，人性敏，气弱，工于为文，狎波涛，苦鞍马，其俗繁华而近好礼，其失也浮，抑轻薄而侈靡。西南多水多陆，人性精巧，气柔脆，与瑶、侗、苗、蛮、黎、蜒等类杂处，其俗尚鬼，好斗而近于智，其失也狡，或诡谲而善变。④

早期文献史地纵横，文学蕴含其中，"风俗"作为萃取剂在其间发挥着重要的纽带作用，由风土出发进行的民俗比较，反映在文学批评中就变成一种由环境决定论出发探讨其地域特征的方法论，它渗透在人们的审美体验与文学创作之中。北齐颜之推《颜氏家训》曾记载南北风俗云："江南饯送，下泣言离，北间风俗，不屑此事，歧路言离，欢笑分离。"⑤ 显然，北方多豪情，南方多柔情。鲁九皋《书勉哉游草后》曾从古者采诗之典与政治的关系，论及

---

① （清）阮元校勘：《王制》，《礼记正义》卷十一，《十三经注疏》，上海古籍出版社 1997 年版，第 1338 页。

② （清）阮元校勘：《礼记·中庸》，《十三经注疏》，第 1626 页。

③ （宋）庄绰：《鸡肋编》卷上，中华书局 1983 年版，第 11 页。

④ （清）王晫、张潮辑：《燕翼篇·气性》，《檀几丛书二集》卷十一，上海古籍出版社 1992 年版，第 262 页。

⑤ （北魏）颜推之著，王利器集注：《风操》，《颜氏家训集注》卷二，中华书局 2003 年版，第 91 页。

人与地气的关系，说："后世采诗之典不行，学士大夫有所著述，人自为书，要其声之本于地气者，识者犹能辨之，是故后之论诗者，论其人当亦论其所得之地，而其地气见，其人亦可见。"① 这种以地域差异为着眼点的比较批评，在文学中似乎也是由南北比较发轫的。明代李东阳《麓堂诗话》曾说：

> 文章固关气运，亦系于习尚。周、召二南，王、豳、曹、卫诸风，商、周、鲁三颂，皆北方之诗，汉魏西晋亦然。唐之盛时称作家在选列者，大抵多秦晋之人也。盖周以诗教民，而唐以诗取士，畿甸之地，王化所先，文轨车书所聚，虽欲其不能，不可得也。荆楚之音，圣人不录，实以要荒之故。六朝所制，则出于偏安僭据之域，君子固有讥焉。然则东南之以文著者，亦鲜矣。本朝定都北方，乃为一统之盛，历百又余年之久。然文章多出东南，能诗之士莫吴越若者，而西北顾鲜其人，何哉？②

近代较早认识到地域与文学关系并付之于研究实践者当属梁启超先生，其《近代学风之地理分布》、《中国地理大势论》等论文论及不同的地理环境与学术文化之间具有紧密联系："气候山川之特征，影响于住民之性质；性质累代之蓄积发挥，衍为遗传。此特征又影响于习惯及思想。故同在一国，同在一时，而文化之度相去悬绝；或其度不甚相远，其质极其类不相蒙，则环境之分限使然也。"他深切感叹"环境对于当时此地"之支配力，"其伟大乃不可思议"③。

关中地区相较东南地区雄厚伟拔，风俗勇而尚朴，《史记·货殖列传》说"关中自汧、雍以东至河、华，膏壤沃野千里。自虞夏之贡以为上田，而公刘适邠，大王、王季在岐，文王作丰，武王治镐，故其民犹有先王之遗风，好稼穑，殖五谷"④。宋代大理学家朱熹在他的《朱子诗传》里对秦人作了精辟论述："秦之俗，大抵尚气概，先勇力，忘生轻死，然本其初而论之，岐丰之地，文王用之，以兴《二南》之化，如彼其忠且厚也。秦人用之，未几而一变其俗则已，悍然有招八州，而朝同列之气矣，何哉？雍州土厚水深，其民厚重质直，无郑、卫骄惰浮靡之习，以善导之，则易于兴起，而笃于仁义。以勇

---

① （清）鲁九皋：《山木居士文集》卷一，道光十四年桐花书屋重刻本。
② （明）李东阳：《麓堂诗话》，《历代诗话续编》下册，中华书局 1983 年版，第 1377 页。
③ （清）梁启超：《近代学风之地理分布》，《梁启超全集》，北京出版社 1999 年版，第 4259 页。
④ （汉）司马迁：《货殖列传》，《史记》卷一二九，中华书局 2006 年版，第 753 页。

驱之，则其强毅果敢之资，亦足以强兵力农，而成富强之业。非山东诸国所及也。"① 清初屈大均与关中士人李因笃、王弘撰等人交情深厚，往来秦晋间，对关中深有好感，认为"（关中）土厚水深，风俗刚厉，人鲜骄情。国易富强，为可畏而爱者也。某某王子，自富平来游岭南，出所为诗相示。大抵规矩子美，咳唾梦阳，其慷慨气概，重厚质直之姿，不问而知为秦之风，与予向者相与倡和之人同一，刚毅果敢，为山东诸国所不及。吾尝谓秦人之为诗，当以周之典型，汉之经术为本根，其音乃纯乎诸夏，既不流于浮靡，亦不过乎廉劲，有风人温厚之旨"②。作为文化外层和内核的统一，地域的自然条件和风俗习惯对人的心理意识及价值观念的形成具有系统性的特点，对其研究能够描绘出复杂多样的文化场景。关中地区土厚人朴，形成了关中地区人群特定的性格和文学风尚，元好问说："关中风土完厚，人质直而尚义，风声习气，歌谣慷慨。"③ 同东南相较，无论是自然景观还是文风，北雄南秀之别更为明显，"诗文之体气相因，岂不以其地哉。西北山川所自起厚重闳深，故磽确淜悍，往往碍舟车害行旅。渐至东南则秀拔涟漪，可游可赏，然峭削漫涣矣。其地之人性行才力，文章各因其山川之气而加之以习，罕相能也"④。刘师培《南北文学不同论》也颇为学者所推崇。

> 声能成章者谓之言，言之成章者谓之文。古代音分南北，河、济之间，古称中夏，故北音谓之夏声，又谓之雅言。江、汉之间，古称荆楚，故南音谓之楚声，或斥为"南蛮舌"。……声音既殊，故南方之文亦与北方迥别。大抵北方之地，土厚水深，民生其间，多尚实际；南方之地，水势浩洋，民生其际，多尚虚无。民崇实际，故所著之文，不外记事、析理二端；民尚虚无，故所作之文，或为言志，抒情之体⑤。

以上诸说为关中文学风格的形成从文学的角度进行了论证，认为相对稳定的时间空间对特定的文化形成具有十分重要的影响，也是理解地域文化、地域

---

① 朱杰人、严佐之、刘永翔主编：《秦风·无衣》，《朱子诗集传》诗卷六，《朱子全书》第一册，上海古籍出版社、安徽教育出版社 1999 年版，第 513 页。
② （清）屈大均著，欧初、王贯忱主编，李文约校点：《关中王子诗集序》，《翁山文外》卷二，《屈大均全集》第 3 册，人民文学出版社 1996 年版，第 62—63 页。
③ （金）元好问：《送秦中诸人引》，《元遗山先生全集》卷三七，读书山房刻本。
④ （清）李念慈：《赵秋水近诗序》，《谷口山房文集》卷二，四库全书存目丛书，集部，第 232 册，齐鲁书社 1997 年版，第 822 页。
⑤ 《刘师培史学论著选集》，上海古籍出版社 2006 年版，第 202—203 页。

文学的基点和参照系。

二 关中士人文学的地域意识

明清文学史一个特征就是地域性更为明显，表现为地域文学传统的意识的凸显。这一特征理论上表现为对乡贤代表的地域文学传统的理解和尊崇，创作上体现为对乡里先辈作家的接受和模仿，在批评上则呈现为对地域文学特征的自觉意识和强调。以地域文学为对象的文学选本，也许是明清总集类数量最丰富、最引人注目的文学现象，而其中最主要的部分，是数量庞大的郡邑诗选和诗话，显示出强烈的以地域为视角和单位来搜集、遴选、编集、批评诗歌的自觉意识，明清关中士人文集的命名明显具有这一特性，如孙一元《太白山人集》、胡缵宗诗集《雍音》、李梦阳文集《空同集》、李颙《二曲集》、李念慈《谷口山房集》、刘绍颁《二南遗音》和《关中两朝文（诗）钞》，皆以地域命名。

明代人品评诗文有很强的地域意识，对不同的地域间文学传统及文学风格的差异，也有清楚的认识。如邓原岳（1555—1604）论闽中文学诗派云："余闽中之诗，唐初仅仅已，其在国朝，大较可得而言。洪、永之间，专谈兴趣，则林膳部、王典籍名其家。弘、正之时，气格为宗，则郑吏部擅其誉。至隆、万以来，人操风雅，家掇菁华。"① 与强烈的地域意识相联系，明人进行文学批评还常以南北对比为切入点，表现出强烈的南北意识。如李东阳《麓堂诗话》云："文章固关气运，亦系于习尚。周、召二南，王、豳、曹、卫诸风，商、周、鲁三颂，皆北方之诗，汉、魏、西晋亦然。唐之盛时，称作家在列者，大多秦、晋之人。"② 对地域文学传统的体认，不只激发乡邦文化的自豪感，更重要的是对传播地域文学史知识，培养地域文学观念产生积极的影响，通过编集某个地域范围内古代和当代的作品，通过序跋、评点和诗话的批评，地域文学传统愈益清晰地浮现出来，成为现时文学批评的背景和参照系，无形中营造出一个相当于小传统的价值尺度，在一定程度上影响着当地的创作风气

---

① （明）邓原岳：《闽诗正声序》，《西楼全集》卷十二，明崇祯刻本。
② （明）李东阳：《麓堂诗话》，《历代诗话续编》本，中华书局 1983 年版，第 1377 页。

和批评趣味。① 胡缵宗在《雍音》中对关中地区从周至元的诗歌进行了钩稽、选编，其云："今观苏、李之淳朴，秦、徐之悽惋，傅、阴之质邃，李、杜之雄浑，王、韦之精澹，益、贺之隽奇，权、窦之冲赡，白、杜之平逸，以至宋元之疏散，大都《三百篇》之余韵而西周之流风也。凡我雍人，所当先天下士，庄诵佩服以羽翼风雅者，缵宗山居颇暇，乃衷而辑之，以与我秦陇士说诗者共之。"②

尽管明清的关中文学实力同江南和京畿无法抗衡，但士人都有强烈的地域意识，往往以秦人自居，"一元，字太初，不知何许人。人问其邑里，曰：'我秦人也。'③ 在许宗鲁刻书的序跋中也常见"关中许宗鲁"、"樊川许宗鲁"、"西京许宗鲁"等字，以志籍贯。流寓江南的雷士俊常以秦人自居，"雷伊蒿，吾秦人也，少从先大人笈仕兰陵，遂歌《鹿鸣》于其邦而为鲁人矣"。④

关中士人对先秦以来所形成的"雍言"和"秦风"都能够自觉地继承和维护，吕柟写道"陕西山川之初而天地之首也。故群圣多自产，六经咸自此出"⑤，其言辞之间充满自豪之感。胡缵宗对"秦声"有所梳理："雍之文肇于伏羲，阐于文、武、周公。《易》源也，《诗》、《书》、《礼》、《乐》流也。逮秦焚坑，文几熄矣，至宋而有张子《西铭》，斯文续焉。《三百篇》多出于岐、丰。汉苏、李变为五言，唐李、杜加以七言，虽非风雅颂之基，然亦赋比兴之蕴也。汉诗曰苏、李，唐诗曰李、杜，触物兴怀，出骚入雅，不愧三百篇，雍之文不有余韵乎？"⑥ 尽管李、杜二人并非关中士人，但胡缵宗认为二者文学创作的题材和风格是关中风气之所在。马汝骥在评明代复古思潮所列之关中文人，同样充满自豪之感：

　　明兴，雍当西徼，先进尚质。弘治间，李按察梦阳谓诗必宗杜甫，康殿撰撰海谓文必祖马迁，天下学士大夫多从之，士类靡然。而空同、对山因

① 蒋寅：《中国古代文学通论·清代卷》，辽宁人民出版社 2005 年版，第 304 页。

② （明）胡缵宗：《雍音序》，《雍音》卷首，四库全书存目丛书本，集部，第 292 册，齐鲁书社 1992 年版，第 233 页。

③ （清）钱谦益：《太白山人孙一元》，《列朝诗集小传》丙集，上海古籍出版社 1983 年版，第 328 页。

④ （清）张心镜纂修：《艺文》，《蒲城县志》卷十四，成文出版社 1976 年版，第 542 页。

⑤ （明）吕柟：《陕西乡试录前序》，《泾野先生文集》卷二，四库全书存目丛书本，集部，第 60 册，齐鲁书社 1997 年版，第 592 页。

⑥ （明）马汝骥：《西玄诗集序》，《西玄集》，四库全书存目丛刊本，集部，第 73 册，齐鲁书社 1997 年版，第 654—655 页。

得罪世之君子矣。时则有若王太史九思、张民部凤翔、苏司寇民、段翰检灵、马太卿理、管中丞楫、吕宗伯柟、韩中丞邦奇、参伯邦靖、王宪使九峰、王翰检元正、南郡守大吉、刘宪使储秀、马太史汝骥、许中丞宗鲁、王金宪讴、何中丞栋、张比部治道、李金宪宗枢、王宫谕用宾、吕郡守颛、胡鸿胪侍、赵兵部时春、孙羽士一元，实与李、康同趣。虽言人心殊，而其归则太史公与工部也。因文达术，岂无意于十翼、九畴、二南、三帛、五王乎？若缵宗亦窃有志焉，而未能也。而伯循、仲木尤加意于横渠之业。虽未敢与天下学士大夫谭文，然自西方学者观之，不谓之雍音乎？故雍之学得称于弘治、正德间也。仲房自南银台寄一帙曰《西玄集》，视予济上。予观之，殆雍雅也。一日视幼通，幼通曰："固雍文也。风格韵致要不出于少陵，自为秦中一诗品焉。丰镐诸君子，或以缵宗之言为然也。"①

清代文学从地域文学的实力而言，"秦风"和东南诸多文学流派根本无法相抗衡，且往往受到一些诗派的诘难和批评，诸如钱谦益在《列朝诗集小传》中对明清关中诗人的评价。作为本地文学领袖都有维护"秦风"的自觉。李因笃才力富赡，在审美风格上推崇雄放苍莽的"秦风"。他在《康孟谋诗序》中说："孟谋诗数百首，诸体略具，雄姿逸气，不受羁衔，故皆直抒性灵，磊落壮凉，得秦风本色，视工饰皂粉，及依托藩漓者，不啻径庭矣。"② 他对"秦风"是充满了自豪感。他推崇李梦阳，也突出其"秦风"本色。"沧溟表齐帜，北地本秦风。绝构皆千古，雄才有二公。雪岗尝抱日，金翮久摩空。薄哂看流辈，江河逐渐东"，③ 所以他对钱谦益以"秦声"贬李梦阳深为不满："关中北地崛起，含宫吐角，其乐府汉人矣。近钱侍郎受之，顾摘其字句微疵，至诋之以秦声。不曰关中丰镐旧畿，二雅之遗音俱存，而诗十五风，如召，如王，如郑，如魏，如豳，皆在城邦之中，不独秦也。"④ 寓居东南的雷士俊、孙枝蔚不忘"秦声"。孙枝蔚虽侨居广陵，其诗风却以"秦声"著称。陈维崧《溉堂诗集序》谓其虽年老为客，"犹时时为秦声，其思乡土而怀宗

---

① （明）马汝骥：《西玄集序》，《西玄集》卷首，第654—655页。
② （清）李因笃：《康孟谋诗序》，《受祺堂文集》卷三，道光七年刻本。
③ （清）李因笃：《二李》，《受祺堂诗集》卷五，四库全书存目丛刊本，集部，第248册，齐鲁书社1995年版，第493页。
④ （清）李因笃：《元麓堂诗集序》，《受祺堂文集》卷三，道光七年刻本。

国，若盲者不忘视，痿人不忘起。"① 吴嘉纪则曰："有明风雅推西秦，前有献吉后豹人。"② 将其与李梦阳并记。其实，孙枝蔚对李梦阳极为推崇，"借问西陵友，谁如北地才"？③ 而他在创作倾向上颇异于七子，在清初以尊唐主导倾向的北方诗人中，显得十分突出。雷士俊在《送王幼华归秦》中说："近诗推秦风，高古比驷骥。"④ "梁鲁望诗在嘉隆间亦一作手，仆生长广陵竟不知前辈有鲁望，非足下表章之，几谓秦无人矣"。⑤

三　汉唐气象的遗韵

　　文学团体的产生及其风格的形成与特定的社会背景和文学文体自身的历史渊源直接相关。梁启超在《中国地理大势论》中指出："长城饮马，河梁携手，北人之气概。""江南草长，洞庭始波，南人之情怀。""散文之长江大河，一泻千里者，北人为优；骈文之镂云刻月，善移我情者，南人为优。"⑥ 这句话显示出中国南北文化和文学的差异和特点，这一点在荣格那里被称作"种族记忆"。虽然我们不敢断定，中国南北是否属于两个种族（因为这个问题至今尚无定论），但有一点似乎可以肯定：假如我们承认中华文明是由长江和黄河两个独立的源头共同发展而来，那么后来随着南北文化的冲突、交汇和融合而种族差异逐渐缩小乃至消失的话，这种种族的"记忆"却未必消失。作为"种族记忆"的同义语，即南北"集体无意识"仍在生长、持续、延伸，并在核心地带河洛与吴楚便显得尤为突出。⑦ 不过在性格与艺术风格关系上，有些问题仍值得注意。性格对风格形成无疑具有十分重要的影响。宋人庄绰《鸡

　　① 《溉堂前集序》，《溉堂集》卷首，上海古籍出版社 1979 年版，第 11 页。

　　② （清）吴嘉纪著，杨积庆笺校：《赠孙豹人》，《吴嘉纪诗笺校》卷一，上海古籍出版社 1980 年版，第 15 页。

　　③ （清）孙枝蔚：《罗参军留宿衙斋有赠》，《溉堂后集》卷五，《溉堂集》，第 1441 页。

　　④ （清）雷士俊：《送王幼华归秦》，《艾陵诗钞》上，四库禁毁书丛刊本，集部，第 90 册，北京出版社 1997 年版，第 202 页。

　　⑤ （清）雷士俊：《答陈伯玑书》，《艾陵文钞》卷十一，第 126 页。

　　⑥ （清）梁启超：《中国地理大势论》，《饮冰室合集全编》卷三，上海广益书局 1948 年版，第 105 页。

　　⑦ 张仁福：《中国南北文化的反差：韩愈与欧阳修的文化透视》，中国社会科学出版社 2009 年版，第 97 页。

肋编》卷上云："大抵人性类其风土，西北多山，故其人重厚朴鲁。"① 金代元好问《送秦中诸人引》就以为"关中风土完厚，人质直而尚义，风声习气，歌谣慷慨且有秦汉之旧"。② 关中是汉唐文明的故土，风土所系，"有秦汉之旧"，所以文人谈论古文辞，也动称"西京"。在此，关中风气与文学创作风貌之间的关联得到了清楚的表达。至嘉靖时，南方文人薛应旂说得更为明白："关中风声习气，淳厚闳伟，刚毅奋强，莫不有古之道。然自汉以降，其所谓豪杰者，大都欲以古文辞名世，故至于今，关中士人动称'西京西京'云"。③ 康海《陕西壬午乡举同年会录序》写道："予览传记至所载，关中风声习气，浑厚闳伟，刚毅奋强，有古之道焉。"④ 评价吕柟"钟以关中风气，浑厚雄伟，刚毅奋强，而直气将塞乎天地，富贵焉得以淫之，贫贱、威武焉得而移且屈之乎！"⑤ 所谓关中风气"淳厚闳伟，刚毅奋强"，无疑是西北文人"重乎气质"的集中表现。"关中风气"与西北文学有着天然的联系，透露出古学复兴的精神渊源与地缘因素。明中叶，李梦阳、康海等关中士人倡导"古学复兴"，实际上是以关中葆有的"秦汉之旧"洗拆举业与台阁文化的庸俗流易，以"古之道"挽救日益浇漓的文心士气。而"淳厚闳伟，刚毅奋强"的关中风气恰恰为明代中叶的文化注入了一股"质直之气"，故能在明代中叶的靡弱习气中，卓然树立，振起一代，对明代文学起到革故鼎新、开源导流的作用。⑥

"淳厚闳伟，刚毅奋强"的关中风气对关中士人的性格乃至个性产生了重要的影响，而作家的个性是形成其创作个性的基础，作家的作品是其个性在创作实践过程的体现。创作个性主要体现在作家独特的感受方式，以及在艺术传达过程中独特的构思与表达方式上。⑦ 钱谦益在给李念慈的《谷口山房诗集》作序时就提及关中士人的创作个性问题：

余观秦人，大率多伉历用壮，有辚韩骊铁遗声。岯嶒独行安节，和一唱三叹，殆有得于兼葭白美人一方之音，其诸风雅之余音乎？诗曰"眉吾有先

---

① （宋）庄绰：《鸡肋编》卷上，第 11 页。

② （金）元好问：《送秦中诸人引》，《元遗山先生全集》卷三七，读书山房刻本。

③ （明）薛应旂：《泾野先生传》，《方山先生文集》，四库全书存目丛书本，集部，第 102 册，齐鲁书社 1997 年版，第 369 页。

④ （明）康海：《陕西壬午乡举同年会录序》，《康对山先生集》卷二六，续修四库全书本，集部，第 1335 册，上海古籍出版社 2002 年版，第 310 页。

⑤ （明）李开先著，路工辑校：《泾野先生亚卿传》，《闲居集》卷九，《李开先集》，中华书局 1954 年版，第 573 页。

⑥ 杨遇青：《明嘉靖时期诗文思想研究》，陕西出版集团、三秦出版社 2011 年版，第 126 页。

⑦ 吴承学：《中国古典文学风格学》，北京大学出版社 2011 年版，第 21—22 页。

正"，其言明且清。盛名之世，大人君子诒谋善物，皆有温柔敦厚，恺悌易直之风流。观于屺嵫之诗，余之颂慕渐庵为不徒也已。①

关中士人的这种创作个性是他们独特的生活经验、世界观、政治取向、道德观念、文化素养、性格气质以及创作才能的有机统一体，反映出关中士人性格、气质、兴趣、才能与习惯等诸多方面。

李梦阳"五言古宗法陈思、康乐，然过于雕刻，未及自然。七言古雄浑悲壮，纵横变化。七言近体开合动荡，不拘故方。准之杜陵，几于具体，故当雄视一代，邈焉寡俦。"②《皇明诗选》陈子龙曰："献吉志意高迈，才气沈雄，有笼罩群俊之怀。其诗自汉、魏以至开元，各体见长，然峥嵘清壮，不掩本色，其源盖出于《秦风》"。李舒彰曰："献吉以雄厚之思，发清刚之气，如华岳秋高，奇云秀彩，变动不竭。古诗、乐府纯法汉、魏，下及阮、谢、无不神合。近体则专宗少陵，然于合处反见其离，于离处反见其合。"③北地（秦）区域文化的特征是多方面的，但尤为突出的方面是性格"质直"，"安定，北地，上郡，陇西，天水，金城，于古为六郡之地，其人性尤质直"④，而且汉、唐等朝代的建都之地，其区域文化中渗透着隆汉盛唐的遗风，李梦阳极力攀附汉唐文化及文学，他在《张生诗序》中说："唐之诗最李、杜，李、杜者，方以北人也。"⑤以汉唐陇西李氏的兴盛为荣。他在《族谱·谱序·第六》中说："至汉则有陇西赵城之李最显著，诸李莫敢称并陇西之后生。唐高祖是后，枝叶愈繁，布遍天下，然无专著姓如陇西赵城者。乃后不知何自有贞义公（李梦阳曾祖父李恩），贞义公有曾孙曰梦阳。"⑥以汉唐陇西李氏的兴盛为荣，将崇尚汉唐时期的文化与秦地区的文化的两种心态融为一体。

康海自少年时就鄙弃浮华不实的文风。早在弘治七年康海还是白衣书生时，就对《上林赋》以来愈趋浮靡芜漫的文辞表示不满，其《梦游太白山赋》小序云："余历览载籍所志，古人之辞由屈原、宋玉以来不可胜计，而浮靡侈放之辞，盖托讽寓兴者之所共趋。上林之后益芜益漫，无能尔雅，志士之所贱也。余感风人之意，因梦游太白山，历见奇瑰骇异之状乎于人言。退而作赋，

① （清）李念慈：《谷口山房诗集旧序》，《谷口山房诗集》卷首，四库全书存目丛书本，集部，第 232 册，齐鲁书社 1997 年版，第 512 页。

② （清）沈德潜、周准选：《明诗别裁》卷四，商务印书馆 1933 年版，第 66 页。

③ （清）陈子龙等：《古乐府全》，《皇明诗选》卷一，华东师范大学出版社 1991 年版，第 45 页。

④ （唐）魏征：《地理志》，《隋书》卷二九，中华书局 1973 年版，第 817 页。

⑤ （明）李梦阳：《张生诗序》，《空同集》卷五一，四库明人文集丛刊本，上海古籍出版社 1991 年版，第 470 页。

⑥ （明）李梦阳：《族谱·谱序》，《空同集》卷三八，第 345 页。

凡若干言。虽极假借，要皆自喻其迹，少有虚谬谀驾凌绝之病。"① 作为嘉靖八才子中唯一的西北文人，赵时春的身上同样体现着鲜明的"西北雄俊之气"。所谓"诗有秦声，文有汉骨，朴厚而近古，慷慨而尚义，此三秦风气。"② 王九思在《韩五泉诗集》中曰："五泉子七言绝句类杜子美，古词歌浸淫唐初，逼汉魏。"③ "《鸟鼠山人集》，明胡缵宗撰，其诗激昂悲壮，颇近秦声，无妩媚之态，是其所长，多粗粝之音，是其所短"。④

清初关中诗坛对"秦风"有自觉的意识与继承，刘绍颁《二南遗音》中云："先天图坎、艮居于西北，故天下山水之源多在关中。山水者，上应元象，下循地络，郁而为人文，是以《风》始二南，《雅》、《颂》始丰镐，五言始苏、李，皆关中也。代有传人，世所共见。"⑤ 北方诗坛，李因笃以其渊博奥雅的学问，高古豪宕的节义和雄赡苍莽的诗风为世所称。傅山《为李天生作》曰："南山寒天地，不屑小峰峦。灌薄冥苍翠，神仙谢羽翰。心原滂浩绰，胆岂大江寒。何事亭林老，朝西拟筑坛？"其自注曰："宁人向山人云：今日文章之事，当推天生为宗主。历叙司此任者至牧斋。牧斋死而江南无人胜此矣。"⑥ 李因笃的好友潘耒说："（李因笃）自负经世大略，无所试其奇，一吐之于诗。其诗原本风骚，出入古歌谣、乐府，而以少陵为宗。意象苍莽，才力雄赡，既与杜冥合，而章法、句法讲之尤精，千锤百炼而出之。此学杜而得其神理，非袭其皮毛者也。"⑦ 认为李因笃的诗歌主张和创作风格是对宋元之流弊的矫正，"诚得先生辈数人，主词盟而树之帜，大雅元音，庶几不坠矣乎！"⑧ 李因笃崇尚盛唐气象，追求清新蕴藉，他在《复李武曾》中说："近时作者多以朴胜，试观宋人诗何尝不朴老，究其终逊于盛唐者，失其秀令也。夫秀者清新，令者蕴藉之谓也。合此四字，古人之能事过半矣。"⑨ 李因笃生

① （明）康海：《梦游太白山赋》，《康对山先生集》卷一，第102页。
② （明）赵时春：《赵浚谷诗文集序》，《赵浚谷文集》，四库全书存目丛刊本，集部，第83册，齐鲁书社1997年版，第4页。
③ （清）永瑢等撰：《韩五泉诗集》附录二卷，《四库全书总目提要》卷一七六，中华书局1965年版，第1571页。
④ （清）永瑢等撰：《四库全书总目提要》卷一七六，第1571页。
⑤ （清）刘绍颁：《凡例》，《二南遗音》卷首，四库全书存目丛刊本，齐鲁书社1997年版，第731页。
⑥ （清）傅山：《为李天生作》，《霜红龛集》卷九，续修四库全书本，第1395册，上海古籍出版社2002年版，第502页。
⑦ （清）李因笃：《受祺堂诗集序》，《受祺堂诗集》卷首，第422页。
⑧ 同上。
⑨ （清）李因笃：《复李武曾》，《续刻受祺堂文集》卷三，道光十年杨松林刻本。

长秦地，深受其文化传统，民风习俗的陶冶，其创作也颇具秦风特色。他的五言长律最为人推重，屈大均《荆山诗集序》曰："予向交富平李孔德。孔德诸体诗陵轹少陵，而五言长律尤善。曹秋岳使君尝叹为空同以后第一人。"① 杨鸾《玉堂诗钞后序》视王又旦、康乃心和李因笃一样"同嗣北地"的作家，云："往者富平李子德先生，嗣音北地，树帜词坛。邰阳则有王黄湄、康孟谋两先生，风格峻洁，不染恒蹊，卓然成一家之言。文章千古，公论攸存，固非乡曲所能阿好也。"② 可见，清代关中诗人能够自觉继承自身所属的地域诗歌传统。

作为周秦汉唐腹地，关中地区所形成的独特文化对关中地区文学的影响极其深远，尽管明清关中地区风光不再，但包括诗歌风格在内的文化传统影响典型不坠，关中士人能在文学认识、文学创作及文学评论等方面能自觉继承，在明清诗坛曾一试锋芒，在一定范围能产生深远影响，占有明清时期地域文学中之一隅，但"秦风"在明清发展中的地位总体不平衡，清代由于关中士人的政治地位不及明代彰显，"秦风"也呈现出衰弱的趋势，但在文坛仍有一定的影响力。

（作者单位：西安电子科技大学人文学院）

---

① （清）屈大均：《翁山文外》卷二，欧初、王贵忱主编，李文约校点，《屈大均全集》第 3 册，人民文学出版社 1996 年版，第 66 页。
② （清）杨鸾：《玉堂诗钞后序》，《邈云楼集》卷一，四库未收书辑刊，北京出版社 2000 年版，第 613 页。

甲骨文字新解

支 那

蛇信出口方为"舌"

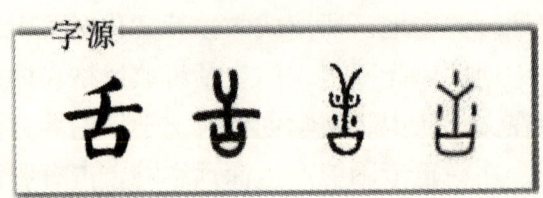

字源

"三寸之舌，强于百万之兵。"这句名言，出处有二，一是出于《战国策·东周》，即东周重臣颜率凭一己之辩，在诸侯列强中保全九鼎的故事；二是出自"毛遂自荐"的历史典故。司马迁在《史记·平原君列传》中言："毛先生一至楚而使赵重于九鼎大吕。毛先生以三寸之舌，强于百万之师。胜不敢复相士。"其中的"舌"字，即人和动物嘴里辨别滋味、帮助咀嚼和发音的器官。

舌，其甲骨文作（《合集》19174）、（《合集》5995 正》）、（《合集》5995 正）、（《合集》1730 正），金文作（舌鼎），由此字形演变之过程，方知其并非仅仅为象形，亦可见其会意与指事兼而有之。

《说文》："舌，在口所以言也，别味也。从干，从口，干亦声。"对于

"舌"字，许氏只是概括了其固有之功能，而将其分解成"干"和"口"的会意，则不免有失偏颇。

对于许氏所训"从干"，宋代文字学家徐锴作了明确阐释："凡物入口必干于舌，故从干。"针对徐氏顾此"物"而忘彼"言"之纰漏，清代文字训诂学家段玉裁作了进一步校正："干，犯也。言，犯口而出之；食，犯口而入之。"段氏此番诠释似乎逻辑上显得周延了一些，其实与其字之形义相去甚远，因为他未解"言，犯口而出之"应为"不（否）"之故（详见拙作释"不"之《为政慎言可知"否"》）。再说，无论是"入口"还是"犯口"，完全可以将"干"放在"口"中，大可不必"干"之于口之外。就此而言，所训均显牵强。

自从甲骨文面世以来，大多学者对于许氏出口为"干"的观点持否定态度，况且普遍认为出口即为舌头之状。董莲池先生讲得很明确："象舌从口中吐出的样子，为象形字。篆文 即由 演变而来。"① 董氏分析得不错，尽管"象舌从口中吐出的样子"说得不是十分确定，但问题是并未说清这舌是谁之舌？又何以其前端分叉？

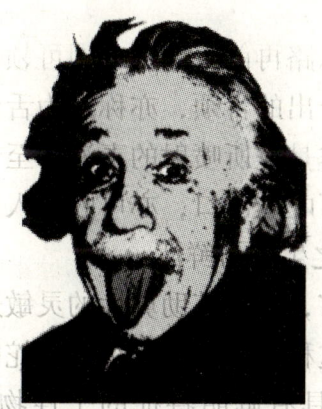

马如森先生对舌之形体亦有所关注，并提出自己的看法："舌，象意字，象口之舌伸出并有口液状。其舌形倒写，象形。"② 马氏虽然注意到"口液状"，不仅未能说明所以然，反而误以为"舌形倒写"，让人感到突兀而不可思议。

话题至此，人们不禁要问：这个"舌"的甲骨文字形体，到底是什么

① 《说文解字考正》，作家出版社 2006 年版，第 84 页。
② 《甲骨文书法大字典》，上海大学出版社 2010 年版，第 146 页。

物象？

从本文开篇所列举的"舌"之形体演变的过程可知，在甲骨文与金文方面，其舌之上部的细微变化可见一脉相承，即基本字形始作"丫"，随之在此"丫"的两侧及上端增添了点点口中之液体，尔后还在其舌根部增加了指事符∨，只不过金文的指事符始发生轻微的讹变。时至小篆，形体才产生较大的异变，"丫"状舌尖变为 U 字形，原∨状指事符变成一横画，而这恰恰是后世误认为树干之"干"之所在。如果说古之文字学者之所以将二者混为一谈，关键在于他们未曾与甲骨文谋面，尚情有可原。而今之古文字学者明明修正为舌之形，却未能破解其究竟谁之舌尖分叉，则实为憾事。

其实，人们沿着这一思路再前行一步，即可领悟到：世上一切动物的舌尖能分叉的，唯有蟒蛇自口吐出的舌须，亦称之为舌信。而再认真观察舌尖前与舌两侧所带的点状物，无非是蛇所喷射的毒液。至于舌根部位那一表向下指事符∨，亦无非标明舌信既可吐之出口，亦可收之入口。由此既可意会舌之吞吐自如，又可领略"舌"字之生动与鲜活。

舌信作为蛇的嗅觉器官，凭借其助鼻性的灵敏进行搜寻和跟踪，以此发现并捕捉对象，这恐怕也是这种动物之所以称之为蛇的所在吧。从造字的象形方面来看，以蛇的舌信这一具有鲜明特征的个性物象，来代表万物具有共性"舌"的形象。正如"臭"字甲骨文字形是以狗的鼻子最为灵敏，而像特写镜头一样将其凸显出来。由此可见，古人造字"近取诸物"之时独具的慧眼，独运的匠心。

无独有偶，世上除了蛇的舌尖是分叉的之外，再有就是蜥蜴。从生物学来看，这两种爬行动物有着亲缘关系，即蟒蛇是从蜥蜴进化而来的，因此，只有这两种动物的舌尖都是分叉的。

采用蛇的舌信作为舌头的表征，完全可以追溯到我国原始社会时期蛇的图腾崇拜。在仰韶文化的陶器上，人们可见蛇的图像。在中国猿人化石的产地，曾经发现了蛇的遗骸。有趣的是，传说中的汉族祖先，亦有不少是蛇的化身。据《列子》中记载："庖牺氏、女娲氏、神龙（农）氏、夏后氏，蛇身人面，牛首虎鼻。"而《山海经》里，亦有"共工氏蛇身朱发"之说。另在伏羲部落中，亦有飞龙氏、潜龙氏、居龙氏、降龙氏、土龙氏、水龙氏、赤龙氏、青龙氏、白龙氏、黑龙氏、黄龙氏 11 个氏族，它们可能是以各种蛇为其图腾的氏族。因为远古传说中的龙，就缘于蛇的神化。

舌，由于具有"在口所以言也"的功能，所以又代指言语。《论语·颜渊》："驷不及舌。"意思是说，即使乘坐四马一乘车子的王侯，也追赶不上说出口的话。由此可见，古人以形象的舌尖来代指无形语言的智能。在此前提下，古代将翻译官称为"舌人"，将言辞犀利称为"舌锋"，将能言善辩称为"舌辩"。

由舌之形象，亦可引申为象舌之物象。农家扬米去糠的簸箕，其箕口外伸的部位称为箕舌，如《诗·小雅·大东》："维南有箕，载翕其舌。"又指古代箭靶两旁伸出部分，如《仪礼·乡射礼》："侯道五十弓，弓二寸，以为侯中。倍中以为躬，倍躬以为左右舌，下舌半上舌。"还指铃铎中之锤，如《盐铁论·利议》："吴铎以其舌自破。"

区别"舌"字上部究竟是树干的"干"，还是蟒蛇所吐出蛇信，其意义可谓深远而重大。因为这一字形的辨析，将直接关系到对"言"字的理解，对"不"的破解，以及与"辛"、"妾"、"睪"、"龙"、"宰"、"史"等字系列的考据。

"螣蛇乘雾，终为土灰。"曹孟德《龟虽寿》诗中的"螣蛇"，是指传说中一种能飞的蛇。此词出自《荀子·劝学》"螣蛇无足而飞"之句。《尔雅·释鱼》中亦提及"螣"，东晋郭璞为之注曰："龙类也，能兴云雾而游其中。"

蛇信幽幽，舌尖上吞吐着隐没了几千年之久的无边灵智，亦倾吐着久违的玄秘神奇。

一 "言"九鼎自舌尖

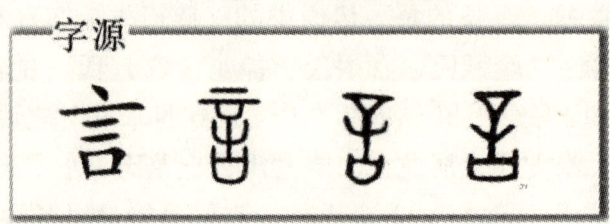

字源

"诗言志，歌咏言"，这是出自《尚书·舜典》中的名言。"在心为志，发言为诗，情动于中而形于言"，民众的喜怒哀乐自然而然地流露，即真实地呈现社会意识形态，而不是统治阶级的政治意识形态。于是乎，后人将其称作中国历代诗论的"开山的纲领"，对后世的文学理论具有深远的影响。

《说文》："直言曰言，论难曰语。从口，辛声。"这种见解，并非"言"字的本义，而是其引申义而已。由甲骨文可知，许氏将从舌从辛的指事字，误解为从口从辛的会意字，足见其因未见甲骨文而字义分析不确之处。

《尔雅·释乐》释："大箫之谓言。"基于此，马如森先生提出："言，象形字，象口吹箫形。口上者非'辛'。"① 这个可口吹的箫，究竟是何吹奏乐器，则不得而知。

左民安先生对此则说得详尽而具体"甲骨文的上部是箫管之类乐器的吹嘴子，其下的'口'就表示用嘴巴吹"，最后认定"'言'字的本义是指'大箫'"②。左氏前面认为是"吹嘴子"，后面又断定为"大箫"，自相矛盾。

① 《甲骨文书法大字典》，上海大学出版社2010年版，第1033页。
② 《细说汉字》，九州出版社2005年版，第491页。

民族器乐中，作为箫管之类乐器的"吹嘴子"，本是一种芦苇制的簧片，亦称为哨子。吹奏时须将其含在嘴里用力鼓吹使之振动，再经过箫管振动及扩音而发出声音。尽管"言"字的甲骨文"口"上部的字符Ψ与"吹嘴子"的形象尽管不无相似之处，但这含在口中的"吹嘴子"怎么可能倒过来暴露在口之外呢？倘若依此物象推断，出口之形状不仅看不出是"吹嘴子"，反倒有点像唢呐的喇叭口。所以，这种主观臆想的取象，与"言"的字义实不相符。

当今之世，如果不根据甲骨文形体进行分析，将同类字符的文字进行归纳比较，仅拘泥于"大箚之谓言"而释为"象口吹箚形"，或臆测为"吹嘴子"，或附会为"大箫"，均为望文生义，不免让人费解。

与以上观点完全相左的，当属董莲池先生的观点。他对于"言"字的本义，可说解译得较为确切："言需用舌，故'言'字是在'舌'之作Ψ的基础上于上加一横画而造出的一个字。"① 然而，他随之提出："其字甲骨文写作Ψ、Ψ，或上加一横画为饰写作Ψ……"② 董氏前者"言需用舌"的分析甚为有理，但后者提出"上加一横画为饰"，则足见其对"上加一横画"并未真正理解，故字形分析不确。

因为董先生有所不知，从甲骨文到金文，以至篆文，均为"舌"字甲骨文字形，上面所加的那一横画均为指事符号，即指示语言产生在舌尖那一部位。至于"上加一横画为饰写作Ψ"，其实并非饰笔，而是会意由舌尖所产生语言，向外扩散的声波。这一点，小篆和楷书仍保留了这传神的一短横画，可说尚未辜负先哲造字时所花费的这番心血。

细究此"言"字，可由其甲骨文形体之差异性发现，随着字义的不断丰

---

① 《说文解字考正》，作家出版社 2006 年版，第 84 页。
② 同上。

富，字形进行着有序演变这一过程：

经归纳梳理不难发现，"言"字除了在"舌"的上端以一横画作为指事符来指明言语所产生的部位之外，其出口之"言"与出口之"舌"的演化是同步而有规律性的。从单纯出口而发表言论之舌，到意会言论频频外传之舌；从舌根那向下表言既可出亦可入的指事符∨，亦标明言之出口宜慎思而收放自如，最后形成指事符由∨到一横画的讹变，可发现远古先哲所造之字由表意到字以载道之担当。

"言"字的本义，就是指说话，如《论语·子路》："言必信，行必果，硁硁（kengkeng）然小人哉。"这是孔子论述作为士的标准底线时所作的一句评论：说话必须守信，践行务求结果，这是不打折扣的身份卑微的"小宗之人"的作为啊！由"说话"引申为"言论"，如《道德经》："知者不言，言之不知。"又由"言论"或引申为"议论"或"谈论"，如《史记·廉颇蔺相如列传》："赵括自少时学兵法，言兵事。"继而引申为"学说"，如汉代贾谊《过秦论》："焚百家之言，以愚黔首。"由"学说"而引申为"记载"，如宋代沈括《梦溪笔谈》："温州雁荡山，天下奇秀，然自古图牒，未尝有言者。"还由"言论"引申为"政令"，如《国语·周语》："有不祭则修意，有不祀则修言。"

语言交流中，与"言"相关的成语，可说举不胜举：如形容说话恰当得体的"言必有中"，形容只说些无聊的话，没有一句说到正经的道理的"言不及义"，如形容口是心非的"言不由衷"，如表示宣布之后就立即依法执行的"言出法随"，如指从言行两方面进行教育的"言传身教"，如形容能说到做到的"言行一致"，形容含蓄而没有明白指明的意思的"言外之意"，如表示非常信任，即所说的话完全听从，所出的主意都被采纳的"言听计从"，如形容言词简单浅近而意旨宏大深远的"言近旨远"，如语言精练简洁而要义概括的"言简意赅"，如表示话说多了就难免有说错的地方的"言多语失"，如指言语浮夸，超过实际才能的"言过其实"，等等。

千古英雄人物，有多少雄辩之才，纵横捭阖，折冲樽俎。然而，一言亦可以兴邦，一言可以亡国，言不可不慎也。慎言敏行，舌尖上的兴衰岂无凭？

为政慎言可知"否"

字源

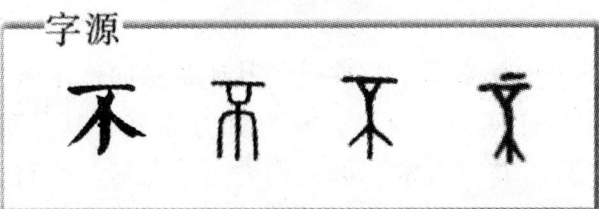

"不入虎穴，焉得虎子。"其中的"不"字，除了作为否定副词读作"不好"的 bù 之外，其实它的本义即"否定"之意。这一点，仅从《说文》所标注的"方久切"，便可知其古音即读作 fǒu。即使后来出于语言表述细化的需要，由此"不"派生出彼"否"，二者仍然可以相互替代：如司马迁《史记·廉颇蔺相如列传》："秦王以十五城请易寡人之璧，可与不？"

对于"不"字的形体本义，历来是众说纷纭，未得确解。《说文》："不，鸟飞上翔不下来也。从一，一犹天也。象形。"许慎基于篆书形体，将字上面的"一"看作是天，而下面的形体则看成飞上天而不下来的鸟，并将这"不"字看作象形字，此说显然不妥。百多年前，甲骨卜辞中的"不"字形体并非鸟之形，所以它一经面世，便打破了许氏原有定论。王国维对此提出："帝者蒂也。不者柎也。古文或作 **禾**、**禾**，但花萼全形。"①

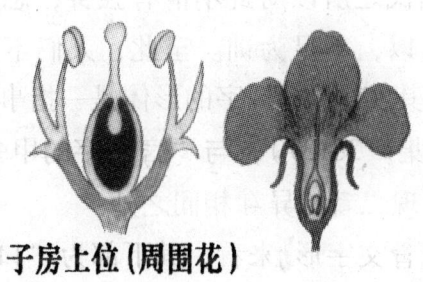

子房上位（周围花）

郭沫若依据王国维"象花萼全形"之观点，进一步引申为："'不'者房也，象子房，犹带余蕊，与帝之异在非全形，房熟则盛大，故不引申为'丕'。"② 郭氏以其形训臆测其上面为子房，如果这一说法成立，那么下面下垂的形象只能为花萼而已，何来"犹带余蕊"？

---

① 参见马如森《甲骨文书法大字典》，上海大学出版社 2010 年版，第 1019 页。

② 转引自李孝定《甲骨文字集释》，第 3496 页。

左民安先生明显看到郭说的弊端，仍以王说为准诠释为"甲骨文的形体，像花萼足（花托盘）之形"①。

二者之观点，表面看来似乎都能自圆其说，然而这出于臆测的推论却暴露了潜在的矛盾：因为依从王氏观点，从形训方面来看其状确有几分"像花萼全形"，但却与"不"表"否定"的义训失去了瓜葛。然而，郭氏似乎发现了王氏之说的这一弊端，于是在将其形释为子房的同时，便将下面下垂的形象附会为"犹带余蕊"。其意不言自明，旨在从义训方面说明花卉由盛转衰的现象来说明其自我否定的含义。这一牵强的比附表面看来说得过去，可这又与子房下面下垂的只能为花萼这基本常识相抵触。

近年来另辟蹊径的，则是独立学者唐汉先生以其"屁股文化"的独特视角进行的新解："甲骨文的'不'字，上面是一个倒三角形'▽'，恰似女性阜的造型；下部如流淌状的三条竖线，代表着女性每月一次的经血。所以，'不'字的本义源自女性经血来临，表示在这短暂时期的性交禁忌。'不'字的构形和含义，乃是女性权利的第一伸张。"② 这种看似吸引眼球的解释，从其把上面"倒三角形'▽'，恰似女性阜的造型"这一形训来讲，如果出土的甲骨卜辞仅此一例，或许尚可说得过去，因为卜辞中除了不之外，还有不（《甲骨文合集》38137）、不（《甲骨文合集》0），这些甲骨文字形不仅上面不似唐氏所主张的"是一个倒三角形'▽'，恰似女性阜的造型"，更况且不（《甲骨文合集》33845）上部是一横线，根本就无"恰似女性阜的造型"的"倒三角形'▽'。而唐氏之所以对此不情有独钟，恐怕仅仅是为佐证其"屁股文化"而为之吧。所以，不足为训。至此，人们不禁要问，这"不"的字形与字义到底是什么？其实，"不"字的形体是一指事字。如果将"不"字的甲骨文不（《甲骨文合集》38137），与"言"字的甲骨文言（《甲骨文编》97页）作一比较，就会发现二者相异和相同之处。

首先从"言"字甲骨文字形言来看，其下部为"口"字，其上部是以蟒蛇出口舌尖分叉的蛇信所代指的舌头，而舌头上端所加的一横画则用以指示语言言或语音所发出的部位；总而言之，其义训是指舌头自口所发表的言论。然而，需要特别指出的是，在言出口的舌根部位是一表示可向下收回指事言符∨，

---

① 《细说汉字》，九州出版社 2005 年版，第 4 页。

② 《来自屁股文化的汉字》，2013 年 12 月 25 日，转引自雅言［http://www. fantizi5. com/blog/］。

意为舌在口中可收放自如。同理可证，"不"字的甲骨文 其上端与"言"字甲骨文上端字形是一样的，其字义一致性也是毋庸置疑的，即亦为舌头自口所发表的言论。二者所不同的，则是其下端是一表示向上出口不再收回的指事符∧，其意明显是指对于说出口的话加以否定。其中最为有力的佐证，莫过于由此"不"字甲骨文 所派生的金文"否"字，如见于毛公鼎上的 。二者相互比照，不仅可清晰地看出"言"与"否"之间，即 与 这对孪生姐妹的相似之处，还可在它们舌根部位指示符上向与下向的微妙差别中，令人不由得惊叹远古先哲的思想睿智。

沉默是金。从"不"字对轻率发表言论予以否定的本义，可见古人一贯主张慎言笃行的为人处世之道。成语"金人缄口"，就是指封着嘴的铜人，形容说话要慎重。此语出自《孔子家语》卷三所载："孔子观周，遂入太祖后稷之庙，庙堂右阶之前，有金人焉，三缄其口，而铭其背曰：古之慎言人也，戒之哉。无多言，多言多败。"基于此，无论是孔子推崇的"敏于事而讷于言"，还是老子倡导的"行不言之教"，其实无一不是针对言而无信的执政者所提出的。老子揭示的"轻诺必寡信"，可说是为这"不"字的本义作了最好的注脚。

尤为值得关注的是，"不"字还与"丕"字相通，音读为 pī，其意为"大"。究其个中原委，这个"丕"字的金文虽说多以"不"表示，但从见于《中山王誉兆域图丕》中的金文字形，其下部那一表示指事符号的横画，明显象征着从舌根断绝或根除轻率发表言论的做法，同时也只有对轻率发表言论的劣行勇于否定的人，方可彰显"大人"仁德之"大"。如《诗经·周颂·清庙》："不显不承，无射于人斯。"此诗为庙祝之时，希冀彰显文王之道光大文王之德，以不至于被文王所厌弃。其中的"不"，即"光大""彰显"之意。"丕"字小篆的字形为，与金文的字形和字义可说一脉丙相承，无一不表达了对于执政者言而无信行为叫停的意愿。

几千年来，"不"字表否定性判断动词的本义，后来尽管被指事兼会意的合体字"否"所取代，但由其本义所引申的否定副词，却以强劲而蓬勃的生命力一直活跃在汉语语言中。由其否定本义引申为"相反"义，如《道德经》第八十一章："圣人不积，既以为人己愈有，既以与人己愈多。"又可以引申为"未"义，如《孟子·梁惠王上》："不可，直不百步耳，是亦走也。"由"未"又能引申为"没有"义，如《诗经·王风·君子于役》："君子于役，不日不月。"

"昨夜雨疏风骤，浓睡不消残酒。"回首"不"字几千年生命流程，"孰能浊以静之徐清？孰能安以动之徐生？"只有将其甲骨文字形与"花萼说"、"子房说"，以及"月经说"经过比照之后，方可从"浓睡不消残酒"中大梦初醒：其本义无非是将矛头直指统治者轻诺寡信的丑恶嘴脸，并在予以断然否定的同时，大力倡导"言善信"的民本思想。

宋代女词人李清照在其词作《如梦令》结尾曾问道："知否，知否？应是绿肥红瘦。"对于女词人何以连续用两个"知否"来抒发其惜春情感，此处姑且不论。仅就这"不"字自身所经历的这否定之否定的轮回，又怎一个宿命了得。那么，穿越了重重阴霾而重见天日的"不"字，其道德教化之本义的回归之旅，谁知竟然如此之漫长。

改革开放三十多年来，卫星上天之时，道德滑坡之际，"其所薄者厚，其所厚者薄，否矣"。时至今日，面对当代社会道德的重建，能否敢对巧言令色的世风说声"NO"？仅此而言，又有谁"知否"？

（作者单位：华夏文化研究会）